제5판

사회 연결망 분석

SOCIAL NETWORK ANALYSIS

김용학 김영진 이병규

박영사

머리말

제 5 판을 내면서

<사회 연결망 분석>의 초판의 원고를 집필하던 때가 한일 월드컵 열기가 가득하던 시기였던 걸 생각해보면, 5판에 이르기까지 어느새 20여 년이 흘렀다. 초판이 세상의 빛을 본 이후, 연결망 분석이라는 분야는 급격한 발전을 거듭하며 사회과학뿐 아니라, 인문학과 자연과학의 중요한 연구 방법으로 자리잡았다. 초판이 나왔을 때에만 해도, 연결망 자료가 흔치 않고 연결망 분석의 개념이 생소하여 연결망 분석에 대해 설명하는 것이 쉽지 않았다. 그 사이 세월이 흘러, 방대한 양의 연결망 자료가 축적되었고, 이를 분석하고 시각화하는 다양한 알고리즘, 그리고 이를 통해 도출된 새로운 연결망 개념들이 생겨났다. 이러한 변화에 따라, 이 책의 개정판에 대한 요구가 계속 있어왔다.

사회 연결망 분석은 기본적으로 사람과 사람 사이의 관계를 분석하기 위한 분석 도구이지만, 넓은 범위에서의 "연결망 분석"은 단순히 사람들 사이의 연결에 대한 분석에 국한되지 않는다. 예를 들어, 소설 <토지>의 등장인물 사이의 연결망, 테러리스트 연결망, 축구 선수들 사이의 패스 연결망, 유전자 발현 연결망이나 신약 개발을 위한 단백질 연결망 등 다양한 연결망을 발견할 수 있다. 특히, SNS의 확산 등 정보의 축적과 컴퓨터 연산능력의 발달로 인해 빅데이터에 대한 분석에 있어서 연결망 분석은 중심적 위치를 차지하고 있으며, 최근에는 인공지능의 기계학습 신경망에도 연결망 모형이 활용되고 있다. 연결망 분석은 이제 단순한 사회과학적 도구를 넘어 다학제적 연구의 중심에 서게 되었을 뿐만 아니라 우리 삶의 모든 영역에 파고 든 셈이다.

연결망 분석이 사회과학과 자연과학의 이론의 발전에 기여한 바는 매우 크다. 사회학 내에서는 경제사회학이라는 분야가 번성하면서 경제적 행위는 행위자가 어떤 사회 관계망에 놓여 있는가에 따라 달라지며, 시장은 수요와 공급의 자유 시장 메커니즘에만 의존하는 게 아니라, 사회적으로 구조화되어 있고, 시장 구조를 분석하려면 연결망 분석이 좋은 도구라는 것을 깨닫게 되었다. 정치학 분야에서는 정책 결정 과정에 연결망이 어떻게 작용하는지, 그리고 최근 들어서는 정치 양극화의 문제를 연결망의 관점에서 살펴보는 연구가 활발하다. 사회복지학 분야에서는 사람들 사이의 도움 연결망이나 지원 연결망이 인간의 복지에 중요하다는 것을 밝혔으며, 건강과 보건 분야에서는 연결망과 건강 사이의 관계에 대한 연구가 쏟아져 나오고 있다. 감기와 같은 바이러스 뿐만 아니라, "비만"이 사회 연결망에 의해서 전염되며, 우울감이나 행복감, 또는 다양한 건강행동이 연결망을 통해서 전파된다는 것 등이 그 대표적 예들이다. 경영학 분야에서도 사람들과의 관계 맺기와 연결망에서의 위치가 기업의 경영 성과뿐만 아니라 각 개인들의 업무 성과에도 큰 영향을 미친다는 것을 발견하였다. 한편, 통계물리학을 비롯한 이공계 분야 연구자들이 연결망 분석을 적극 활용하면서, 복잡계 과학이라고 하는 학문 분야의 영역을 개발하고 발전시켰다. 연결망 분석은 인터넷과 같은 복잡한 연결망의 구조적 특성을 밝히거나, 단백질 연결망과 같은 생명 현상을 이해하는 데 필수적인 분석 기법으로 자리잡았으며, 인류가 모르던 분야에 새로운 지식을 찾는 데 큰 도움이 되고 있다.

연결망 분석의 학문 전분야로의 확산에는 크게 두 가지 이유가 있다. 첫째, 점차 다양한 학문 분야에서 다층적이고 관계론적인 분석, 미시 또는 거시적 수준의 분석을 넘나드는 메커니즘에 대한 관심이 증대되어 가고 있기 때문이다. 예를 들어, 왕따가 겪는 심리적 고통과 왕따 행동을 설명하는 데 있어서, 개인의 가정 환경 또는 성적과 같은 속성에 의존해서 설명하기에 그치지 않고, 그가 배태된 관계의 연결망의 속성에 따라, 개인이 학교내에서 친구들과 맺는 관계의 패턴이나 친구들의 부모들 사이의 관계 등을 바탕으로, 왕따 현상을 보다 구체적이고 정확하게 설명할 수 있다. 또한, 어느 순간 갑자기 훅 떠버려서 설명하기 어려운 창발적 현상(예: 눈사태, 대박을 터뜨린 영화나 음악, 소셜 미디어에서 유행하는 밈 현상 등)을 설명하는 데 있어서, 어떻게 미시적 수준에서의 상호작용이 연결망 관계를 통해 증폭되는지의 메커니즘에 대한 이해를 넓힐 수 있다.

두 번째 확산 이유는 정보 사회의 도래에 따라 다양한 형태의 디지털 정보의 축적이 방대해진 것과 관련이 있다. 기존에는 연결망 자료를 모으는 게 어려웠지만, 많은 상호작용이 온라인에서 이루어지는 요즘에는 이메일 발송 연결망, 휴대전화 통화 연결망, X(트위터), 페이스북, 틱톡, 인스타그램 등의 소셜미디어 자료를 활용해 비교적 쉽게 사람들 사이의 연결망을 구축하고 분석할 수 있는 세상이 도래했다. 뿐만 아니라 전자적으로 축적된 자료들을 활용하여, 개념과 개념 사이의 연결망을 쉽게 만들고 분석할 수 있게 되었다. 예를 들어, 사람들이 막걸리를 언급할 때 파전이라는 단어가 동시 출현 빈도가 높다면(또는 동시 검색 빈도가 높다면), 이를 연결망 자료로 구축하여, 새로운 예측에 활용할 수 있다. 이를테면, 막걸리 회사 주식 가격이 오를 때 파전의 원료인 밀가루 생산 회사의 주식도 함께 오를 것이라고 추측할 수 있을 것이다. 더 나아가, 이러한 개념과 개념 사이의 연결망 분석에 있어서, 이제는 word2vec과 같은 언어 모델 기법을 활용하여, 인간이 사용하는 모든 단어 사이의 관계를 수백차원의 벡터 공간에 수학적으로 배열할 수 있게 되었다. 바야흐로, 사람들의 관점에서도, 개념적인 관점에서도 연결망 세상이 도래했다고 할 수 있다.

5판에서는 사회 연결망 분석을 위해서 사회과학자들이 알아야할 기본적인 내용은 유지하면서, 범용 통계 소프트웨어의 일종인 R이라고 하는 프로그래밍을 기반으로 하여 책의 내용과 구조를 대폭 수정하였다. 사회 연결망 분석을 위해 개발된 무수한 기법은 "정글에 뿌려진 갖가지 씨앗들"처럼 각각의 나무들이 곳곳에서 무성하게 자라난 상태로서, 연결망 분석용 프로그램들은 각기 다른 특징을 갖고 있으며, 계산해 주는 지표도 약간씩 서로 다르다. 또한 강의와 연구 지도 경험을 돌이켜보면 학생마다 쉽게 이해하고 다루는 프로그램들이 각기 달랐다. 그런 면에서, 연결망 분석을 하기 위해서 가장 좋은 프로그램은 "없다"고 할 수 있지만, 그럼에도 불구하고 이번에 R을 주축으로 책을 개정한 가장 큰 이유는 R 프로그램이 사회과학 전반에 널리 활용되고 있어 접근성이 높다는 데 있다. 특히, R은 통계적 분석과 데이터 시각화에 최적화된 도구로, 대규모 연결망 데이터를 효율적으로 처리하고, 복잡한 연결망 구조를 시각적으로 직관적으로 표현하기 유용하며, 다른 여러 가지 통계 분석을 함께 수행하기에 매우 유용하다. 뿐만 아니라 누구나 자유롭게 사용할 수 있는 오픈 소스이기에, 전 세계 사용자들이 수시로 연결망 분석 코드를 *R* 라이브러리에 올려 업데이트를 하고 있기에, 최신의 연결망 분석 방법을 신속하게 접목 시킬 수 있다는 장점이 있다.

이번 5판에서는 각 장들마다 내용을 대폭으로 수정하고 보강하였다. 1장 연결망 분석에 대한 소개에서는 *R* 과 Rstudio를 바탕으로 한 프로그래밍 환경에 대한 간단한 설명과 함께 프로그램의 설치에 대한 안내를 추가하였다. 2장 연결망 연구 설계에서는 연결망 수집과 구축에 있어서 연결망에 대한 이론과 메커니즘에 대한 고려의 중요성에 대해서 강조하였다. 3장 연결망 자료에서는, 다양한 형태의 연결망 자료를 *R*에서 입력하고 가공하는 방법에 대해서 소개하고, 공개된 연결망 자료 저장소에 대한 간단한 소개와 함께 연구자들이 기존에 만들어진 연결망 자료에 대해 접근하는 방법에 대해 설명하였다. 4장에서는 전통적인 방식의 연결망 시각화 방법과 더불어서 *R*에서 제공하는 다양한 연결망 시각화 알고리즘에 대해서 설명과 함께 코드를 제공해서 바로 실습을 할 수 있도록 하였다.

5장 중앙성과 6장 집단에서는 기존의 전통적으로 활용된 중앙성 지표나 집단을 찾아내는 방법 외에, 새롭게 많이 쓰이는, 다양한 중심성 지수와 커뮤니티 탐색 알고리즘에 대해서 추가로 설명을 하였다. 7장 구조적 특성에서는 연결망의 불평등과 격리 수준을 측정하는 법에 대해서 추가하였고, 8장 지위와 역할에서는 구조적 등위성을 측정하는 방법과 그에 따른 블록모델링 방법에 대해서 보다 세분화하여 살펴보았고, 9장 이원 연결망에서는 이원 연결망으로부터 일원 연결망으로 변환하는 다양한 방법을 추가하였고, 이원 연결망을 직접 분석하는 기법에 대해서도 소개하였다. 10장 자아 중심 연결망 분석에서는 자아중심연결망의 *R*로 자료 입력부터 연결망 시각화 방법, 새로운 측정 지표를 측정하는 방법, 그리고 자아 중심 연결망으로부터 사회 중심 연결망 패턴을 추론하는 법까지 하여 새로운 내용이 대폭 추가되었다.

마지막 11장에서는 사회 연결망 연구의 실제에 초점을 맞추어 연구자들이 맞닥뜨리는 다양한 과제와 윤리의 문제, 그리고 연결망 연구의 새로운 방향을 논의하고 있다. 별도의 장으로 수록되었던 텍스트 분석의 경우도 이번 판에서는 11장에서 간단히 다루었다. 최근 텍스트 연결망 분석의 경우 분석할 수 있는 도구들이 많은 데 반해, *R*에서 데이터 처리 및 한글 형태소 분석까지 다루려면 하나의 챕터로 다루기에는 벅찼기 때문이다. 마지막으로, 이번 판의 경우 Quarto라는 저작 도구를 활용하여 저자들이 직접 조판, 편집을 하였다. 따라서 표의 디자인이나 서식, 그림의 위치 등이 일반 책들에 비해서는 다소 어색할 수 있지만, 독자들이 이 책에서 제공하는 예시 코드를 실행할 경우에 책에 출판된 그대로 그래프를 그릴 수 있다는 점과 함수나 데이터 등의 색상이 출력 시에도 구분되어 표시된다는 점에서 장점이 있었다.

한편, 2024년 7월 현재, 챗GPT와 같은 생성형 AI의 활용이 점차 광범위해지는 상황에서, 사회 연결망 분석의 교과서 집필의 의미에 대해서 우리는 많은 고민을 할 수밖에 없었다. 기존에는 책과 인터넷을 한참을 뒤져가면서 모르는 것을 질문을 하면서 새로운 것을 배우던 때와 달리, 이제는 챗GPT에게 물어보면 간단히 답이 나오는 시대가 되었다. 예를 들어, 연결망 중앙성 지표를 계산하기 위해서 책을 뒤져가면서 또는 메뉴얼 페이지를 찾아보지 않고 단순히 챗GPT에게 구하고자 하는 연결망 중앙성의 이름이나 이에 대한 설명이 나와 있는 홈페이지를 던져주고, 연결망 중앙성 지표를 계산하는 함수를 코드로 만들어달라고 하면은 금방 만들어준다. 더 나아가, 이제는 연결망 자료를 던져주고 이에 대해서 시각화를 포함해서 다양한 분석을 챗GPT로 직접 실행할 수 있는 단계에 이르렀다. 어떤 분석을 하면 좋을지에 대해 모를 때 챗GPT에게 물어보면, 이런저런 그럴듯한 분석들을 제안할 수 있을 것이다.

단, 환각(halluciation)의 문제로 인해 챗GPT는 무조건 어떤 종류의 응답을 하겠지만, 그 대답과 제안이 항상 맞지 않는다는 걸 주의해야 한다. 적어도 현시점에서, 그리고 아마도 향후 몇년간, 챗GPT와 같은 생성형 AI가 할 수 있는 최대한은 훌륭한 "조교"의 역할일 것이다. 따라서, 이러한 생성형 AI 시대에 연구자가 꼭 갖춰야 할 자질은 조교가 제안하는 분석 방법 또는 분석 결과물을 판단할 수 있는 지식과 그것들의 틀린점을 지적하고 찾아낼 수 있는 능력이다. 더 나아가, 챗GPT와 같은 생성형 AI와 함께 더 나은 연결망 분석을 할 수 있을지에 대해서 적극적으로 고민할 필요가 있다. 이러한 면에서, 저자들은 이 책이 독자들에게 연결망 분석에 대한 통찰을 제공할 뿐만 아니라, 독자들이 이 책에 있는 실습 코드를 실행하면서, 직접 부딪치면서 연결망 분석을 학습하는 기회를 제공할 수 있게 되기를 바란다. 이전에 조교의 역할을 훌륭하게 수행한 연구자일수록, 다양한 시행 착오를 거쳐서 배운 지식과 경험을 바탕으로, AI 조교를 더욱 잘 활용할 수 있을 것이기 때문이다.

5판을 출간하며, 오랜 세월에 걸쳐 이 책의 진화 과정에 도움을 준 고마운 분들이 떠오른다. 책의 초판은 대학원에 개설했던 첫 번째 연결망 분석 강의를 수강했거나 청강했던 학생들의 도움을 받으면서 출발했었다. 연세대학교의 박찬웅 교수와 (고)이경용 박사, 인디애나대학교의 차영주 교수, 국민건강보험공단 서남규 실장, 이희제와 김명세가 초판 작업을 도와주었다. 2판은 이화여자대학교의 윤호영 교수가 큰 도움을 주었으며, 3판의 경우 김영진 박사의 조교 시절 도움이 없었더라면 세상에 나올 수조차 없었을 것이다. 4판은 김영진 박사가 공저자로 참여하면서 대폭적인 개정 작업을 하였고, 국회미래연구원 이상직 연구위원, 서울대 사회발전연구소 김이선 박사, 박윤중이 원고 교정을 꼼꼼하게 해 주었다. 5판은 뉴욕대학교의 이병규 교수가 새롭게 저자로 참여하면서, 내용을 충실히 보완하며 책을 크게 개정할 수 있었다. *bitPublish* 패키지를 개발하고, 여러 문의와 요청에 친절하게 대응해주신 유충현님과 꼼꼼히 교정을 봐주며 책의 단점을 보완해준 성기호에게 특별한 감사의 말씀을 전한다.

책의 부족한 부분은 전적으로 저자들의 책임이다. 책을 읽다가 미흡한 부분을 발견하면, 저자들에게 아낌없는 조언과 수정 방향에 대해 제시해주기를 부탁한다. 깃허브 리포지토리(https://github.com/letitbk/social-network-analysis)의 이슈란에 코드 실행시에 나는 에러나 전반적인 연결망 프로그래밍에 대한 질문을 해도 좋고, 그 외에 새로운 분석 방법론에 대한 토론도 적극 환영이다. 지식 생태계는 열린 연결망이기 때문에 독자들의 참여가 한국의 사회 연결망 분석 생태계를 더욱 발전시킬 것이라고 기대한다.

끝으로 연결망 분석이라는 흥미로운 여정에 함께 동참한 모든 독자들께 감사를 전하며, 초판부터 5판에 이르기까지 20여 년 동안 아낌없이 지원한 박영사와 예쁜 디자인과 함께 정성스럽게 편집해 준 편집진에게 감사의 뜻을 전한다.

2024년 7월

저자 김용학, 김영진, 이병규

목차

11 맺음말   293

1 연결망 분석이란

1.1 관계적 관점으로의 전환

사회 연결망 분석(Social Network Analysis)은 무엇인가? 미첼(Mitchell, 1969)에 따르면, 사회 연결망 분석은 "사람들의 사회적 행위를 그들이 맺은 관계로 구성된 연결망의 특성으로 설명하려는 시도"를 의미한다. 사회 연결망 분석을 통해 우리는 개인들의 미시적인 상호작용으로 만들어지는 관계의 패턴이 어떻게 그들의 태도, 효용, 그리고 태동 등에 영향을 미치는지, 사람들간의 관계를 통해서 만들어진 전체 연결망은 어떤 형태를 띠고 있는지, 이렇게 형성된 연결망이 어떻게 형성되었고, 개인과 또는 집단에 어떤 효과를 가져다주는지를 살펴볼 수 있다.

예를 들어, 다음의 두 가지 연결망 형태를 비교해보자.

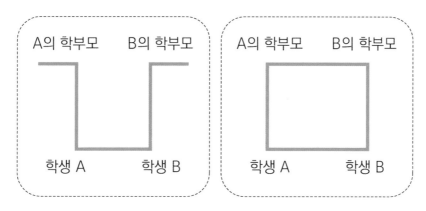

그림 1.1: 구조의 효과 예시

1

그림 1.1 왼쪽 연결망에서 학생 A와 B는 친구이고, 그들 부모들은 서로 모르는 사이다. 오른쪽 연결망에서는 학부모끼리 서로 연결되어 있다. 왼쪽 연결망은 열려 있고, 오른쪽은 닫혀 있다. 학생들이 비행청소년이 될 확률이 어떤 연결망에서 더 높을까? 기존 사회 자본 연구에 따르면, 학부모끼리 정보가 흐르지 않는 열린 연결망에서 청소년들의 비행 행동이 증가한다고 한다(Coleman, 1988). 이처럼 기본적으로 연결망 분석은, 개인을 둘러싼 연결망의 형태에 따라서, 그 안에 포함된 행위자들이 행동과 태도가 달라질 수 있는지를 설명하는 데 활용되어 왔다.

이제는 카카오톡, 인스타그램, 틱톡, 페이스북 등 사회 연결망 서비스(Social Network Services, SNS)가 없는 일상생활을 상상하기 어려울 정도로 SNS가 일상화되었다. 이들 서비스로 손쉽게 아는 친구들뿐만 아니라, 개인적으로 모르는 유명인 그리고 국가가 다른 이들과도 손쉽게 소통할 수 있게 되었다. 또한 자신도 모르는 사이에 사진 한 장, 몇 줄의 글로 유명인이 될 수도 있다. 이러한 변화에 발맞춰, 다양한 질문들이 생겨나고 그에 대한 연구들이 진행되어 왔다. 이를테면, 한국인이 소셜 미디어에서의 관계를 맺는 구조에 어떤 특징이 있을까(장덕진·김기훈, 2011)? 오프라인 일상생활에서 친구가 많은 이들이 온라인에서도 친구가 많을까(Dunbar et al., 2015)? 오프라인에서의 친구와 온라인의 친구 관계는 어느 정도 중첩될까(Reich et al., 2012)?

사회 연결망 연구에 따르면, SNS에서는 "가진 자가 더 가지게 된다(The Rich Get Richer)"는 부익부 빈익빈 현상이 쉽게 관찰된다(Kwak et al., 2010; Sadri et al., 2018; Merton, 1968). 예를 들어, 대부분의 사람들은 소수의 팔로워를 보유하지만, 소수의 유명인들은 전 세계로부터 수 억명의 팔로워를 지니고 있다(Berthelot and Rascouet, 2022). SNS가 사회 관계 형성에 있어 불평등을 확대하는 데 있어서 중요한 역할을 하고 있지만, 또 다른 한편으로는 SNS가 사회 관계 형성을 촉진하고 있다는 긍정적인 면을 간과해서는 안 된다. 전에는 직접 관계 맺기 힘들었던 유명인들과도 직접 연결할 수 있고, 초등학교 친구들부터 유학 간 친구들에 이르기까지의 관계도 SNS를 통해 회복할 수 있다. 관계에 대한 관심이 그 어느 때보다 커짐에 따라, 관계를 맺으려는 노력 그리고 관계 속의 적정한 관심을 유지하고 관계를 제한하려는 노력 역시 커지는 현상들을 살펴볼 수 있다.

그림 1.2는 블로그를 통해 공개되어 있는 Piessen의 인스타그램 친구들 연결망이다

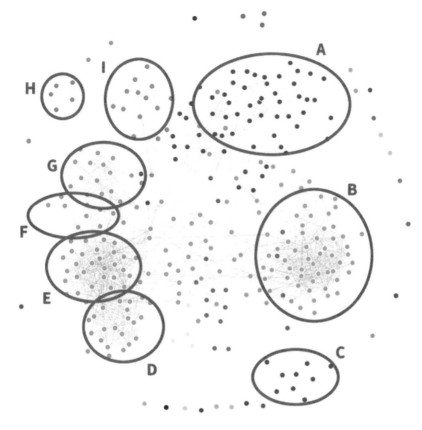

그림 1.2: 인스타그램 친구 연결망 예시(Piessen 2019)

(Piessen, 2019). 친구들의 연결망은 무리 지어져 있다. 특정 시기, 특정 관심사에 따라서 친구 그룹이 만들어진다. 나의 친구는 또 나의 다른 친구와 친구를 맺게 될 가능성이 높다. 이러한 그래프로 시각화를 하고 분석을 하면 나와 친구 중첩도가 가장 높은 친구가 누구인지, 나와 많은 집단에 걸쳐 친구 관계를 가진 사람들은 누구인지, 내가 어느 시기에 맺은 친구들과 현재 소통을 많이 유지하고 있는지 등을 쉽게 알 수 있다. 내가 생각하고 소통하고 활동하는 반경이 점과 선으로 표현되어 내 생각과 행동이 연결망 속에서 어떻게 배태되었는지를 관찰할 수 있다.

일련의 연구들은 비만이 사회 연결망을 통해 전염될 수 있다는 사실도 보고한다 (Christakis and Fowler, 2007; Ejima et al., 2013). 이때 "전염"은 질병이 바이러스를 통해서 전염된다는 측면에서의 전염을 의미하기보다는, 비만을 결정하는 요인들이 사회

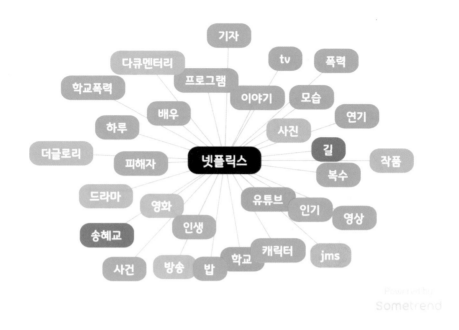

그림 1.3: 연관어 분석 서비스 예시(출처: https://some.co.kr/analysis/social/association)

연결망을 통해서 전파가 된다는 것을 의미한다. 다시 말해서, 연결망은 정보가 흐르는 장이자 생각과 행동의 준거가 형성되는 틀을 제공한다. 고기를 좋아하는 사람과 친하면 자주 고기를 먹으러 가게 되고, 가족 중에 야식을 좋아하는 사람이 있으면 말리면서도 야식을 먹게 된다. 즉 관계에 의하여 식습관과 건강 행동이 영향을 받고, 그 결과 비만도 사람들 사이에서 "전염"되어 사회적으로 더 확산될 수 있다.

최근 인터넷이 성장하고 컴퓨팅 능력이 발전하면서 빅데이터 연구가 각광받는 가운데, 연결망 분석이 더 많은 주목을 받고 있다. 과거에는 사회과학 내에서 사람들 사이 또는 조직들 사이의 관계에 주로 한정되어 있던 연구의 범위가, 이제는 문서 내 단어 간 관계 또는 배우와 배우 사이의 관계 등 다양한 범위로 확장되고 연구 결과도 상업적으로 활발히 이용되고 있다(Amaral et al., 2000). 예를 들어, 그림 1.3과 같이 장기간에 걸쳐 축적된 SNS, 블로그 자료에서 추출한 어휘 자료를 분석해 시간에 따라 특정 단어가 출현하는 빈도 추이뿐만 아니라 동시 출현 관계를 기반한 단어 간 연결망을 제시하는 서비스들도 다수 생겨났다. 또한 게놈 프로젝트로 유전체 지도가 완성된 이래 진행된 생명공학 연구들은 유전적인 질병의 발생 요인을 찾기 위해서 연결망 분석을 사용한다

(Singh-Blom et al., 2013). 특정 질병의 원인이 DNA 단위에서의 독립적인 요인의 결과가 아니라, 여러 유전자들이 연결되어 발현되는 것으로 관점을 전환한 것이다. 이처럼 관계적 관점으로의 전환은 사회학뿐만 아니라 다양한 학문 분야와 사업 영역에서도 동시 다발적으로 이루어지고 있다.

1.2 연결망 분석의 발전

연결망 분석은 복잡한 관계의 다양한 측면을 손쉽게 살펴볼수 있게 해주는 도구이다. 그 대상은 사회일 수도 있고, 조직 간 관계나 조직 내부의 관계일 수도 있고, 개인들의 이웃 간 연결일 수 있다. 최근 연결망 분석의 범위는 인간 관계뿐 아니라 개념 사이의 관계로까지 확장되고 있고, 심지어는 약의 효과를 검증하기 위해서 분자와 분자, 단백질과 단백질의 관계 역시 연결망의 발현으로 파악하여 연구하고 있다. 컴퓨터 계산 속도와 시각화 방법이 발전함에 따라 이전까지 고려하기 어려웠던 관계와 그들 간 상호작용을 이해하고 분석할 수 있게 되었다.

기존의 사회과학은 속성(attribute) 중심적이었다. 예를 들면, 정치성향을 설명하는 데 있어, "20대 대졸 여성은 진보적 정치 성향을 갖는다" 라는 개인이 가진 속성을 중심으로 살펴볼 수 있다. 하지만, 연결망 분석은 사람이 맺고 있는 관계를 중심으로 문제를 바라본다. 20대 대졸 여성이 보다 진보적인 정치 성향을 갖는 것은 20대라는 나이와 대학 졸업이라는 학력, 그리고 여성이라는 성별에 의한 효과 때문이 아니라, 그들이 누구와 만나고 교류하고 연결되어 사회적 영향을 받는지에 따라서 결정된다고 본다. 이처럼 속성 중심적인 분석에서 관계 중심적인 분석으로의 전환은 사회과학의 패러다임 전환을 의미한다.

연결망 분석의 분석 단위는 노드(node)와 링크(link)이다. 이를 수학 그래프 이론에서는 꼭짓점(vertex)과 변(edge)이라고도 표현하기도 하며, 사람 간의 연결망을 중심으로 한 사회 연결망 분석에서는 행위자(actor)와 관계(tie)로 지칭하기도 한다. 연결망 분석은 사회과학뿐만 아니라 수학과 물리학에서 발전한 이론과 방법론이 교차하며 더 풍성하게 발전한 대표적인 다학제 간 연구 분야(interdisciplinary field) 이다. 따라서 연결망 분석을 더 깊이 이해하기 위해서는 기초적인 행렬 연산이나 그래프 이론을 공부하면 큰 도움이 된다. 수학적인 기초는 사회 연결망 분석의 개념적 이해를 돕지만, 중요한 것은 그래프 연산에 대한 것 자체라기보다는, 다양한 분석에서의 가정을 이해하고 실제적 사회 현상에 적용하는 것이다. 기존의 연결망 분석에 특화된 프로그램을 사용하거나 아니면 *R* 또는 파이썬(*python*) 등의 프로그램에서의 분석 패키지들이 많이 개발되어, 실제적인 연결망 분석을 하는 데에는 예전에 비해서 더 용이해졌다.

연결망 분석은 더이상 새로운 사회과학 분석 방법론이라 할 수 없을 정도로 많이 확산되었다. 1979년 「Social Networks」 저널이 발간된 이래 2024년 10월 79권에 이르도록 꾸준히 높은 수준의 연구들이 발표되어 왔고, 다학제 연구 성과를 담는 「Network Science」 같은 저널을 통해서도 많은 연구가 공유된다. 통계물리학, 커뮤니케이션, 정보학 분야에서는 연결망 관점에서의 연구들만을 다루는 분과 저널들도 생겨났으며, 이외에도 사회학을 중심으로, 경영학, 언론학, 정치학, 교육학, 행정학, 문헌정보학 등 다양한 사회과학의 영역에서도 활발한 연구가 진행되고 있다.

1.3 책의 구성

이 책은 연결망 분석에 관심 있는 연구자들을 위한 입문서이다. 각 장은 연결망 연구를 할 때 필요한 개념 혹은 분석 방법을 설명한다. 1장은 이 책의 개괄에 해당하며, 책 전반에 걸쳐 예제 분석을 제공하는 분석도구인 *R*과 연결망 분석 패키지들을 간략하게 소개한다. 2장에서는 연결망 연구 설계 및 연구 절차를 제시한다. 분석 단위 및 범위 설정과 같이 연구 설계에 앞서서 고민해야 하는 문제들을 살펴본다. 3장에서는 연결망 자료의 종류와 그 특성을 설명하고, *R*로 자료를 입력하고 불러들이는 방법을 다룬다. 4장은 연결망 시각화 및 연결망 탐색에 대한 부분이다. 연결망을 시각화하고 특징을 살펴보는 것은 많은 초보 연구자들에게 가장 흥미롭고 때로는 연결망의 연구의 꽃으로 여겨지기도 하지만, 많은 경우 연결망 시각화는 연구의 시작이다. 시각화된 연결망을 관찰하면서 나온 통찰은 더 심도 깊은 연결망 분석의 토대를 제공해준다. 이 장에서 우리는 또한 연결망 분석 연구가 발전하면서 발달한 시각화 방식의 변화 과정을 살펴본다.

5-8장은 연결망의 다양한 속성을 묘사하고 측정하는 방법에 대해서 배운다. 5장에서는 중앙성 분석을 통해 연결망 내에서 개별 노드들의 구조적인 위치를 파악하고 측정하는 방법을 배우며, 특히 연결망 내에서 어떤 노드가 영향력이 있는지, 가장 짧은 거리로 다른 모든 노드들과 연결될 수 있는지 등을 살펴본다. 6장에서는 하위 집단(subgroup)에 대한 개념을 배우고, 연결망 내에서 어떻게 노드들이 집단을 이루고 있는지를 파악하는 다양한 방법에 대해서 살펴본다. 7장에서는 연결망의 구조적 특성을 살펴보는 지표들에 대해서 살펴본다. 8장은 지위와 역할(role)을 구조적으로 어떻게 파악할 수 있는지를 공부한다. 연결망에서 구조적으로 동등한 위상을 갖고 있다는 것이 어떠한 의미인지 수학적·사회학적으로 살펴본다.

5-8장의 내용이 주로 연결망 분석의 기본 형태인 완전 연결망에 대한 설명과 분석에 대한 내용인 반면, 9-10장은 다른 형태의 연결망 자료인 이원(two-mode) 연결망과 자아 중심 연결망을 분석하는 방법과 이를 분석하기 위해 자료를 변환하는 방법에 대하여 다룬다. 11장은 이 책의 본론에서 다루지 못한 내용들을 다룬다. 이 책에서는 코딩이 필요한 **R** 소프트웨어에서 활용 가능한 분석 방법들을 중심으로 다뤘는데, 코딩 없이 연결망 분석을 할 수 있는 다양한 분석 도구들을 소개한다. 또한 연구자가 연결망 분석을 수행할 때 봉착하는 연구 윤리와 관련한 내용들을 논의한다. 마지막으로 최근 많은 연구가 이뤄지고 있는 연결망과 인과 추론의 문제, 통계적 연결망 모델링, 그리고 의미 연결망 분석과 관련한 연구 주제/방법론을 간략하게 소개한다.

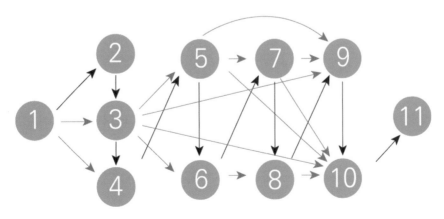

그림 1.4: 이 책의 구성(읽는 순서도)

이렇게 다양한 개념들이 이곳저곳에 등장하기 때문에, 독자들이 책의 구성을 좀 더 빠르게 파악할 수 있도록 그림 1.4와 같이 목차 순서도를 재구성해보았다. 책을 읽는 가장 좋은 방법은 처음부터 끝까지 읽는 것이다. 하지만, 독자들의 수준에 따라서는, 1장부터 3장을 읽은 후에 필요에 따라서 각 장을 따로 살펴보는 것도 좋을 것이다. 책을 개괄하는 1장과 연결망 분석의 기본 시각을 제시하는 2장이 학습의 시작 단계에 해당하며, 3장은 이 책에 등장하는 모든 분석을 이해하기 위해 필요한 연결망 자료 기초 지식을 소개한다. 3장을 이해한 독자들은, 4장에서 연결망을 시각화하는 방법과 이후 5장부터 소개되는 여러 가지 다양한 연결망 지표들을 순서대로 이해하고 실습해 나가는 데 어려움이 없을 것이다. 5장 이후의 내용은 이전 장에 등장했던 기본 내용을 기초로 전개되는 분석을 다루어 나가기 때문에 순서대로 학습해 나갈 것을 추천한다.

앞서 4판에서는 UCINET으로 분석 과정을 예시하였지만 이번 판에서는 범용적인 소프트웨어인 *R*을 활용하였다. UCINET은 메뉴 기반으로 클릭만으로 쉽게 분석을 할 수 있다는 장점이 있지만, 최신 알고리즘이나 연구에서 개발한 함수들을 사용하는 데에는 제약이 크다. 반면 *R*의 경우에는 사용자가 직접 함수도 만들 수 있고, 비교적 최신 알고리즘이나 연구들에서 사용한 방법들을 적용하는 데 훨씬 유리하다. 처음에는 R을 활용하는 것이 어려울 수 있을 테지만 이 책을 다 마칠 무렵이면 *R*의 많은 장점을 느낄 수 있을 것이라 확신한다.

1.4 연결망 분석 도구로서의 R

*R*은 공개(무료) 소프트웨어로서 연산 기능, 데이터 처리, 통계/연결망 분석, 기계 학습 및 시각화 기능 등 제공한다. 또한 누구나 원칙을 준수한다면 직접 패키지를 개발하여 CRAN을 통해 공유할 수 있다. 2024년 7월 현재 21,009개의 다양한 패키지가 공개되어 있고, 빠르게 업데이트 되어 최신 통계 기법 및 데이터 모델링을 연구하는 데 적합하다. 이 책에서는 *igraph, sna, network, ergm* 등 많은 이들이 활용하는 연결망 분석 패키지를 주로 이용하고, 때때로 간단한 행렬(matrix) 연산을 통해서 분석 원리를 설명한다. *R*의 경우 연결망 분석에 있어서도 C. Butts, D. Hunter, M. Handcock 등 사회 과학자들이 직접

그림 1.5: 영남대 CRAN 페이지(출처: https://cran.yu.ac.kr/)

패키지를 개발하여 UCINET, NetMiner 등 기존 연결망 분석 프로그램이 제공하는 분석 지표들을 대부분 제공한다.

1.4.1 분석 환경 세팅

R은 오픈 소스이기 때문에 인터넷으로 검색하여 쉽게 내려받을 수 있다. 또한 중앙 서버에만 업로드되어 있는 것이 아니라, CRAN(The Comprehensive R Archive Network)에 속한 많은 국가의 여러 기관들에서 **R**과 패키지들을 다운로드 받을 수 있도록 지원해준다(Mora-Cantallops et al., 2020). 국내의 경우 영남대 CRAN(https://cran.yu.ac.kr/)을 통해서 활용하는 OS(operating system)에 맞는 **R**을 내려받아 설치하면 된다.

최근에는 Colab 등 교육용으로 제공되는 공유 분석 플랫폼 등 활용이 용이하지만, 연구용 데이터의 경우 온라인에 업로드하기 어려운 상황이 많이 있다. 외부 인터넷이 차단된 상태에서 분석을 수행하시는 분들도 많기 때문에, 이 책에서는 많은 이들이 R을 활용하기 용이한 RStudio라는 개발환경도구(IDE: Integrated Development Environment)에서 분석하는 것을 전제로 설명을 진행한다. RStudio는 구글 등에서 검색

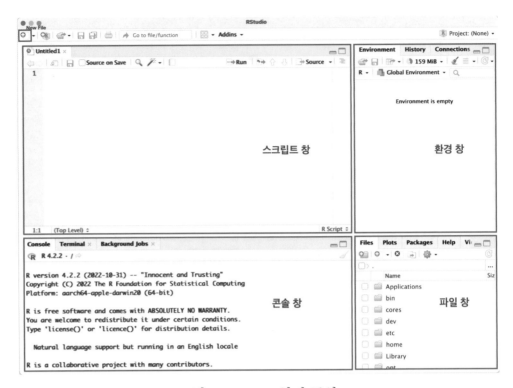

그림 1.6: RStudio 화면 구성

해서 https://posit.co/download/rstudio-desktop/ 에서 다운로드 받을 수 있다. 현재 이 책은 현재 Mac OS를 바탕으로 작성되어, 화면의 버튼 등 UI가 약간 상이할 수 있음을 양해를 구한다.

R과 RStudio를 설치하고 RStudio를 실행하면 그림 1.6과 같은 화면을 볼 수 있다. RStudio 는 내부에서 4개의 창으로 구분된다. 처음 실행할 때는 좌측 상단의 스크립트 창이 보 이지 않을 수 있으나, 메뉴에서 File> New File>R script 를 실행하거나, 메뉴 바로 밑에 New File을 누르면 스크립트 창이 나타난다. 각 창의 기능을 간단히 설명해보면,

1. 스크립트 편집기(Script Editor): 실행하였던 명령어들을 재생가능하도록 (reproducible) 파일로 저장하고 편집하기 위해서 활용한다.

2. 콘솔(Console): **R** 코드를 입력하고 실행하는 대화형 콘솔 창. 스크립트 편집기에서 **R** 코드를 실행하면 콘솔에서 실행 결과 또는 에러 메시지가 표시된다.

3. 작업공간(Workspace): 작업공간은 현재 **R** 세션에서 사용되는 데이터 객체들을 표

시한다. 데이터 객체는 *R* 코드를 실행하여 생성된 변수, 함수, 데이터 프레임 등을 포함한다.

4. 파일 창(Files Explorer): 파일 탐색기는 RStudio 프로젝트 내의 파일과 폴더를 탐색할 수 있는 창이다. 이 공간 영역에서는 파일 탐색기뿐만 아니라 도표(Plots) 결과를 확인하거나, 패키지(Packages) 관리, 도움말(Help) 기능을 쓰는 탭들도 있다.

아래 예제들은 Script 창에 입력한 후 상단 Run 버튼 또는 Ctrl(command)+Enter를 통해 실행하여 콘솔 또는 시각화 탭 결과를 확인할 수 있다.

1.4.2 라이브러리 설치

*R*은 범용 소프트웨어이기 때문에 연결망 분석 등 특정한 목적을 위한 기능들을 활용하기 위해서는 다른 이들이 만들어놓은 라이브러리(패키지)를 활용해야 한다. 설치(install)가 되어 있지 않은 경우에는 이를 다음과 같이 설치하고 라이브러리를 불러오는 과정이 필요하다. 아래는 *R*로 연결망 분석 시 많이 사용하는 *igraph* 라이브러리(Csardi and Nepusz, 2006)를 설치하고 불러오는 예제이다.

```
install.packages('igraph')
library(igraph)
```

여기서 중요한 것은 한 번 패키지를 설치하면 패키지 업데이트가 없는 이상 다음에 다시 설치할 필요가 없다는 것이다. 따라서 다음의 #를 이용하여, 코드를 실행하였을 때 패키지를 다시 설치하지 않도록 주석으로 처리하는 것이 중요하다. 하지만, 패키지를 불러오는 library 함수는 *R*을 재시작할 때마다 다시 실행해야 한다. 혹시라도 이 책의 예제를 실행하는 중에 패키지가 설치되지 않는다고 하면, install.packages() 함수로 패키지를 설치하면 된다. 이 책에서 독자들의 편의성을 위해서 *패키지의 경우 기울임꼴(이탤릭체)*로, 함수의 경우 스크립트와 같은 **코딩용 고딕체**로 표시하였다.

여러 개의 패키지들을 활용할 경우 하나하나 설치하고 확인하기 어려우니, 다음과 같이 한 번에 불러오거나 설치가 안 되어 있을 경우 아래와 같이 여러 패키지들을 설치하는 함수를 활용하면 용이하다. 이 책에서 사용한 *R* 코드의 경우 다음의 깃허브 리포지토리(https://Github.com/letitbk/social-network-analysis)에서 파일로 내려받아 재현 및 실습에 활용할 수 있다. 패키지 업데이트 등으로 코드에 문제가 생길 경우, 책 자체에서는 업데이트가 어려워도 Github에 각 챕터별 예제 코드는 업데이트 할 예정이다. 문제를 발견한 독자들은 위의 Github에 이슈(issue)로 등록해주길 부탁한다.

```r
## 여러 패키지를 동시에 설치하기
my_packages <- c('igraph', 'sna', 'network', 'dplyr', 'kable', 'kableExtra',
                 'readxl', 'ggplot2', 'reshape2', 'devtools', 'remotes',
                 'netseg', 'extrafont', 'ggrepel', 'blockmodeling', 'backbone',
                 'keyplayer', 'data.table', 'egor', 'migraph', 'ergm.ego')
### 각 패키지를 설치하고 불러오기
for (package_name in my_packages) {
  #### 패키지가 설치되어 있지 않으면 설치
  if (!require(package_name, character.only = TRUE)) {
    install.packages(package_name)}
  #### 패키지 불러오기
  library(package_name, character.only = TRUE)
}
```

위의 코드를 통해서 이 책에서 사용하는 20개 패키지를 CRAN을 통해 설치하고 불러들이는 것이 가능하다. 이 방식은 *R*을 처음 사용하는 사용자의 경우 30여 분 이상 설치의 시간이 걸릴 수도 있다.

일부 시각화나 연산의 편의를 위해서 CRAN에 배포되어 있지 않고, 개발자 Github에 업로드 된 패키지들을 설치하여 사용하기도 하였다. 이 패캐지들은 아래와 같이 설치할 수 있다.

```
# Github에 공개된 개발자 소스 코드 활용하여 패키지 설치하기
remotes::install_Github(c('gastonstat/arcdiagram',
        'biometry/bipartite/bipartite', 'aslez/concoR'))
library('arcdiagram')
library('bipartite')
library('concoR')
```

1.5 R Tutorial 및 참고 자료

*R*은 인터넷에서 무료로 공개된 책이나 자료들을 찾기 쉽다. 이 책에서 많은 내용들을 최대한 쉽게 그리고 재현가능하게 설명하고 안내하고자 했으나, 부족한 부분들이 많이 있다. 부족한 부분들은 좋은 참고 자료들을 통해서 보완이 가능하다. *ggplot2*, *dplyr* 등의 패키지를 개발하여 *R* 생태계에 큰 공헌을 한 해들리 위컴의 **R for Data Science**와 같은 경우는 책의 원고를 인터넷에 그대로 공개하였고, 이를 바탕으로 쉽게 실습할 수 있으니 *R*에 익숙하지 않은 이들은 시간을 내어 학습을 하길 권장한다. 그 외에 이 책을 쓰는 과정에서도 참고를 한 유익한 책과 튜토리얼들도 함께 소개한다.

1.5.1   R 기본 활용

- **R for Data Science**: https://r4ds.had.co.nz/
- **R Graphics Cookbook**: https://r-graphics.org/
- **Hands-On Programming with R**: https://rstudio-education.Github.io/hopr/

1.5.2   연결망 분석

- **igraph Reference Manual**: https://igraph.org/c/doc/
- **Minimal intro to sna in R**: http://www.melnet.org.au/minimal-intro-to-sna-in-r
- **Methods for Network Analysis**:

  https://bookdown.org/markhoff/social_network_analysis/

- **Analysis of weighted, two-mode, and longitudinal networks**:

  https://toreopsahl.com/tnet/

- **Network Science**: http://networksciencebook.com/

- **Online Companion to Network Science in Archaeology**:

  https://book.archnetworks.net/visualization/

- **Network Visualizations in R**: https://mr.schochastics.net/material/netVizR/

2 연결망 연구 설계

2.1 연구 설계에서 고려할 점

연결망 연구를 하는 데 있어서 핵심은 연결망 자료의 구성에 있다. 연결망 자료의 구성이라고 하는 것은 크게 자료를 어떻게 수집할 것인가의 문제와, 주어진 자료를 어떻게 연결망 자료로 변환할 것인가의 문제로 나뉜다. 일반적인 개인을 대상으로 한 설문, 실험을 바탕으로 한 자료, 또는 기존에 존재하는 개인별 또는 국가별 자료를 분석하는 것과는 달리, 연결망 연구 자료의 구성에 있어서는 단순히 "자료를 만들어낸다"는 의미를 넘어서, 어떠한 이론적 관점으로 연결을 바라볼 것인가와 더 깊은 관련을 맺는다. 연결망 자료를 구성할 때 연구의 자유도(degrees of freedom)가 높기 때문에, 연구자의 판단에 따라서 다양한 형태로 자료를 구성할 수 있고 이에 따라서 연구자가 결정을 내릴 부분이 많다.

연결망 자료를 구성하는 데 있어서 가장 중요한 이론적 질문은 "사회 연결망이 어떠한 메커니즘을 통하여 행위자에게 영향을 미치고, 행위자들은 어떠한 메커니즘을 통해서 연결망을 구축하는가?" 라고 할 수 있다. 이를테면, 사회 연결망이 개인의 건강에 어떠한 영향을 미치는지에 대해서 연구하는 데 사회적 지지의 중요성을 연구한다면, 실제로 객관적으로 관찰되는 연결(objective tie) 보다 각 개인의 인지하는 연결(perceived tie)이 더 중요할 것이고(Faber and Wasserman, 2002), 한 조직 내에서 직무가 어떻게 상호 조직되고 연결되어 있는지에 대해 연구한다면 업무상에서의 소통 정도에 대한 객관적인 관계가 개개인들이 서로 친하게 지내는지에 대한 관계보다 더 중요하게 될 것이다

(Kilduff and Tsai, 2003). 이러한 주관과 객관의 문제와 함께, 관계의 시간성에 대한 고려도 중요한데, 맥락적인 효과(contextual effect)를 가정할 경우에는 특정한 사건을 바탕으로 또는 각 상황에 따라서 얼마나 관계가 활성화(tie activation) 되어 있는지에 대해서 관심을 갖을 수도 있고(Perry and Pescosolido, 2015), 반대로 구조적 효과(structural effect)를 가정할 경우에는 설사 특정 순간에는 활용되지 않더라도 지속적이고 전형적으로 존재하는 장기적 관계를 측정하는 게 더 중요할 수 있다(Marsden, 1987, 1990).

사회 연결망은 크게 다음의 네 가지 종류로 나뉜다(Borgatti et al., 2009). 첫째는 사회적 관계(social relationships)이다. 이는 행위자들 사이의 관계에 어떠한 형태의 역할이 기대되는지를 나타내며, 이를테면 친구 관계, 가족 관계, 또는 상사-부하 관계 등 주어진 관계에 흔히 이름을 붙이고 보통 장기간 지속되는 관계들이 많다. 둘째는 상호작용(interactions)이다. 이는 행위자들 사이의 (많은 경우 순간적인) 활동 혹은 행위 작용을 나타낸다. 이를테면, 한 사람과 다른 사람 간에 전화 통화를 한다거나 이야기를 나눈다는 행위를 측정하거나 또는 온라인 소셜 미디어상에서 서로 코멘트를 주고받는 상호작용이 그 예시이다. 셋째는, 실제로 위에서 말한 사회적 관계를 통해 또는 상호작용의 과정을 통해 무언가가 이동하거나 전파의 양상(flows)을 나타낸다. 이를테면 소셜 미디어상에서 거짓 정보나 루머가 확신되는 것 자체에 관심이 있는 경우에, 단순히 소셜 미디어상에서 서로 팔로우를 하거나 이야기를 자주 주고받는다는 것만으로는, 특정한 정보가 서로 소통이 되었는지 안 되어 있는지를 확인할 수 없기 때문이다. 넷째는, 행위자들 간의 유사성(similarities)을 하나의 연결의 형태로 살펴보는 접근이다. 이를테면, 같은 지역 또는 공간에 함께 있거나, 같은 동아리나 조직에 참여하거나, 비슷한 속성을 공유함으로써 발생하는 연결을 포괄적으로 지칭하는 것이다.

중요한 것은 어떠한 사회적 메커니즘에 관심이 있는지에 따라서, 어떤 종류의 연결망을 측정할 것인가에 대한 결정도 달라져야 한다는 것이다. 이를테면, 정신 건강에 사회적 지지가 어떻게 영향을 미칠 것인가에 있어서 어떠한 상담자가 좋다든지, 또는 어떠한 병원에 가는 것이 좋은지 등의 특정한 의학적 정보가 중요하다는 것을 보여주고 싶을 경우에는 정보의 흐름(flows)에 대한 측정이 중요하다. 하지만, 그게 아니라 얼마나 사회적으로 활발하게 활동하고 주변사람들과 교류하는지에 대한 사회성에 대한 메커니즘을 보여주고 싶다면 상호작용(interaction)을 측정해야 할 것이다. 더 나아가 실제로는 상호작용을 하지는 않더라도 주어진 관계적 역할에 대한 기대가 미치는 영향을 보여주고 싶다면 사회적 관계(social relationships)를 측정해야 할 것이다. 하지만, 실제 연결망 연구에 있어서는 많은 경우 연구자가 보여주고 싶어하는 메커니즘을 직접적으로 측정할 수 있는 경우는 많지 않다. 따라서, 연구자들은 특정한 연결망 자료가 자신이 보여주고 싶은 연결망 메커니즘에 어떻게 관련이 되어 있는지를 설득력 있게 밝혀야 한다. 연구자가 측정하고 싶어하는 메커니즘과 연결망의 종류가 일치할수록, 좋은 사회 연결망 연구가 된다.

지금부터 우리는, 먼저 연결망 자료를 수집하는 과정에서 고려할 사항들을 하나씩 검토해보고, 연결망 자료를 구축하는 과정에서 고려할 사항들을 하나씩 검토해볼 것이다. 앞서 말한 바와 같이 연결망 수집과 구축을 하는 데 있어서 중요한 것은 이론적 관심사이고, 그에 더해 또 중요한 것은 연결망 자료 구성 이후에 어떤 방법론을 활용하여 연구를 진행할지에 대한 고민이다. 따라서, 마지막으로는 구성된 연결망을 바탕으로 어떠한 방식으로 연구가 진행될 수 있는지에 대해서 간략히 개괄하는 것으로 이 장을 마무리하고자 한다.

2.2 연결망 자료 수집 과정

사회과학 연구자들은 주로 설문조사를 바탕으로 연결망 자료를 체계적으로 수집하거나 (Perry et al., 2018), 연구자가 직접 행위자들의 행동이나 관계를 관측한 자료를 바탕으로 연결망 자료를 모으거나(Marsden, 2005; Chase, 1980), 또는 기존에 주어진 디지털 관측 자료(digital trace data) 또는 역사적 사료 자료(archival data)를 바탕으로 연결망 자료를 구성한다(Lazer and Radford, 2017; Padgett and Ansell, 1993; Erikson and Bearman, 2006).

첫째, 설문조사에서는 가장 친한 친구를 떠올리게 한 후, 그들과 일주일에 몇 번 만나는지, 그 친구는 직장 동료인지 학교 동창인지 등의 관계를 물어, 응답자를 둘러싼 연결망의 형태와 내용을 알아볼 수 있다(Lim et al., 2024). 마찬가지로 지방 의회의 권력 구조를 파악하기 위하여 지방 의회의 의사결정에 관여하는 사람의 명단을 제시한 후, 정책 결정을 내릴 때 누구와 의견을 주고받는지를 물어보아 정책결정에 관여하는 모든 사람들 사이의 영향력 연결망(influence network)을 구성해볼 수도 있다(Laumann et al., 1985). 이때 연구자가 중요하게 생각해야 할 것은, 다양한 관계 속에서 연구 주제와 가장 밀접하고 중요하다고 생각되는 관계를 미리 설정하여 조사해야 한다는 점이다. 연결망 조사에서는 관계가 한 가지 추가될 때마다 시간적·금전적 비용이 일반 조사보다 더 많이 들게 되므로 조사 내용을 정할 때 신중하게 결정해야 한다. 이때, 특별한 경우가 아니면, 응답자의 피로도를 고려하여 응답 시간이 가급적 20분 이내가 되도록, 불가피한 경우라도 최대 40분을 넘지 않도록 주의해야 한다. 또한 온라인으로 설문을 진행할 경우 응답자의 주의가 흩어질 가능성이 더 높기 때문에 대면 설문 대비하여 더 짧게 설문을 준비해야 한다.

둘째, 행위자들의 행동과 관계에 대한 관측은 질적 연구자의 장기간의 참여관찰을 통해서 수집될 수도 있고(Ready et al., 2020), 또는 행위자들 간에 얼마나 자주 전화통화를 했는지(Park et al., 2018), 또는 얼마나 자주 물리적으로 접촉하였는지 등을 비디오 판독 또는 핸드폰 위치 추적 등의 다양한 기기를 통해서 측정할 수 있다(Eagle et al., 2009; Ingram and Morris, 2007). 셋째, 기존의 주어진 데이터베이스를 통한 경우에는 소셜 미디어상에서의 대화 기록이라든지(Phan and Airoldi, 2015) 또는 다양한 기업들이 서로 인수-합병한 자료 또는 이사회의 구성원이 어떻게 중복되는지(Chu and Davis, 2016), 또는 사람들이 다양한 기업을 이동하는 자료(Collet and Hedström, 2013)를 바탕으로 연결망을 구축하는 것을 예로 들 수 있다. 이와 유사하게 많은 역사서의 자료를 바탕으로 행위자들 간에 관계를 유추하고 또는 재구성하는 것(Padgett and Ansell, 1993)도 이와 같은 방식의 자료로 볼 수 있다.

어떤 방식으로 자료를 모을 것인가는 이론적 질문과 연구자가 가정하고 있는 사회적 메커니즘에 따라서 달라지기도 하지만, 좀 더 현실적인 고려들이 필요하다. 일반적으로 설문조사에는 많은 돈과 시간이 들어가며, 다양한 연구 윤리의 문제가 제기된다. 특히, 사회 연결망은 본인에 대해서만 조사를 하는 게 아니라, 다른 사람에 대한 리포트도 포함이 되기 때문에, 어느 수준까지 연구 참여의 동의를 받아야만 하는가에 대한 문제가 생기게 된다(Kadushin, 2005). 직접 또는 기기를 통한 관측을 바탕으로 자료를 모으는 경우에, 이렇게 측정된 자료가 얼마나 실제로 행위자들의 관계를 측정하는가, 연구자가 관심이 있어하는 메커니즘을 반영하는가에 대한 문제가 있다. 마지막으로 다양한 공공의 접근이 가능한 자료를 바탕으로 연구를 하는 경우에, 모두에게 공개된 자료를 바탕으로 한다는 면에서 연구 윤리의 문제가 상대적으로 덜하지만, 연결망 분석을 통해서 그동안 보지 못했던 새로운 면들이 드러나게 될 수 있다는 점을 고려해야 한다.

2.2.1 연결망 경계와 행위자

연결망 분석의 가장 핵심은 연결망의 경계를 설정하는 것이다. 연결망의 경계를 설정하지 않을 경우에는, 누구를 조사해야 할지, 어떠한 관계를 연구의 대상으로 포함시킬지에 대해서 알 수가 없기 때문이다. 연결망 분석에서는 이를 경계 문제(boundary problem)라고 부른다(Laumann et al., 1989). 일반적인 연구에 있어서 모집단으로부터 무작위로 추출한 사례를 바탕으로 할 경우에는 자료의 경계는 큰 문제가 되지 않는다. 그러나 노드(node)와 연결(link)을 함께 고려해야 하는 연결망 분석에서는 경계 설정이 매우 심각한 문제가 된다. 예를 들어, 마약을 판매하는 사람들 사이의 연결망을 조사한다거나, 에이즈 같은 질병이 퍼지는 성관계 연결망을 조사하려면 응답자와 응답자가 지목한 사람들, 또 그들이 지목한 사람들의 연쇄적인 관계들로부터 정보를 얻어야 한다. 이 경우 끝없이 이어질 수 있는 연쇄적 관계를 추적해나가는 것을 어디에서 멈출 것인지를 결정해야 한다. 멈춘 경계를 넘어 새로운 마약 연결망이 존재하지 않는다는 확신이 있거나, 설정된 경계 안의 자료가 경계 너머 있는 자료의 특성까지 대변한다고 믿을 수 있어야 확실한 경계를 설정할 수 있을 것이다.

한편으로는, 스노우볼 샘플링을 통해서 표본 추출(sampling)하여 조사한 응답자들의 직접적인 관계를 확장하여 자료를 수집하는 것도 가능하다(Blondel et al., 2015). 이처럼, 연구자들은 표본 자료를 통해서 전체 연결망 연구에 대해서 확장할 수 있다(Smith, 2012). 다음의 그림 2.1은 약 7백만 명의 18주(126일) 동안의 휴대폰 통화 기록을 바탕으로 구축된 연결망 자료로부터, 무작위로 선택된 노드들과 네트워크 거리가 5단계 이내에 있는 모든 노드를 포함한 연결망 내의 관계를 보여주고 있다(Onnela et al., 2007).

단, 연구자가 어느 정도까지 조사의 범위를 결정할 것이냐에 따라서 분석의 내용과 결

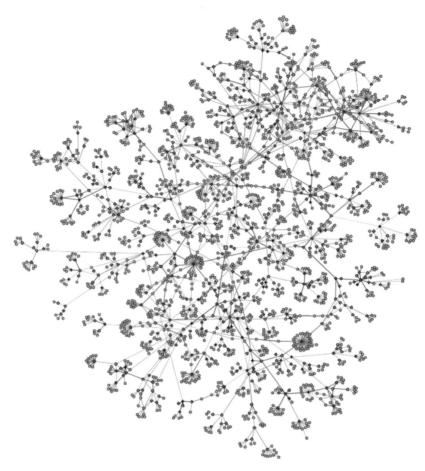

그림 2.1: 휴대 전화 통화 연결망 스노우볼 샘플링 사례(Onnela et al., 2007)

과는 달라질 수 있다는 점에 유의해야 한다. 예를 들어, 미국 로비 집단 사이의 연결망을 분석하려 한다고 했을때, 경계 설정의 문제는 미국 의회에 등록된 로비스트만 연결망에 포함시킬 것인지 또는 등록되지 않은 채 암약하는 로비스트들까지 포함해야 할지를 뜻한다. 대부분의 연결망 연구는 가장 활발히 활동하는 사람들을 대상으로 경계를 설정한다. 예를 들어, 의회 청문회에서 한 번이라도 증언을 했거나 신문에 한 번이라도 보도된 로비스트만 대상으로 한정하는 방법으로 경계를 그을 수 있다. 하지만, 경계에 포함되지 않는 행위자들이 주어진 연결망에 중요한 영향력을 발휘한다면, 과연 자료 구축의 편의로 설정된 경계가 과연 타당한 경계인지에 대한 의문이 제기된다.

경계 설정의 문제와 함께, 연결망 자료를 모으기 위해서는 행위자를 결정해야 한다. 연결망 분석이 발전하기 시작한 초기에는 작은 규모의 조직 안에서 또는 친족 집단 내에서의 인간관계를 연구하였으나, 연결망 분석 방법론과 분석 기술의 발전에 따라 소설/역사에 등장하는 인물, 조직 간, 기업 간 연결망이나 세계 체제의 국가 간 연결망, 웹 사이트 간의 흐름, SNS에서의 관계 등 다양한 단위에 대한 분석도 많이 연구되고 있다. 이 때, 거시적 수준의 단위를 행위자로 가정한다고 하더라도, 거시적 집단 내에 미시적 행위자들 사이의 중첩적인 관계와, 집단 간에 관계가 겹칠 수 있다. 따라서, 자료를 수집하는 데 있어서 행위자를 결정하는 것이 중요하지만, 그 이후에 어느 수준의 단위에서 자료를 분석할 것인지를 결정해야 한다(Marsden, 1990, 2005). 또한 마지막으로 고려할 것은 연결망이 학급 연결망과 같이 일정 기간 변화가 없는 닫힌 연결망인지, 또는 한국의 엘리트 연결망과 같이 개념적으로 조작적 정의가 필요하거나 또는 실질적으로 모든 행위자를 포괄하기 어려운 열린 연결망인지에 대한 것이다(Kadushin, 2012).

2.2.2 연결망 내용

연결망의 경계를 설정하고, 그 안에서 행위자가 누구인지 결정한 이후에는, 어떠한 관계를 조사할지 정해야 한다. 위에서 말한 4가지의 서로 다른 연결망의 종류를 검토해보자(Borgatti et al., 2009).

표 2.1: 연결망 내용(Borgatti, Mehra and others 2009, p. 894)

내용	예시
사회적 관계	가족(친척), 친구, 동료, 스승-제자, 경쟁, 좋아하는(싫어하는), 알고 지내는 등
상호작용	연인, 대화, 자문, 도움, 손해 등
흐름	정보, 신념, 개인적 지원 등
유사성	공간: 같은 장소 방문, 멤버십: 같은 동호회, 이벤트 참석 등

먼저 사회적 관계의 측면에서는 다음과 같은 연결들을 조사해볼 수 있다. 개인 간에는 가족·친척 관계, 직장 동료 관계, 친구 관계나 싫어하는 관계 등 다양한 층위의 중첩적인 관계들이 존재한다. 또한 조직 간에도 제휴 관계 또는 전략적 동맹 관계 등이 존재한다. 이때 중요한 것은 행위자들 간에 많은 경우 다양한 관계를 동시에 중첩적으로 맺는 경우가 많기 때문에, 연구 대상이 맺고 있는 다양한 연결망(multiplexity)을 고려해야

한다는 것이다(Gondal, 2022).

둘째, 동일한 대상에 대해서도 다양한 내용의 상호작용이 모두 연구 대상이 될 수 있다(Hanneman and Riddle, 2011). 상호작용의 관점에서 연결망을 조사할 경우에는 특정 행위에 초점을 맞추어서, 예를 들어, 지난 몇주 동안 함께 밥을 먹거나 술을 마셨는지의 상호작용, 또는 소셜 미디어상에서 얼마나 자주 서로 리트윗을 했는지의 상호작용 등을 조사할 수 있다. 위에서 말한 사회적 관계에 비해서, 좀 더 일시적인 상태를 나타내지만, 행위자의 관계에 대한 인식과 규범에 의해 결정되기에 주관적으로 규정되는 사회적 관계와 달리, 관찰과 기록을 통해서 객관적으로 측정할 수 있다.

셋째, 연결망에서의 전달(flow)의 내용을 조사하는 데 있어서, 구체적으로 어떠한 정보가 오고 갔는지 또는 특정한 질병이나 감정이 전파가 되었는지 여부를 조사하는 것이다. 예를 들어서, 코로나바이러스의 전파 과정에서 많은 경우 사회적 관계를 통해서 또는 상호작용의 과정에서 전파가 보통 발생하지만, 한편으로는 상호작용을 하더라도 마스크를 쓸 경우에는 전파가 발생하지 않고, 사회적 관계가 유지되더라도 상호작용이 없을 경우에도 마찬가지로 전파가 되지 않으므로, 이는 다른 형태의 조사를 필요로 한다.

넷째, 연결망에서의 유사성(similarity)의 내용을 조사하는 경우, 많은 경우에 개인의 속성, 또는 개인이 참여하고 있는 집단, 공간, 또는 시간적 맥락에 대해서 조사한 뒤에, 행위자들 사이에 유사성을 살펴볼 수 있다. 예를 들어서, 코로나바이러스는 공기를 통해서 전파되는데, 같은 순간에 같은 비행기를 타고 있거나 같은 식료품점에서 쇼핑을 하고 있다는 것으로 전파가 가능하다는 걸 이용하여 연구를 진행할 수 있다(Nishi et al., 2020). 개인의 신념 체계에 대한 연구를 위해서, 설문지 상에서 서로 유사한 형태로 응답을 하는 경우에 서로 연결되어 있다고 가정하여 연구를 진행할 수 있다(Goldberg, 2011; Baldassarri and Goldberg, 2014).

2.3 연결망 자료 구축 과정

앞서 말한 바와 같이, 연결망 자료를 수집하는 것과 별도로, 이미 수집된 연결망 자료 또는 비연결망 자료를 어떻게 연결망 자료의 형태로 변환하고 새로운 형태의 연결망을 구성할 것인가는 또 다른 문제이다. 예를 들어, 새로운 특허를 출원하려면 관련한 기존의 특허를 인용하도록 법으로 정해져 있는데, 특허 데이터베이스로부터 이러한 특허 간에 인용의 패턴을 연결망으로 구축하여 분석하면, 어떤 기술이 핵심 기술인지를 알 수 있게 되었다(Wang et al., 2010). 한편 이러한 특허 간 인용 연결망의 분석 수준을 발명가 또는 출원자로 바꾸어서 사람과 사람 사이에 또는 기관과 기관 사이에 지식이 어떻게 전파 되는지에 대한 연결망으로 재구성할 수 있다(Singh, 2005; Fleming et al., 2007). 다른 예시를 들자면, 여성 운동에 관심이 있는 사람은 여성 운동 단체들의 홈페이지로부터 어느 단체와 어느 단체가 연계를 맺고 있는지를 조사하여 사회 운동 연결망을 새롭게 구성하거나, 페이스북 그룹에서 개인들이 특정 사회 운동 단체에 가입한 이력 또는 특정한 사회 운동 단체들이 공통으로 참여한 모임(이벤트) 경험을 바탕으로 이원 연결망(two-mode network)을 구성해볼 수 있다(Diani and McAdam, 2003).

이처럼 연결망 자료는 다양한 방법으로 획득하고 구성할 수 있는데, 연결망 구축에 있어서 조심스럽게 결정해야 할 요소는 다음과 같다.

2.3.1 연결망 분석 수준

분석 단위와 밀접하게 연관되어 있는 분석 수준(levels of analysis)을 결정해야 한다. 개인 사이의 관계에 대한 자료를 모은 후에도 설명 대상이 개인인지 아니면 개인 사이의 쌍(dyad)인지 혹은 3자 관계(triad) 또는 개인들이 속한 더 큰 단위인 지역 또는 집단 사이의 관계인지 등을 결정해야 한다. 그림 2.2는 2005년 영국 통신 가입자 6,500만 명의 통화 데이터를 기반으로 만들어진 그래프이다(Eagle et al., 2010). 이 경우에, 자료의 수집 단위는 "개인"인 데 비해, 연결망 분석 수준은 "지역"이다. 이렇게 데이터의 조사/수집 단위와 분석 수준은 다를 수 있다.

한편으로, 어떤 성격의 사람이 왕따가 되는지에 대한 질문과 어떤 관계적 속성 때문에 한 사람이 다른 사람을 싫어하게 되는지에 대한 질문은 분석 수준을 달리하는 다른 질문이라는 점을 명심해야 한다. 전자의 분석 수준은 개인 혹은 개인 속성인 반면, 후자의 분석 수준은 2자 사이의 관계성이 된다. 2자 관계 분석은 보통 $R_{ij} = f(X_i, X_j, X_i \times X_j)$ 와 같은 형태를 띤다. 여기서, (i, j) 사이의 관계 R_{ij}는 i의 속성 X_i와 j의 속성 X_j, 그리고

그림 2.2: 개인 통화 데이터로 표현한 지역 간 연결망(Eagle, Macy and Claxton 2010)

두 속성 사이의 상호작용($X_i \times X_j$)으로 설명된다.

사람들 사이의 관계는 다양한 연결이 다양한 측면을 교차하면서 중첩적 관계로
(multiplex ties) 구성되어 있다는 면에서, 어떻게 연결을 정의내릴 것인가가 중요해
진다. 예를 들어서, 두 사람이 직장 동료이면서 친구이거나 가족일 수 있다. 이와 동시
에 서로 좋아하는지, 신뢰하는지, 얼마나 오래 알고 지냈는지, 얼마나 자주 이야기를 나
누는지 등에 따라서 다양한 종류의 연결망을 구성할 수 있으며, 따라서 연구자는 연구
주제에 따라서 어떠한 것을 연결로 정의할지 결정해야 한다. 이때, 특정한 종류의 연결

망만을 따로 뽑아낼 수도 있고, 다양한 종류의 연결망을 합칠 수도 있고, 또는 연결의 빈도나 강도를 기준으로 연결망을 자를 수도 있다. 일반적으로는 많은 사회 연결망은 연결이 존재하는지 안 하는지를 바탕으로 이분 연결망(binary network)을 가정하는 데, 이와 다르게 연결의 중첩성과 빈도나 강도를 숫자로 표현하는 가중치가 있는 연결망 (weighted network)을 구축할 수 있고, 연결의 방향성을 어떻게 고려할지에 따라서 방 향성이 있는 연결망(directed network)과 방향성이 없는 연결망(undirected network)으로 나누어서 구축할 수도 있다. 이때, 연결의 정의에 따라서 연결망 분석의 결과가 달라지 게 되므로, 연결의 정의에 대해서는 신중하게 결정해야 한다.

2.3.2 연결망 자료 구축의 예시

이상에서 논의한 주제들을 구체적인 예를 들어 설명해 보겠다. 아래의 자료는 인터넷 사이트 사이의 트래픽 흐름의 구조 분석을 위해 모은 자료의 형태를 보여 준다. 이 자료를 구축하기 위해, 크게 두 가지 방식의 샘플링 방법을 생각해볼 수 있다. 우선 인터 넷 사이트를 1차로 무작위로 표집한 뒤에, 이 사이트 서버를 통해서 움직이는 수많은 트래픽 흐름 중 일부를 2차로 무작위 표집하는 방법이 있다. 다른 한편, 인터넷 사용자 를 모집단으로 하여 개인들을 무작위로 표집하고 이들의 움직임을 기록하여 조사할 수 있다. 어떤 전략을 택하는가에 따라 전혀 다른 샘플링 절차가 필요하다. 그림 2.3은 후 자의 샘플링 방법으로 모은 두 가지 자료다.

첫 번째 자료는 샘플로 뽑힌 사람들이 몇 시에 어떤 웹사이트에 접속한 후 언제 다른 사이트로 옮겨 갔는지의 연쇄적 움직임에 대한 정보를 담고 있고, 두 번째 자료는 각 개 인에 대한 사회 경제적 정보를 담고 있다. 실제 연결망 분석을 위해서는 첫 번째 자료 와 같은 이원 연결망(two-mode network) 자료를 다시 웹사이트와 웹사이트 사이의 트 래픽을 나타내는 일원 연결망 자료로 변환하여 분석을 할 수 있으며, 이때 두 번째 자 료를 바탕으로 특정 사회 경제적 계층 또는 인구학적인 정보를 추가하여 분석을 할 수 도 있다. 예를 들어, 고등학교 학생들이 방문하는 웹사이트의 중첩이 고교생과 40대 회 사원 사이의 중첩보다 훨씬 크다는 가설을 세울 수 있고, 과연 사람들이 방문하는 사이 트 사이의 중첩 정도를 결정하는 것이 나이인지, 성별인지 아니면 교육 수준인지 등을

```
                    〈개인들의 인터넷 클릭 자료〉

Person1    day/hour/min/second        homesite/page1      site1/page2
Person1    day/hour/min/second        site1/page2         site4/page1
Person1    day/hour/min/second        site4/page1         site9/page1
                 :                          :                  :
Person1    day/hour/min/second        site4/page2         exit
Person1    exit_time
Person2    day/hour/min/second        homesite/page1      site1/page2
```

```
                    〈개인 자료 파일의 변수〉

교육 수준
거주 지역(대도시, 중소도시, 농촌)
가구 소득
성
나이
  :
```

그림 2.3: 인터넷 트래픽 데이터 수집 예시

분석할 수 있을 것이다.

이 분석에서 '모집단의 경계'가 인터넷 사용자인 것으로 생각될 수 있지만, 웹사이트 트
래픽 연결망에서의 기본 행위자가 웹사이트라는 면에서는 경계 설정의 문제는 여전히
중요한 과제로 등장한다. 예를 들어서, 무작위로 표집된 행위자들이 방문한 사이트만을
대상으로 할 경우에, 전 세계에 흩어진 수억 개의 사이트 중에 포함되지 않은 사이트는
어떻게 고려할 것인지 결정해야 한다. 따라서, 이러한 연결망 경계 설정의 문제에 있어
서, 웹사이트 트래픽을 바탕으로 상위 50개의 사이트로 한정하거나 또는 웹사이트 또
한 무작위로 선택을 해야 할 수 있다. 이 과정이 중요한 까닭 중의 하나는, 연결망 경계
를 어떻게 설정하느냐에 따라서, 연결의 유무 여부, 연결망 내의 중심성(centrality) 또는
고립(isolation)의 의미가 달라질 수 있기 때문이다. 아래에서는 2011년 3월 웹사이트 유
입량 기준 상위 50개 사이트 사이에서 발생하는 클릭만을 골라 (50×50) 행렬에 누적적

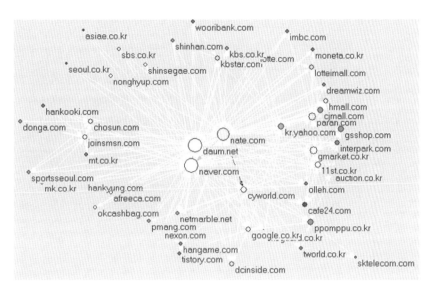

그림 2.4: 2011년 3월 한국 상위 50개 사이트 간 인터넷 교통망(출처: 메트릭스)

으로 배열하면 그림 2.4처럼, 사이트 사이의 웹 트래픽 흐름 구조를 분석할 수 있다. 아래를 살펴보면, 네이트와 다음, 네이버가 중심을 차지하고, 다른 웹사이트들은 이 세 개의 웹사이트를 통해서 연결되는 경우가 많음을 확인할 수 있다. 중심성 분석에 대한 자세한 내용은 이후의 5장을 확인하도록 하자.

이러한 연결망 자료에 대해 설정할 수 있는 분석 단위와 분석 수준은 매우 다양하다. 분석 단위가 웹사이트가 아니라, 개인이 분석 단위가 된다면 전혀 다른 형태의 분석을 할 수 있다. 어떤 속성을 지닌 사람들이 비슷한 사이트를 방문하는지를 통하여, 즉 개인 간의 유사성 관계를 파악할 수 있다. 가령 동일한 사이트만 방문하는 두 사람의 거리를 0, 전혀 다른 사이트를 방문하는 사람들 사이의 거리를 1로 설정하는 것의 그 한 예이다. 그 뒤에, 다양한 연결망 지표를 이용하여 비슷한 방문 패턴을 보이는 사람들을 하나의 집단으로 분류할 수 있으며, 또는 집단 사이의 관계를 파악할 수 있다.

한편, 분석 단위가 개인 또는 웹사이트로 설정되어 있다고 해서, 분석 수준 역시 개인 또는 웹사이트로 고정되는 것이 아니라는 점에 유의해야 한다. 가령, 개인들의 상호작용을 관찰한 경우라도, 이들을 집단으로 분류하여 집단 사이의 구조를 파악할 수 있다. 이때의 분석 수준은 거시 수준에서의 집단 간 연결망이 되는 것이다. 가령 개별 사이트 사이의 연결망으로부터, 아래 표 2.2와 같은 인터넷 사이트의 카테고리별 트래픽 연결

표 2.2: 인터넷 사이트 카테고리별 트래픽 연결망

구분	포털	쇼핑몰	뉴스	금융	게임	블로그	방송	동영상	기타
포털	5079555	691754	471728	397048	77689	138713	132970	91400	28068
쇼핑몰	698195	238795	59897	6203	952	12910	6326	3032	266
뉴스	470942	60343	97265	9538	8522	5631	4149	3722	1685
금융	343972	9759	10252	112822	684	2341	2566	6723	355
게임	65322	819	7639	1160	0	47	493	288	54
블로그	131877	12831	6989	1611	118	17388	1214	823	111
방송	146751	4913	3091	1622	268	507	13865	350	1438
동영상	82696	3173	4165	6617	216	742	388	3896	322
기타	27991	96	1491	107	54	90	682	363	0

망을 구축하고 분석할 수 있다. 위와는 조금 맥락을 다르게 한 예시로, 개인 사이의 친구 연결망을 바탕으로, 사람들의 출신지역 간 연결망을 도출할 수 있을 것이다. 예를 들어, 호남과 영남 지역 사이의 관계망의 패턴, 또는 다른 지역 간의 친구 관계망의 패턴을 분석하는 것이다. 이처럼 연결망 분석에 있어서, 분석 단위와 분석 수준을 결정하는 것이 중요하다.

마지막으로 연결망 자료를 구축을 한 뒤에도, 연구 관심사에 따라서 무엇을 분석할지 추가적으로 정할 수 있다. 예를 들어, 연결망 전체를 분석하지 않고, 특정한 집단을 뽑은 뒤에, 집단 내 행위자들 간의 관계를 따로 진행할 수도 있고, 집단 간 관계를 분석하거나 관심 있는 집단 또는 관심이 있는 행위자들을 따로 뽑아서 분석을 진행할 수도 있다. 이처럼 다양한 분석의 방법이 존재하기에, 연결망 연구의 설계에는 연구의 자유도가 높다.

2.4 연결망 분석의 이론적 관점

앞으로의 장들에서는 이처럼 구축된 연결망 자료를 분석하는 다양한 방법에 대해서 배울 것이다. 이에 앞서, 연결망 분석에 대한 두 가지 대표적인 접근법의 차이에 대해서 간략하게 알아본다.

사람의 정체성은 관계적으로 정의된다. '나는 ~의 아들이고', '~의 형이며', '~학교의 학생이다'. 이러한 언명들에서 드러나듯, 내가 맺고 있는 관계가 다양한 만큼 나의 정체성 또한 다양하게 정의된다. 예를 들어 내가 병원에 가면 환자가 되고 교회나 절에 가면 신도가 된다. 사회적 문맥에 따라서 연결망이 바뀌고, 그 안에서 나의 위치와 정체성이 바뀐다. 사람들과의 사회적 관계에서 각자가 차지하는 위치 하나 하나를 사회적 지위라고 부르며, 각각의 사회적 지위에 따라 기대되는 행위를 가리켜 사회적 역할이라 한다. 이와 같은 '구조에서의 위치'라는 개념은 사회학의 가장 핵심적인 개념 중의 하나이다. 노동자, 자본가, 지식인 등도 구조에서의 위치이며, 이들이 집단별로 비슷한 사회 의식을 갖는 이유는 바로 이 위치 때문이라고 본다. 연결망 분석에서는 사회학의 전통을 따라 사회 연결망에서의 위치를 측정하고 위치의 효과를 양화하는 기법들을 다양하게 고안하였다. 연결망 분석에서 이러한 접근법을 위치적 접근(positional approach)이라고 한다(Borgatti and Everett, 1992; Burt, 1978).

전체 연결망에서의 위치와 그 효과를 측정하는 위치적 접근과 달리, 관계적 접근(relational approach)은 연결망의 직접적인 관계에 초점을 둔다. 관계적 접근은 직접적인 관계의 유무에 초점을 둔다는 점에서 '결속 접근'(relational or cohesion approach)이라고 부르기도 한다(Emirbayer and Goodwin, 1994). 두 접근의 차이는 다음 질문을 통해 뚜렷이 나타난다. 부작용에 대한 불확실성이 완전히 검증되지 않은 새로운 의약품이 나왔을 때, 이 약이 채택되고 전파되는 것은 의사들 사이의 직접적인 상호작용의 망 때문인가(관계적 접근), 아니면 직접적인 의사소통과 관계없이 각 의사가 차지하는 연결망에서의 위치 때문인가(위치적 접근), 비행청소년이 되는 학생들은 그들 사이의 상호작용에 의한 전염효과 때문인가(관계적 접근), 아니면 그들이 상호작용의 연결망에서 차지하는 구조적 위치 때문인가(위치적 접근)? 물론 그 답은 경험적인 현상에 따라 달라질 것이지만, 연결망 분석은 동일한 연결망을 두고 이처럼 상이한 접근을 택할 수 있다. 다시 말하면 관계적 접근은 직접적인 상호작용을 중시하는 반면, 위치적 접근은 행위자가 갖는 관계의 전반적인 유형에 초점을 둔다.

그림 2.5를 통해서 관계적 접근과 위치적 접근의 차이를 쉽게 이해할 수 있다. 관계적 접근에서는 A, B, C 셋 사이의 직접적인 관계 유무에 초점을 둔다. A와 B는 직접 관계를 맺고 있을 뿐만 아니라, 같은 대상들과 관계를 맺기 때문에 동일한 집단에 속한다. 더

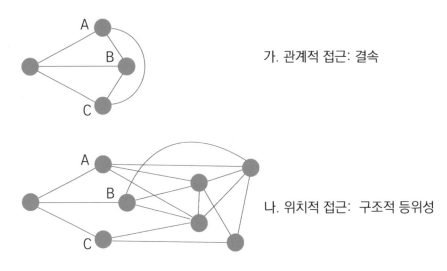

가. 관계적 접근: 결속

나. 위치적 접근: 구조적 등위성

나아가 이러한 관계적 접근에서는 그 관계의 내용과 상호작용의 내용에 더욱 관심을 둔다. 관계론적 관점에서의 연결망 연구의 경우에 많은 경우, 연결이 문화와 사회규범 또는 인식과 어떻게 상호작용하는지에 대해서 많은 관심을 두며, 사회 연결망의 의미가 사회 문화적 맥락에 따라서 어떻게 변화하는지를 연구한다(Emirbayer, 1997; Erikson, 2013).

그러나 위치적 접근에서는 이들 사이의 직접적인 관계에는 관심이 없고, 이들이 다른 사람들과 맺는 관계의 유형(patterns of relations)에 초점을 맞춘다. 그림 2.5의 두 번째 그래프의 경우 A와 B는 직접적인 상호작용을 하지 않지만, 다른 사람들과 맺는 관계의 유형이 동일하기 때문에 같은 위치에 놓이며, 따라서 높은 구조적 등위성(structural equivalence)을 갖는다(Burt, 1987). 즉, A와 B는 구조적으로 같은 위치를 갖기 때문에 같은 역할 집단 또는 경쟁 집단에 속할 수 있다고 해석 가능하다.

이러한 위치적 접근은 역할 집단을 도출하는 데 활용된다(White et al., 1976). 가령 어느 병원에서 10명의 행위자(제약회사 영업사원, 의사 3명, 간호사 3명, 환자 3명)를 대상으로 정보를 주고받는 경우를 관찰했다고 하자. 이 경우 행렬(Z_{ij})의 행은 정보를 주는 사람, 열은 정보를 받는 사람이고, 정보를 주는 경우는 1, 정보를 주지 않는 경우를 0으로 부호화되었다.

	제약	의1	의2	의3	간1	간2	간3	환1	환2	환3
제약회사 직원	0	1	1	1	0	0	0	0	0	0
의사1	0	0	0	0	1	1	1	1	1	1
의사2	0	0	0	0	1	1	1	1	1	1
의사3	0	0	0	0	1	1	1	1	1	1
간호사1	0	0	0	0	0	0	0	1	1	1
간호사2	0	0	0	0	0	0	0	1	1	1
간호사3	0	0	0	0	0	0	0	1	1	1
환자1	0	0	0	0	0	0	0	0	0	0
환자2	0	0	0	0	0	0	0	0	0	0
환자3	0	0	0	0	0	0	0	0	0	0

표 2.3: 병원 내의 가상 연결망

	제약회사 직원	의사	간호사	환자
제약회사 직원	0	1	0	0
의사	0	0	1	1
간호사	0	0	0	1
환자	0	0	0	0

표 2.4: 병원 내의 가상 연결망의 이미지 행렬

제약회사 직원이 정보를 제공하는 대상은 의사들뿐이다. 이때, 의사들끼리는 서로 정보를 주고받는 직접적인 관계는 없지만, 한 의사가 접촉하는 대상들은 다른 의사들과 동일하다. 따라서, 관계적 접근에 의하면 의사는 하나의 결속 집단으로 분류될 수 없지만, 그들의 의사소통 패턴에 초점을 맞추면 의사 3명은 구조적 위치가 동일한 하나의 역할 집합(role set)으로 분류할 수 있다. 표 2.3에서 보면 간호사와 환자도 마찬가지로 각각 독립적인 역할 집합을 형성한다. 결국 구조적 등위성을 분석하면 이 행렬은 표 2.4 같이 제약회사 직원, 의사, 간호사, 환자 등으로 축소된 단순한 형태로 묘사될 수 있다.

이미지 행렬(image matrix)이라고 불리는 위의 자료는 각 사람들의 구조적 위치만을 단순화하여 보여 주고 있다. 세 명의 의사는 구조적 등위성을 갖기 때문에 개별 의사들이 의사라는 하나의 집합적 위치로 단순화된 것이다. 이상의 예에서는 행위자의 수가 적고, 명확한 구조적 유형을 갖기 때문에 눈으로 파악하여 구조를 단순화시킬 수 있다. 그러나 행위자의 수가 많고 유형이 복잡하게 얽혔을 경우에는 컴퓨터 프로그램으로 수치를 계산해야 구조적 등위성 정도를 알아낼 수 있다. 구조적 등위성을 계산하는 방법은 다양하지만, 흔히 다음의 공식에 의해 유클리드 거리를 측정한다. 만일 i가 접촉하는 대상과 j가 접촉하는 대상이 모두 같다면 (i, j) 사이의 유클리드 거리는 0이 된다. 따라서 유클리드 거리가 같거나 비슷한 행위자들이 하나의 역할 집단을 형성한다고 보는 것이다.

위치적 접근과 달리 관계의 유무를 중시하는 관계적 접근에 의하면 의사와 간호사가 결속 집단에 속하게 된다. 환자들 사이에는 접촉이 없으므로 환자들끼리는 한 집단에 속하지 않고(거리가 멀고), 환자는 간호사와 한 결속 집단에 속하게 된다(혹은 환자와 간호사는 서로 가까운 거리에 놓이게 된다). AIDS가 확산되는 과정을 설명하려 한다든가, 미국에서 테러와의 전쟁에 참여하기를 결정하는 데 영향력을 행사하는 집단들을 분석하려면 위치적 접근보다는 관계적 접근이 더 타당할 것이다. 동일한 권력 현상을 연구한다고 하더라도, 아는 사람을 통해서 동원할 수 있는 자원에 초점을 맞추면 관계적 접근이지만, 조직에서 구조적인 위치에 따라서 동원할 수 있는 자원이 다르다는 것을 보여 주는 것은 위치적 접근이 될 수 있다. 이처럼, 두 접근은 연구 대상의 서로 다른 측면을 조망하게 되므로 이를 고려하여 연구 설계를 해야 한다.[1]

2.5 소결

연구 질문과 연구 대상에 따라 분석 대상이 달라지는 것은 모든 연구의 공통된 특징이지만, 연결망 분석은 연구 설계를 어떻게 하는가에 따라 동일한 자료도 다른 수준으로 분석할 수 있다는 특성을 지닌다. 위에서 논의한 바와 같이, 연구를 설계하는 단계에서 연결망 경계의 설정, 연결의 정의, 연결망 수집의 단위와 더불어, 연결망을 어떻게 분석할 것인가의 분석 단위와 분석 수준에 대한 고려도 굉장히 중요하다.

궁극적으로 이러한 분석을 통해서 하게 되는 연결망 분석은 크게 두 가지로 요약될 수

---

[1] 더 자세한 논의는 김용학(2010), 「사회 연결망 이론」 제6장 1절을 참조하기 바란다.

있는데, 한 가지는 연결망 분석을 통해서 변수를 만들어내어 활용하는 변수 중심적 접근이 있다. 다른 일반적인 회귀 분석 방법론을 활용할 때와 마찬가지로, 가설을 하고 검증을 하는 과정에서, 독립변수 또는 종속변수에 연결망 분석을 통해 얻은 지표를 활용하는 방법을 의미한다. 이를 통해서 다음의 연구 질문에 대한 답을 내릴 수 있다. "금연/음주 등 일탈 행동을 하는 청소년의 경우 금연/음주하는 친구가 보다 더 많을까?", "학급 내에서 인기가 많은 학생과 비교할 때, 인기가 없는 학생이 말썽을 일으킬 가능성이 더 높은가?", "조직 내 연결망에서 중앙에 위치하는 구성원은 보다 쉽게 예산을 확보할 수 있을까?"

다른 한편으로, 점점 더 많은 연구에서 우리는 연결망 자체의 구조와 형태를 분석하는 데 관심을 둘 수 있다. 연결망 자체의 구조를 분석한다는 것은 연결망을 변수화한다기보다는 연결망 자체를 모델링하는 접근을 의미한다. 예를 들어, "한국의 과학자 연결망은 평균적으로 몇 단계만에 연결이 되는지?", "어떤 구조의 연결망에서 전염병이 빨리 확산될까?", "정치적 성향이 양극화된 연결망으로 분화되는 연결망과 정치적 성향이 다름에도 서로 긴밀하게 연결되어 있는 연결망의 특성은 어떻게 다를까?" 등과 같은 질문은 주로 연결망의 구조에 관심을 갖는 접근에서 해결할 수 있다. 카두신(Kadushin, 2012)은 이를 "변수로서의 연결망(networks as variables)"과, "구조로서의 연결망(networks as structure)"에 대한 접근 방법이라고, 구분하여 명칭하였다.

2장에서는 연결망 조사 설계를 바탕으로 연결망 조사를 실시한 뒤에는, 연결망 자료를 구축하는 과정에서 생기는 다양한 이슈들을 검토하였다. 다음 장에서는 이렇게 조사된 자료를 어떻게 연결망 분석을 위한 자료로 변환하여 입력할 수 있는지, 자료의 형태와 구조를 살펴보고, 실제로 *igraph*와 행렬 연산을 통해서 연결망 자료로의 변환에 대해서 알아보고자 한다.

3 연결망 자료: 행렬과 연결망

이 장에서는 연결망 자료의 종류와 형태에 대해서 알아본다. 연결망 자료의 종류는 일원 연결망, 이원 연결망, 자아 중심 연결망 세 가지로 구분할 수 있다. 이는 조사하는 대상 또는 관계의 특성, 그리고 연결망 자료 변환 및 분석 방법 그리고 해석에도 영향을 미친다. 또한 이 장의 5절에서는, 독자들이 연결망 자료와 분석에 활용할 수 있는 공개된 연결망 자료에 대해서 간단히 소개한다. 공개된 연결망을 활용하는 것은 여러 장/단점이 있어 각별한 주의가 필요하지만, 기존의 자료를 새로운 방법을 이용해서 분석하는 것은 과학의 재현 가능성과 진보를 위해 매우 유용하다.

3.1 연결망 자료의 종류와 형태

연결망을 분석하려면 대상과 연구 목적에 따른 자료의 수집과 변형이 필요하다. 연결망 자료는 행위자 간의 관계를 표현해야 한다. 관계를 표현하는 데 적합한 방식은 행렬 또는 그래프이다. 하지만 행렬이나 그래프는 노드의 개수가 많아지면 표현하거나 이해하기가 어렵다. 행렬이나 그래프 방식으로 만들기 위해서 데이터를 관계목록(edgelist)이나 노드목록(nodelist)으로 입력하기도 한다. 이 장에서는 이러한 연결망 분석이 용이한 자료의 형태 및 변환 방법에 대해서 알아본다.

관계를 나타내는 연결망 자료는 크게 세 가지 유형으로 나뉜다. 첫 번째는 일원(one-mode) 연결망 자료이다. 모드(mode)가 하나 즉, 한 가지 종류의 행위자 간의 관계로 표현되는 경우를 말한다. 행렬로 표현할 경우 행과 열의 개수가 같고 행과 열의 대상이 같기 때문에 인접 행렬이라고 한다. 두 번째는 이원(two-mode) 연결망 자료이다. 행렬로 표현할 경우 행과 열의 속성이 다르다. 개인과 출신 학교, 저자와 논문, 학생과 동아리 등을 표현하는 방식이다. 하지만 이는 행렬 연산을 통해서 일원(one-mode) 연결망으로 변환이 가능하다. 세 번째는 자아 중심 연결망(ego-centric network)이다. 설문이나 샘플링 또는 개별적인 동의를 통해서 행위자 주변의 연결망을 파악하고 이를 기반으로 일반화하여 집단의 특징을 분석하는 형태이다(Laumann et al., 1989; Marsden, 1987, 1990; Yee, 2000). 이 세 가지 경우가 연결망 분석에서 많이 활용되는 자료의 유형이다. 자아 중심 연결망의 경우 일원 연결망의 부분 집합으로 생각할 수 있지만, 반대로 집단 전체의 연결망을 확보하기 어려운 경우에 독립적으로 샘플된 자아들을 바탕으로 연결망을 모아서 만드는 고유의 자료 형태이기도 하다. 이번 3장에서는 행렬과 그래프로 이 세 가지 연결망 각각에 대한 자료 형태 및 입력 방법에 대해서 알아본다.

연결망 자료는 궁극적으로 행렬(matrix)의 형태를 띤다. 행렬의 각 값(cell)은 i와 j 사이의 관계를 나타낸다. 단, 연결망의 크기가 큰 경우 이를 행렬로 표현하면 0 cell이 많아 컴퓨터의 메모리를 많이 차지하여 어려움이 많다. 최근 많은 경우에 대부분의 연결망 자료가 크기 때문에 직접적인 행렬의 형태로 자료를 구축/저장하기보다는 이런 경우에는 A-B 관계 쌍을 나열하는 관계목록(edgelist) 또는 노드목록(nodelist) 형식으로 데이터를 표현하고 분석에 활용한다. 이러한 관계목록의 자료는 성긴 행렬(sparse matrix)의 형태로 전환하여 기존의 행렬 연산 방식의 방법을 그대로 활용할 수 있다는 장점이 있다.

3장에서는 개념과 실습이 병행적으로 이뤄진다. 이번 장에서의 데이터 실습은 *R igraph* 패키지를 활용한다. *igraph*에서는 `graph_from_`으로 시작하는 `function`으로 연결망 자료를 입력한다(Csardi and Nepusz, 2006; Csárdi et al., 2024). 이 장에서는 다양한 종류의 연결망 자료를 *igraph* 또는 *R*에서 분석 가능한 형태로 입력하는지에 대해서 살펴본다.

3.2 일원 연결망(one-mode network)

연결망 분석의 기본적인 출발점은 관계를 행렬로 표현하고, 행렬로 표현된 관계를 이해하는 것이다. 특정 질문에 대해서 i가 j에 대한 관계(i, j)를 나타내는 행렬을 인접 행렬(隣接 行列, adjacency matrix)이라고 부르는데, 이는 완전 연결망(complete network)의 기본 형태이다(Wasserman and Faust, 1994). 인접(隣接)이라는 단어의 뜻은 '이웃으로 접해 있다'는 것으로 노드 i, j 사이에 관계(링크)가 형성되어 있는지 아닌지를 행렬로 바로 표현할 수 있다는 장점이 있다. 인접 행렬의 경우 행과 열에 등장하는 노드가 동일하다고 하여 $n \times n$ 일원 연결망(one-mode network)이라고 일컫는다. $n \times n$ 행렬의 크기가 의미하는 바는 응답자가 상호작용하는 '대상 피응답자' 숫자와 응답자 숫자가 일치한다는 점이다. n개의 노드 사이에 상호작용이 있는지 없는지에 따라 i와 j의 관계를 이분형(binary)으로 표현하거나 관계의 강도(weight)를 숫자로 표현하는 연결망 모두를 통틀어, 완전 연결망이라고 부른다.

그림 3.1의 10×10 인접 행렬은 10명 중 누가 누구에게 자문을 구하는가의 관계를 보여준다. 행렬을 그래프로 표현한 그림에서 한 방향 화살표는 시작 노드가 도착 노드에

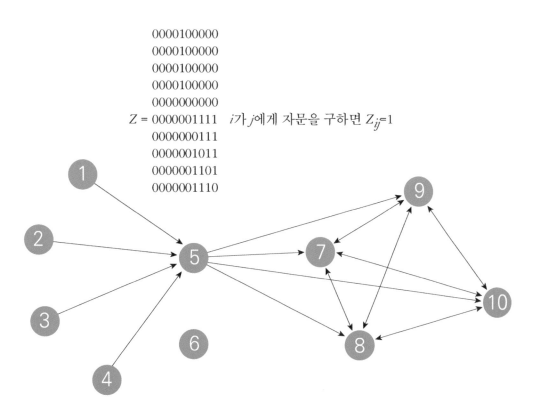

그림 3.1: 완전 연결망 행렬과 그래프

게 자문을 구한다는 의미이고, 양방향 화살표는 쌍방이 서로 자문을 구하는 관계임을 나타낸다. 이러한 자료를 통해, 각 응답자들을 둘러싼 자문 관계뿐만 아니라 구성원 전체의 자문 관계를 보여줌으로써 한 집단내의 자문의 연결 구조를 분석할 수 있다. 예를 들어, 자문 관계를 맺는 모든 사람들에 대한 정보를 구할 수 있기 때문에, 자문 연결망의 중앙에 위치한 '스타'는 어떤 속성의 사람인지, 혹은 자문 관계(dyad)가 맺어지는 사회적 요인이 무엇인지를 찾아낼 수 있다. 가령 경제적 지위의 유사성이 자문 관계 형성에 어느 정도나 중요한지 등을 밝힐 수 있는 것이다.

초기의 연결망 분석은 인접 행렬을 기반으로 발전해 왔다. 인접 행렬은 이해 및 분석이 용이하지만, 자료의 수집 및 입력에 있어 한계가 있다. 예를 들어, 연결망 설문에서 인접 행렬의 형태로 조사를 할 경우(0과 1의 형태로 모든 사람들에 대해서 응답하도록), 응답자가 선택할 대상이 학급(class)이나 작은 기업 조직과 같이 경계가 명확하고 규모가 작은 집단을 조사할 경우에 유용할 것이다.

3.2.1 인접행렬

그림 3.1에서 살펴봤던 10×10 인접 행렬을 *igraph*의 graph_from_adjacency_matrix 함수로 읽어보겠다.

```
#igraph 설치하기
install.packages('igraph')
```

```
#igraph 패키지 불러오기
library(igraph) # 이후 생략
#행=10, 열=10개인 행별로 입력한 인접행렬을 adjm이라는 이름으로 입력하기
adjm <- matrix(c(0,0,0,0,1,0,0,0,0,0,
                 0,0,0,0,1,0,0,0,0,0,
                 0,0,0,0,1,0,0,0,0,0,
                 0,0,0,0,1,0,0,0,0,0,
```

```
                    0,0,0,0,0,0,1,1,1,1,

                    0,0,0,0,0,0,0,0,0,0,

                    0,0,0,0,0,0,0,1,1,1,

                    0,0,0,0,0,0,1,0,1,1,

                    0,0,0,0,0,0,1,1,0,1,

                    0,0,0,0,0,0,1,1,1,0),
              nrow = 10, ncol = 10, byrow = TRUE)


# graph_from_adjacency_matrix 함수로 igraph 객체 g1으로 저장하기
g1 <- graph_from_adjacency_matrix(adjm)
# g1 객체를 시각화하기
plot(g1, vertex.size = 15, vertex.label.cex= 0.6, edge.arrow.size = 0.5)
```

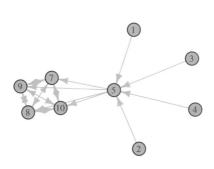

앞선 그림 3.1에서 살펴봤던 그래프가 *R*에서 쉽게 재현되는 것을 알 수 있다. 이 장의 실습에서는 출력시 노드 라벨이 잘 보일 수 있도록 노드와 화살표의 크기를 조정하였다.

3.2.2   관계목록(edgelist)

이처럼 행렬 형태로 연결망 자료를 입력 혹은 가공하는 것은 어려운 일이다. 연결망 자료의 특성상 노드가 증가함에 따라 입력해야 하는 값이 노드 수의 제곱으로 증가하기 때문이다. 또한 행렬로 연결망 자료를 표현할 경우 연결되지 않은 값은 0으로 입력하

<table>
<tr><td></td><td>1</td><td>5</td></tr>
<tr><td></td><td>2</td><td>5</td></tr>
<tr><td></td><td>3</td><td>5</td></tr>
<tr><td></td><td>4</td><td>5</td></tr>
<tr><td></td><td>5</td><td>7</td></tr>
<tr><td>0000100000</td><td>5</td><td>8</td></tr>
<tr><td>0000100000</td><td>5</td><td>9</td></tr>
<tr><td>0000100000</td><td>5</td><td>10</td></tr>
<tr><td>0000100000</td><td>7</td><td>8</td></tr>
<tr><td>$Z = $ 0000001111</td><td>7</td><td>9</td></tr>
<tr><td>0000000000</td><td>7</td><td>10</td></tr>
<tr><td>0000000111</td><td>8</td><td>7</td></tr>
<tr><td>0000001011</td><td>8</td><td>9</td></tr>
<tr><td>0000001101</td><td>8</td><td>10</td></tr>
<tr><td>0000001110</td><td>9</td><td>7</td></tr>
<tr><td></td><td>9</td><td>8</td></tr>
<tr><td></td><td>9</td><td>10</td></tr>
<tr><td></td><td>10</td><td>7</td></tr>
<tr><td></td><td>10</td><td>8</td></tr>
<tr><td></td><td>10</td><td>9</td></tr>
</table>

그림 3.2: 인접행렬을 관계목록(edgelist)으로 표현하기

여야 하는데, 많은 경우 연결망 자료가 커질수록 입력해야 하는 0이 더 많아지고, 응답자들의 부담을 가중시키고 컴퓨터 메모리 용량이 기하급수적으로 커지게 된다. 이러한 자료의 문제를 해결하기 위해서 많은 연구에서 연결망을 행렬의 형태가 아닌 관계목록(edgelist)의 형태로 입력하는 방법을 사용한다(Batagelj and Mrvar, 1998; Csardi and Nepusz, 2006; Kolaczyk and Csárdi, 2014).

관계목록은 2자 관계(dyad relationship)를 표현한다. 방향성이 있는 경우(A→B)와 방향성이 없는 경우(A-B) 모두 동일하게 입력하고, 이를 연결망 분석 프로그램에서 방향성이 있는 경우(directed)와 방향성이 없는 경우(undirected)로 구분하여 읽어 들일 수 있다. 최근 연결망 분석 프로그램에서는 숫자뿐만 아니라 문자로도 직접 입력이 가능하고, 이러한 자료를 자동으로 행렬로 전환하는 기능이 존재하여, 보다 편리하게 연결망 자료를 생성할 수 있다.

이때, 관계목록을 이용할 경우에 연결망 자료를 더 효율적으로 입력할 수 있다. 아래의 예시의 경우에 10×10 인접 행렬 데이터를 입력하는 데에는 무려 100개의 값을 입력해야하지만, 이를 관계목록 방식으로 입력한다고 한다면, 40개의 숫자만 입력하면 된다. 관계가 있는 경우만 입력하면 되기 때문에 오류를 더 쉽게 찾아낼 수 있다는 장점도 있다. 관계목록도 역시 *R* 행렬 객체로 입력을 해야 하는데 아래에서는 행렬의 열(column)은 2개로 지정하고 있지만, 각 관계의 속성 또는 강도(weight)을 입력하기 위해서는 추가의 열을 입력할 수도 있다.

```
# 20개의 관계목록을 edgelist라는 이름으로 입력하기
edgelist <- matrix(c(1, 5,
                     2, 5,
                     3, 5,
                     4, 5,
                     5, 7,
                     5, 8,
                     5, 9,
                     5, 10,
                     7, 8,
                     7, 9,
                     7, 10,
                     8, 7,
                     8, 9,
                     8, 10,
                     9, 7,
                     9, 8,
                     9, 10,
                     10, 7,
```

```
                              10, 8,
                              10, 9),
                      ncol = 2, byrow = TRUE)
# graph_from_edgelist 함수로 igraph 객체 g2로 저장하기
g2 <- graph_from_edgelist(edgelist, directed = TRUE)
# g2 객체를 시각화하기
plot(g2, vertex.size = 15, vertex.label.cex= 0.6, edge.arrow.size = 0.5)
```

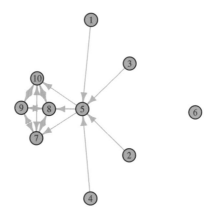

graph_from_edgelist 함수에서는 기본적으로 방향성이 있는 경우를 가정하여(directed = TRUE) 입력을 생략할 수 있다. 방향성이 없는 경우에는 graph_from_edgelist(edgelist, directed = FALSE)로 반드시(directed = FALSE)를 입력해주어야 한다.

위에서 인접 행렬 방식, 그리고 관계목록 방식으로부터 만든 연결망 그래프가 동일한지는 identical_graphs 함수로 확인할 수 있다.

```
identical_graphs(g1, g2)
```

```
[1] TRUE
```

관계목록의 경우 사람 이름이 바로 포함되어 있어도 이를 그래프 객체로 만들어 시각화를 할 수 있다.

```
el <- matrix( c('John', 'Alice',
                'John', 'Bob',
                'Alice', 'Eugene',
                'John', 'Eugene'),
              nc = 2, byrow = TRUE)
g3 <- graph_from_edgelist(el, directed = TRUE)
plot(g3, vertex.shape = 'none', edge.arrow.size = 0.5)
```

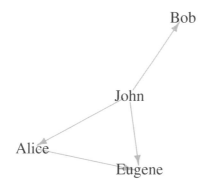

3.2.2.1 파일에서 연결망 자료 읽어들이기

많은 경우 연결망 자료를 엑셀이나 구글 스프레드시트와 같은 편집기에서 입력, 저장하여 활용하는 경우가 많다. *R*의 *readxl* 패키지에 존재하는 `read_excel` 함수를 통해 엑셀에서 작업한 파일을 손쉽게 불러올 수 있다. 이 절에서는 스크립트에서 직접 데이터를 입력하는 방식이 아닌 파일로부터 데이터를 불러와 그래프 객체로 변환하는 방식을 살펴볼 것이다.[1]

```
#install.packages('readxl')
library(readxl)
edgelist2 <- read_excel('files/ex_3_1_read_excel.xlsx')
print(edgelist2)
```

---

[1] 이 책에서 다루는 자료들은 https://Github.com/letitbk/social-network-analysis/tree/master/files 에 저장되어 있다.

```
# A tibble: 21 x 2
    from    to
   <dbl> <dbl>
 1     1     5
 2     2     5
 3     2     6
 4     3     5
 5     4     5
 6     5     7
 7     5     8
 8     5     9
 9     5    10
10     7     8
# i 11 more rows
```

이 데이터는 위에서 직접 입력한 예제와는 달리 칼럼명으로 from, to가 정의되어 있다. *igraph*의 경우 방향성이 있는 그래프의 경우 출발점을 from, 도착점을 to라고 일반적으로 정의한다.

```
g4 <- graph_from_data_frame(edgelist2, directed = TRUE)
plot(g4, vertex.size = 15, vertex.label.cex= 0.6, edge.arrow.size = 0.5)
```

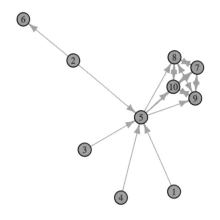

3.2.3 노드목록(nodelist)

노드목록(nodelist)을 활용한 자료 입력 방식은, 한 명의 행위자가 여러 행위자들을 나열하여 기입하는, 설문 조사에서 얻은 자료를 입력할 때 유용한 방식이다. 관계목록의 경우 매 행마다 from - to 2개의 노드만 입력되지만, 노드 목록 방식의 경우 각 행마다 입력되는 자료의 수(예: 친구로 언급되는 사람의 수)를 2개의 노드로 제한하여 입력할 필요가 없다. 아래 예제에서는 Alice-Bob:Cecil:Daniel에서 :기호가 등장하는데 이는 Alice가 Bob과 Cecil 그리고 Daniel을 지목한 것을 단순하게 표현하기 위해서 표현한 것이다. 만약에 Alice가 Gordon도 지목하였다면, Alice-Bob:Cecil:Daniel:Gordon이라고 표현하면 된다. 직접 수정해가며 연습해보기 바란다.

```
# 방향성이 없는 그래프
g <- graph_from_literal( Alice-Bob:Cecil:Daniel,
                          Daniel-Cecil:Eugene,
                          Cecil-Gordon:Eugene )
plot(g, vertex.shape = 'none')
```

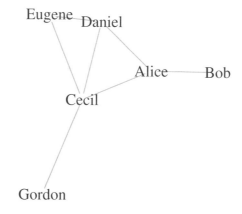

위 예제에서는 관계는 방향성이 없고, 방향성을 표현하기 위해서는 도달하려는 쪽으로 +를 더 표현하면 된다. 양쪽 방향으로 모두 관계된 경우 +-+라고 표현하면 된다. 아래 예제에서는 Alice와 Bob 사이에는 서로 지목한 관계가 있는 반면에 Eugene과 Gordon 사이에는 한 방향의 관계만 존재한다.

```
# 방향성이 있는 그래프

g3 <- graph_from_literal( Alice +-+ Bob:Cecil:Daniel,

                          Eugene --+ Gordon:Helen )

plot(g3, vertex.shape = 'none', edge.arrow.size = 0.5)
```

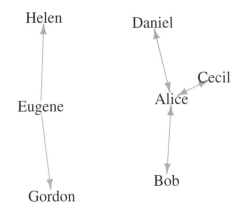

3.3 이원 연결망(two-mode network, bipartite network)

이원 연결망은 서로 다른 두 종류의 노드 간 관계가 표현되는 경우를 말한다. 두 개의 서로 집단이 존재한다는 의미에서 두 집단(bi-partite) 연결망, 개인들이 이벤트나 집단에 참여한다는 의미에서 참여연결망(affiliation network)이라고도 불린다. 이때, 그림 3.3 (a)와 같이, 같은 종류의 노드끼리는 "직접" 연결되지 않는다. 예를 들어, 인터넷 쇼핑몰에서 고객과 구매 상품 간의 관계, 대학교 학생들의 동아리 가입, 논문과 저자들의 관계는 서로 다른 종류의 노드끼리 관계가 맺어지는 경우이다.

같은 종류의 노드끼리는 직접 연결되지 않는 구조인 이원 연결망은 그림 3.3 (b)와 같이 일원 연결망과 같은 형태로 변환할 수 있다. 인터넷 쇼핑몰 고객들 사이의 관계를 그들이 구매한 상품을 통해서, 학생들의 관계를 그들이 가입한 동아리를 통해서, 연구자들의 관계를 그들의 공저 논문을 통해서 간접적으로 유추해내는 것이다. 보통 설문 조사 등으로 자료 모으기보다는 기존에 존재하는 자료를 연결망 관점으로 활용하는 경우, 이를테면 쇼핑몰 구매 DB, 논문 DB 또는 인적사항 DB를 통해서, 연구자가 관심있는 관계를 유추해낼 때 활용한다.

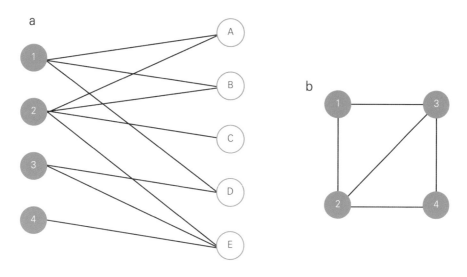

그림 3.3: 이원 연결망(a)과 전환된 일원 연결망(b)

3.3.0.1 결합 행렬(incidence matrix)

이원 연결망 역시 행렬로 표현이 가능하다. 이를 그래프 수학에서는 결합 행렬(incidence matrix)이라 부른다. 행은 한 유형의 노드(예: 사람)를, 열은 다른 유형의 노드(예: 이벤트)를 나타낸다. 예를 들어 1이라는 사람이 A라는 이벤트에 참여했으면 (1, A)에 1, 참여하지 않았으면 0으로 표현된다. 그림 3.3 그래프를 행렬로 표현하면 다음과 같다.

```
#행=4, 열=5개인 사건 행렬을 incm이라는 이름으로 입력하기

incm <- matrix(

            c(1,1,0,1,0,

              1,1,1,0,1,

              0,0,0,1,1,

              0,0,0,0,1),

            nrow = 4, ncol = 5, byrow = TRUE)

rownames(incm) <- c('1', '2', '3', '4')

colnames(incm) <- c('A', 'B', 'C', 'D', 'E')

print(incm)
```

```
  A B C D E
1 1 1 0 1 0
2 1 1 1 0 1
3 0 0 0 1 1
4 0 0 0 0 1
```

이렇게 만들어진 행렬은 연결망 그래프로 표현할 수 있다. 먼저 *igraph*의 graph_from_incidence_matrix 함수를 이용하여 그래프 객체로 변환을 한다. 이 그래프를 그대로 시각화하면 일원 연결망에서 시각화하는 방식과 마찬가지로 인접한지의 여부를 기준으로 시각화를 한다. 이원 연결망 특징을 살려서 시각화하기 위해서는 그래프의 레이아웃을 layout_as_bipartite 방식으로 설정하고 좌->우로 배열되도록 설정하였다. plot 함수에서는 노드의 종류(type)별로 색상을 달리하여 표현하였다.

```
# graph_from_incidence_matrix 함수로 igraph 객체 g_inc으로 저장하기
g_inc <- graph_from_incidence_matrix(incm)
# g_inc 그래프의 레이아웃 설정하기
layout_bipartite = -layout_as_bipartite(g_inc)[,c(2, 1)]
# g_inc 객체를 시각화하기
plot(g_inc, layout = layout_bipartite,
    vertex.size = 15, vertex.label.cex= 0.6,
    vertex.color=c('green', 'cyan')[V(g_inc)$type+1])
```

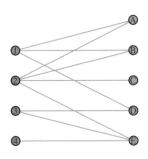

3.3.1 관계목록(edgelist)

사람-이벤트로 정의된 이원 연결망은 위에서 다룬 관계목록(edgelist) 방식으로 입력한 뒤에, `graph_from_edgelist` 또는 `graph_from_data_frame`으로 연결망 자료를 읽는 것도 가능하다. 단, 연구자들은 데이터를 보면서 사람과 이벤트를 인지적으로 구분할 수 있지만 컴퓨터는 그렇지 못하다. 따라서 `graph_from_incidence_matrix`함수와 달리 입력하는 데이터가 모드가 다른 데이터라는 것을 알려줘야 **R**에서 쉽게 이원 연결망 자료로 변환/분석이 가능하다. 이를 위하여, 아래와 같이 1. 그림 3.3 데이터를 입력하고, 2.이를 `graph_from_data_frame()`을 통해 그래프 객체(graph object)로 변환시킨 후, 3. 시각화를 할 수 있다.

```
#1 사람 - 이벤트 이원 자료 입력 하기
edgelist <- read.table(text='1 A
                             1 B
                             1 D
                             2 A
                             2 B
                             2 C
                             2 E
                             3 D
                             3 E
                             4 E',
                       header=FALSE)


#2 edgelist를 graph_from_data_frame()으로 변환하기
twomodenetwork <- graph_from_data_frame(edgelist, directed = FALSE)
#3 시각화하기
plot(twomodenetwork, vertex.size = 15, vertex.label.cex= 0.6)
```

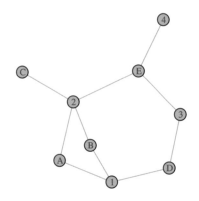

단, 이렇게 시각화를 하면 사람으로 입력한 1, 2, 3, 4 노드들과 모임이었던 A, B, C, D, E 노드들이 구분되지 않고 표현된다는 점에 유의해야 한다.

3.3.1.1 이원 연결망 변환

하지만, 아래와 같이 twomodenetwork 객체의 노드 종류를 관계목록의 열(column) 기준으로 설정해주고, 시각화를 하면 앞서 이원 연결망 시각화를 했던 것과 동일한 결과를 얻어낼 수 있다.

```
# 위 edgelist에서 두 번째 열(모임)에 속한 name이면 TRUE, 그렇지 않으면 FALSE
V(twomodenetwork)$type <- V(twomodenetwork)$name %in% edgelist[,2]
# 이원 연결망 객체 시각화하기
plot(twomodenetwork, layout = layout_bipartite,
    vertex.size = 15, vertex.label.cex= 0.6,
    vertex.color = c('green', 'cyan')[V(twomodenetwork)$type+1])
```

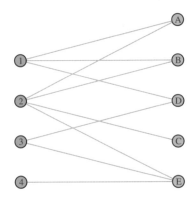

이원 연결망 그래프들들은 `bipartite_projection()`을 통해 일원 연결망(one-mode network)으로 변환시키면, 같은 취미를 가진 사람들 사이의 연결을 살펴볼 수 있다.

```
# 이원 연결망을, 일원 연결망으로 전환
# -> 이때 bg는 2개의 사람-사람, 취미-취미 2개의 연결망 객체로 생성됨
bg <- bipartite_projection(twomodenetwork)
# bg의 1번째 연결망 시각화하기
plot(bg[[1]], vertex.color = 'green', vertex.size = 15, vertex.label.cex= 0.6)
```

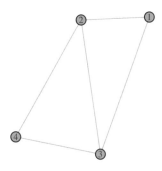

각 취미 간의 공통된 사람을 통한 연결망도 `bipartite_projection`에서 생성한 bg 객체를 통해 추출이 가능하다.

```
# bg의 1번째 연결망(취미 연결망) 시각화하기
plot(bg[[2]], vertex.color = 'cyan', vertex.size = 15, vertex.label.cex= 0.6)
```

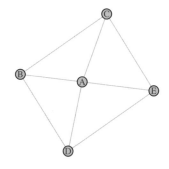

3.3.2 이원 연결망 행렬 입력 및 전환

이때, bipartite_projection 함수가 아닌 행렬 연산을 통해 이원 연결망을 일원 연결망 자료로 변환하는 것도 가능하다. 위에서 입력했던 사람 – 이벤트 관계를 아래와 같이 행렬 방식으로 입력할 수 있다.

먼저, 위에서 입력했던 incm이라는 행렬을 전치한 행렬 tincm을 아래와 같이 만들 수 있다. 행렬을 t() 의 괄호 안에 입력하면 전치 행렬(transpose matrix: 열과 행의 방향이 바뀐 행렬)이 만들어진다.

```
tincm = t(incm)   ## Transpose of M
print(tincm)    ## 이벤트 x 사람 행렬
```

```
  1 2 3 4
A 1 1 0 0
B 1 1 0 0
C 0 1 0 0
D 1 0 1 0
E 0 1 1 1
```

원래 입력했던 incm행렬과 전치된 tincm 행렬의 행렬 곱(%*%)을 하면, 아래와 같이 같은 이벤트 참여를 통해 연결된 사람-사람의 행렬이 만들어진다.

```
incm %*% tincm ## 사람 x 사람 행렬
```

```
  1 2 3 4
1 3 2 1 0
2 2 4 1 1
3 1 1 2 1
4 0 1 1 1
```

전치된 행렬 tincm에 원행렬 incm을 곱하면 이벤트-이벤트 행렬이 만들어진다.

```
tincm %*% incm ## 이벤트 x 이벤트 행렬
```

```
  A B C D E
A 2 2 1 1 1
B 2 2 1 1 1
C 1 1 1 0 1
D 1 1 0 2 1
E 1 1 1 1 3
```

이처럼 **R**은 행렬 연산과 같은 방법으로 데이터를 직접 다룰 수도 있고, *igraph* 와 같은
패키지를 활용하여 편하게 자료의 변환을 할 수 있다.

3.4 자아 중심 연결망 자료(ego-centric network data)

자아 중심 연결망은 지금까지 보여준 완전 연결망 자료와 다르게, 자아 중심 연결망은
말 그대로, 자아(ego)를 중심으로 둘러싼 자아와 타자(alter) 사이의 관계에 초점을 맞춘
연결망 자료를 나타낸다. 완전 연결망과 다르게 자아중심망 자료는 경계 설정(boundary
specification)의 문제로부터 상대적으로 자유로우며, 보통 대규모 설문조사에서 따로 조
사되어 연결망 자료로 구축되는 경우가 많다. 보다 자세한 연결망 설문 조사도구와 구
축에 대해서는 10장에서 더 자세히 배울 것이며, 이 절에서는 간단하게 자아 중심 연결
망 자료를 입력하는 방법과 완전 연결망 자료에서 자아중심망 연결 자료를 뽑아내는
방법에 대해서 살펴본다.

자아 중심 연결망에서 자아는 중심이 되는 노드로, 타자는 자아와 연결된 노드로 표현
된다. 따라서, 크게 자아와 타자의 관계에 대한 자료와 타자들 사이에 대한 자료 두 가
지 자료가 필요하다. 예를 들어, A는 B, C, D, E, F라고 다섯 명의 친구를 지니고 있고, 이
때 B와 C가 서로 친하게 지내고, C, D, E가 서로 친하게 지낸다고 가정해보자. 이 자료
를 입력하기 위해서 앞서 말한 노드목록(nodelist)의 방식을 활용해보자.

```
# 방향성이 없는 자아중심 연결망

ego_g <- graph_from_literal( A-B, A-C, A-D, A-E, A-F,
                             B-C,
                             C-D, C-E, D-E )

plot(ego_g, vertex.size = 15, vertex.label.cex= 0.6)
```

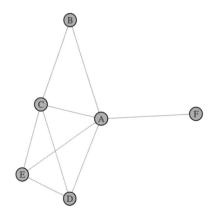

이 연결망은 A를 중심으로 한 연결망이지만, A와 다른 타자들이 모두 연결되어 있는 것은 자명한 사실이므로 때로는 자아를 생략하여 타자들 간의 관계만을 그래프로 나타내는 경우도 존재한다.

```
# 자아를 제외한 그래프

ego_g_exclude <- induced_subgraph(ego_g, c('B', 'C', 'D', 'E', 'F'))

plot(ego_g_exclude, vertex.size = 15, vertex.label.cex= 0.6)
```

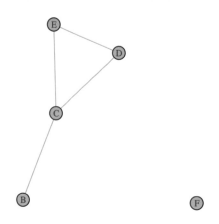

이처럼 타자들 간의 관계에 대한 그래프를 그릴 경우에, C가 자아 중심 연결망에서 중심적인 위치를 차지하고 있으며, F의 경우에는 다른 타자들과 아무런 관계가 없는 고립된 노드(isolated node)를 나타내는 것을 보다 손쉽게 확인할 수 있다.

앞에서 만들었던, g1 그래프에서 특정한 노드를 중심으로한 자아 중심 연결망을 구축하는 방법은 다음과 같다.

```
# 먼저, 각 노드의 이름을 정해주기
V(g1)$name <- letters[1:length(V(g1))]


# 8번째 Node, "h"라는 자아과 연결된 이웃들을 모두 탐지
# (이때, mode는 연결의 방향을 의미)
ego8_neighbor <- neighbors(g1, 'h', mode = 'all')
ego8_neighbor <- unique(c('h', names(ego8_neighbor)))
# h를 둘러싼 노드들을 뽑아내기
ego8_g <- induced_subgraph(g1, vids = ego8_neighbor)


# 두 그래프의 비교
par(mfrow = c(1,2))
plot(g1, vertex.size = 15, vertex.label.cex= 0.6, edge.arrow.size = 0.5)
plot(ego8_g, vertex.size = 15, vertex.label.cex= 0.6, edge.arrow.size = 0.5)
```

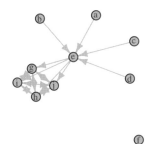 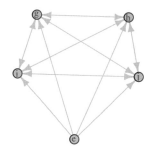

3.5 공개된 연결망 자료 활용하기

연구자가 직접 수집하고 입력한 연결망 자료를 바탕으로 연결망 분석을 시작하는 경우가 일반적이지만 한편으로는, 이미 수집된 연결망 자료를 활용하는 것도 과학의 재현성과 발전에 있어서 훌륭한 시작이라고 생각된다. 연결망 분석은 그 발전이 매우 빠르고 연구의 자유도가 높다는 면에서, 기존에 다른 목적으로 수집된 연결망 자료를 새로운 연구 주제 의식을 가지고 새롭게 분석하는 것은 충분히 가능하며, 이를 바탕으로 연결망 분석의 방법론적 발전뿐만 아니라 관련 분야의 이론적 발전도 이루어질 수 있다. 이때, 기수집된 연결망 자료를 활용하는 것에 있어서 다음과 같은 장/단점을 잘 고려하는 것이 중요하다.

장점으로는 첫째, 빠르게 연구를 시작할 수 있다. 연결망 자료를 처음 분석을 하게 되면 어떤 대상을 연구해야 할지, 어떻게 데이터를 수집/가공해야 할지에 대해서 막막할 수 있다. 공개된 연결망 자료 활용 시 수집된 데이터의 주제, 특성을 기반으로 연구 주제를 잡을 수 있고 빠르게 연구를 진행할 수 있다. 특히 연결망 분석에 있어서는 데이터 수집 및 가공(전처리) 시간이 전체 연구 시간의 대략 70% 정도를 차지하기 때문에 이러한 시간을 아낄 수 있다는 장점도 있다. 둘째, 다양한 주제의 연결망에 접근하여 새로운 연구를 할 수 있다. 많은 경우 전공에 따라서 분석하고자 하는 대상/자료가 정해져 있을 수 있다. 하지만, 다른 분야에서 수집된 데이터를 기반으로 공부하고 있는 전공분야의 이론이나 관점을 접합하여 새로운 연구를 진행할 수 있다. 예를 들어 축구 패스 연결망 데이터가 있다면, 사회과학 연구자들도 "축구 선수들의 패스 연결망이 유사한 또래, 같은 소속팀, 학교 등 선수들의 배경이나 친밀감에 따라 달라질 수 있는가?"에 대한 질문을 던지고 관련 연구를 해볼 수 있을 것이다. 셋째, 빠르게 방법론을 습득할 수 있다. 새로운 연구 방법론이 적용된 데이터가 공개되어 있다면, 기존 연구를 빠르게 되풀이(replicate)하는 것이 가능하다. 새로운 방법론의 경우 이를 적용하고 해석하는 데 적지 않은 학습이 소요된다. 새로운 방법론을 새로운 데이터에 적용한 경우 제대로 분석한 것이 맞는지에 대해서 연구자 스스로 확신을 갖기 어려울 때도 있다. 하지만 분석 결과가 공표된 공개된 데이터에 해당 방법론을 적용하여 분석하면 전체적인 분석 과정 및 해석하는 방법을 비교적 쉽게 배울 수 있다는 장점이 있다. 넷째, 기연구 데이터를 활용하여 새로운 이론을 제시하거나 검증할 수도 있다. 대표적인 연구가 버트(Burt)가 콜만 등이 연구했던 신약의 확산 자료를 다시 분석하여 확산에 있어서 응집의 효과뿐만 아니라, 경쟁의 효과도 있음을 증명한 것이다(Burt, 1987). 기존의 연구 결과도 새로운 이론이나 방법론을 적용하여 새로이 해석될 수 있다.

하지만 공개된 연결망 자료를 활용할 때 아래와 같은 단점들도 있다. 첫째, 연구의 독창성 및 기여도 인정이 어려울 수 있다. 이미 수집된 데이터를 활용하기 때문에 연구자의 데이터 수집 노력에 대해서 기여도를 인정받기 어렵다. 또한 기존 연구에서 이미 사용된 데이터를 활용하기 때문에 새로운 연구 결과를 도출하기 어려울 수 있다. 이는 연구의 독창성의 문제를 야기한다. 둘째, 데이터 수집 및 가공 과정에서 얻을 수 있는 경험 및 암묵지를 얻지 못한다. 연구 자료 수집 계획을 직접 수립하고 수집할 경우, 자료를 단순히 숫자나 코드뿐만이 아니라 보다 입체적으로 이해하고 해석할 수 있지만, 다른 이들이 수집한 데이터를 활용할 경우 자료의 수집 배경, 연구 목적, 데이터의 맥락 등을 누락한 채로 결과를 기계적으로 해석하게 될 위험이 있다. 따라서 새로운 데이터 분석 방법을 적용하거나 창의적인 연구 아이디어를 발전시키는 데 어려움을 겪을 수 있다. 셋째, 개인 정보 보호를 위해 익명화된 데이터는 연결망의 구조적 특징은 파악할 수 있지만, 연구 대상에 대한 맥락을 제공하지 못한다. 이는 연구 결과 해석에 어려움을 초래할 수 있다. 특히 인터넷에서 접근 가능한 데이터들은 ID만으로 구성되어 있기에 더욱 문제가 될 수 있다.

연구자는 공개된 연결망 자료를 활용할 때 이러한 장단점을 고려하고, 데이터 수집, 분석, 해석 과정에 신중하게 임해야 한다. 또한, 연구의 독창성을 확보하기 위해 노력하고, 가능하다면 원 연구자들과의 협업을 통해 연구 결과를 해석/검증해는 과정이 필요할 수 있다.

3.5.1 공개된 연결망 자료 소개

- **schochastics/networkdata**(https://Github.com/schochastics/networkdata) 연결망 자료 **R** 패키지이다. 셰익스피어의 극 작품에 등장하는 인물 간의 관계로부터, 프

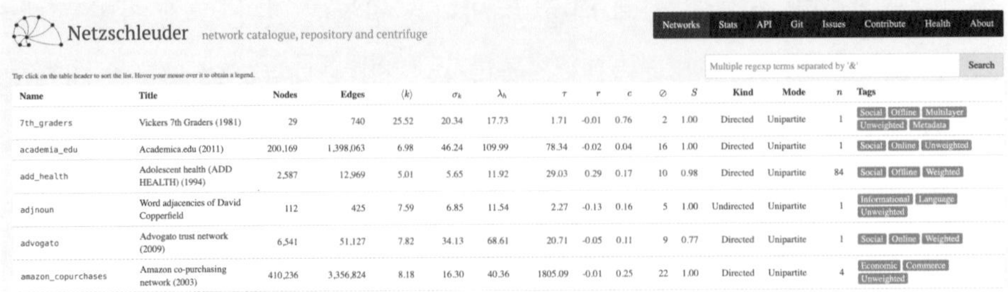

Name	Title	Nodes	Edges	$\langle k \rangle$	σ_k	λ_h	τ	r	c	⊘	S	Kind	Mode	n	Tags
7th_graders	Vickers 7th Graders (1981)	29	740	25.52	20.34	17.73	1.71	-0.01	0.76	2	1.00	Directed	Unipartite	1	Social Offline Multilayer Unweighted Metadata
academia_edu	Academica.edu (2011)	200,169	1,398,063	6.98	46.24	109.99	78.34	-0.02	0.04	16	1.00	Directed	Unipartite	1	Social Online Unweighted
add_health	Adolescent health (ADD HEALTH) (1994)	2,587	12,969	5.01	5.65	11.92	29.03	0.29	0.17	10	0.98	Directed	Unipartite	84	Social Offline Weighted
adjnoun	Word adjacencies of David Copperfield	112	425	7.59	6.85	11.54	2.27	-0.13	0.16	5	1.00	Undirected	Unipartite	1	Informational Language Unweighted
advogato	Advogato trust network (2009)	6,541	51,127	7.82	34.13	68.61	20.71	-0.05	0.11	9	0.77	Directed	Unipartite	1	Social Online Weighted
amazon_copurchases	Amazon co-purchasing network (2003)	410,236	3,356,824	8.18	16.30	40.36	1805.09	-0.01	0.25	22	1.00	Directed	Unipartite	4	Economic Commerce Unweighted

그림 3.4: 네츠슐로이더(Netzschleuder) 연결망 카탈로그(https://networks.skewed.de/)

리만의 연구 데이터, 프리메이슨 비밀주의 연결망 등 987개의 대상에서 관찰한 2,260개의 연결망 자료를 저장하고 있다. 아래와 같이 remotes 패키지를 설치한 후 깃허브(Github)에서 자료를 내려받아 설치할 수 있다.

```
install.packages('remotes')
remotes::install_Github('schochastics/networkdata')
data(package = 'networkdata')
```

- **Netzschleuder**(network catalogue, repository and centrifuge) 네츠슐로이더(Netzschleuder, https://networks.skewed.de/)는 과학적 연구를 지원하기 위한 네트워크 데이터셋을 제공하는 카탈로그 및 저장소이다. 2024년 7월 현재 기준, 총 286개의 데이터셋을 바탕으로 총 164,735개의 연결망자료를 제공한다. 이 웹사이트는 사람과 기계 모두 탐색할 수 있도록 설계되었으며, JSON API 또는 graph-tool 라이브러리를 통해서도 접근할 수 있다. 네트워크 데이터셋은 GT, GraphML, GML, CSV 등 다양한 기계 가독 형식으로 되며, 각 데이터셋은 공개적으로 이용 가능한 추출 및 파싱 스크립트를 포함하며, 모든 소스 코드는 AGPLv3 라이선스에 따라 공개된 자유 소프트웨어로 깃(Git) 저장소에 저장되어 있다(https://git.skewed.de/count0/netzschleuder/). 이곳에서 원본 데이터의 출판, 다운로드, 형식 변환에 이르는 전체 파이프라인을 직접 확인할 수 있다.

- **Network Repository**(https://networkrepository.com/) 로씨(Rossi)와 아흐메드(Ahmed)가 구축한 연결망 자료 저장소(repository)이다. 다양한 연구자들의 연구

그림 3.5: 연결망 자료 저장소(https://networkrepository.com/)

자료 기증으로 생물학에서부터 사회학에 이르기까지 30개가 넘는 연구 분야로부터 수천개의 연결망 자료가 수집/공개되어 있다. 이 사이트는 연결망 시각화 및 구조적 특징들도 반응형으로 제공해주기 때문에 다양한 주제의 연결망 자료 특성을 빠르게 이해할 수 있다.

- **The Colorado Index of Complex Networks**(ICON, https://icon.colorado.edu/) 콜로라도 대학의 클로제 교수가 주도하는 프로젝트로 연결망 주제, 크기, 특성 등의 조건으로 검색하여 연결망 데이터가 올려진 원본 출처로의 링크를 제공한다. 24년 4월 현재 5,144의 연결망 자료에 대한 인덱스를 제공하고 있다.

- **Harvard Dataverse**(https://dataverse.harvard.edu/dataverse/harvard) 하버드 대학에서 제공하는 연구 자료 저장소(https://dataverse.harvard.edu/dataverse/)로 'social network'라고 검색하면 8만개가 넘는 파일들이 검색된다. 유명한 연구 논문의 데이터가 공개되어 있는지 확인하는 데 용이하다.

- **Stanford Large Network Dataset Collection**(https://snap.stanford.edu/data/) 스탠포드 대학의 레스코벡(Leskovec) 교수가 이끄는 연결망 분석 프로젝트에서 수집/분석한 자료들을 공유한 웹페이지이다. 비교적 대규모의 자료들 중심으로 수집/공개되어 있고, 연구자의 논문/발표 자료와 함께 살펴볼 수 있다는 장점이 있다. 이 자료들은 SNAP이라는 프로그램으로 분석하는 데 최적화되어 있다.

- **Pajek data sets**(http://vladowiki.fmf.uni-lj.si/doku.php? id=pajek:data:pajek:index) Pajek 프로그램에서 분석할 수 있는 예제 자료들이다.

- **UCINET datasets**(https://sites.google.com/site/ucinetsoftware/datasets) UCINET 프로그램에서 분석할 수 있는 예제 자료들이다. 고전적인 연구들로부터 자료를 입력해 놓았다는 장점이 있다.

3.5.2   그 외 연결망 자료를 구하는 방법

위와 같은 공식적인 연결망 자료 저장소 이외에도, 연결망 자료를 구하는 효과적인 방법이 또 하나 있다. 그것은 바로 연결망 분석을 활용한 논문의 홈페이지를 찾아보거나, 또는 논문의 저자에게 직접 연락을 하는 것이다. 과거와 달리 최근에는, 논문을 출판할 경우에, 논문의 결과를 재현할 수 있도록 자료와 코드를 제공하는 것이 의무화되어 있는 저널도 많고, 많은 저자들은 논문의 결과를 재현할 수 있도록 Github 또는 저자의 홈페이지를 통하여 제공해주고 있다. 많은 경우, "원자료"는 아니더라도, 연결망 분석이 가능한 형태로 가공된 자료를 공유하는 경우가 많다. 적어도 이렇게 공유된 연결망 자료를 이 책에 나와 있는 다양한 분석 방법론을 적용해보고, 방법론을 습득하고 활용하는 것에는 큰 무리가 없을 것이다.

만약에 이러한 자료가 공개되어 있지 않다고 하더라도, 많은 경우 논문의 교신저자에게 이메일을 보내어, 자료를 활용하여 논문의 결과를 재현해보고, 또는 이러한 자료를 새로운 연구 방법론으로 분석해보고 싶다고 정중하게 이야기할 경우, 연결망 자료를 구할 수 있을 것이다. 단, 다양한 이유로 저자들이 연결망 자료를 공유해주는 것이 불가능할 수 있다는 점도 염두해두어야 한다. 마지막으로, 저자들에게 새로운 연구 아이디어를 이야기하면서 공저자로 함께 새로운 연구를 해볼 것을 제안하는 것도, 자연스럽게 주어진 연결망 자료에 대한 이해가 높은 저자들과 함께 연구를 할 수 있다는 면에서 유용한 접근임을 염두해두는 것이 좋다.

3.6   소결

이 장에서는 연결망 자료의 종류와 형태에 대해 공부했다. 조사 대상과 특성에 따라 연결망 자료는 크게 일원 연결망, 이원 연결망, 자아 중심 연결망으로 구분되며, 이에 따라 데이터 변환 및 분석 방법, 해석이 달라질 수 있음을 명심해야 한다. 연결망 자료는 행렬, 그래프, 관계목록, 노드 목록 등 다양한 형태로 입력하고, 또 서로 변환할 수 있다. *R*의 *igraph* 패키지를 활용하면 여러 자료 형태를 분석 가능하도록 쉽게 변환할 수 있다. 앞으로의 장에서 이러한 자료를 어떻게 분석하고 해석할 것인가에 대하여 더 상세하게 살펴볼 예정이다.

연구자들은 연결망 자료 수집 및 변환 관련하여 다음의 내용들을 고려해야 한다.

첫째, 연구 목적과 대상에 맞는 적절한 연결망 자료의 종류와 형태를 선택하는 것이 중요하다. 내가 분석하고자 하는 연구 대상이 일원 연결망, 이원 연결망, 자아 중심 연결망 중 어떤 연결망 형태로 자료를 수집하고 분석하면 좋을지 고려해야 한다. 둘째, 연구자가 수집하는 연결망 자료가 행렬, 관계목록, 노드 목록 등 어떤 형태로 입력하면 용이할지, 자료가 방향성은 있는지 없는지, 시각화 시 자료가 잘 변환되었는지 살펴보는 것이 필요하다. 셋째, 연결망 연구 시 자료 수집 시에 피험자들의 개인 정보 보호에 있어서 문제 되는 경우는 없는지 등을 고려해야 한다. 넷째, 새로운 연구 자료를 수집하기 이전에 공개된 연결망 자료들을 고려할 수 있다. 최신 연구의 주제 및 방법론을 학습하고, 기존 연구에서 바라보지 못한 관점을 발견해 내는 것도 좋은 연구 접근이 될 수 있다. 하지만 이 경우 연구 자료의 맥락을 이해하고, 연구의 독창성과 기여도를 인정받을 수 있는 방향을 잘 염두해야 한다.

마지막으로 강조하고 싶은 것은, 우리 일상의 많은 자료들은 연결망 분석의 대상이 될 수 있다는 점이다. 1장에서 살펴본 것과 같이 신문 기사에서 단어와 단어와의 관계를, 소설이나 영화에서 인물 간의 관계를 찾아낼 수 있다. 인터넷 쇼핑몰에서 이 상품을 산 사람들이 산 다른 상품을 추천해주는 것도, 실은 이원 연결망 관계를 통해서 만들어낸 것들이다. 이번 장에서 배운 다양한 연결망 자료의 모습과 특성을 염두하고 어떤 주제의 자료를 어떻게 수집하고 연결망 분석을 할 수 있도록 가공할지를 고민해본다면, 연결망 연구의 폭을 넓힐 수 있을 것이다.

4 연결망 시각화

많은 이들이 연결망 분석을 한다고 했을 때, 떠올리는 것은 점과 선으로 된 연결망 그래프이다. 연결망 시각화는 연결망 분석의 중요한 첫 시작점이다. 이는 연결망 그래프 자체가 분석적 의미를 표현할 뿐만 아니라, 그래프로 시각화된 패턴이 연구자들로 하여금 여러 가지로 유용한 해석의 가능성을 열어주기 때문이다. 연결망 그래프를 잘 표현하면 "백문이 불여일견(百聞不如一見)"이란 옛말처럼 복잡하고 의미를 찾기 어려운 연결망의 구조를 한 눈에 명확하게 파악할 수 있다는 장점이 있다. 마치 낯선 곳을 처음 여행할 때 지도를 펼쳐놓고 동선을 그려보는 것이, 문자로 설명하는 것보다 훨씬 쉽고 편한 것과 마찬가지이다.

예를 들면 그림 4.1은 12~13세기 러시아인들이 도시와 도시 사이로 물건을 팔러 다닌 경로를 표현하고 있다. 이 지도에서 도시 간의 거리는 노드 사이의 지리적인 거리를, 선은 교통 경로를 표현한다(Pitts, 1978). 따라서, 한 지점에서 다른 지점으로 물건을 팔러 가려면 어떤 지점을 경유해야 하는지, 그리고 그 사이에 몇 개의 도시를 지나쳐야 하는지를 이 연결 지도로부터 확인할 수 있다. 또 이 지도를 분석하면, 어떤 지점이 중요한 허브(hub)인지, 지점 간 연결성이 떨어지는 지역은 어디인지 직관적으로 알 수 있다. 이처럼, 연결망 시각화는 다양한 인사이트를 제공하기에, 그동안 다양한 연결망 시각화 알고리즘이 발달하였으며, 이를 통해 크고 작은 연결망을 보다 쉽고 효과적으로 표현할 수 있게 되었다.

이 장에서는 여러 가지 연결망 시각화 방식을 살펴보고, 그래프 배치(레이아웃)의 원리

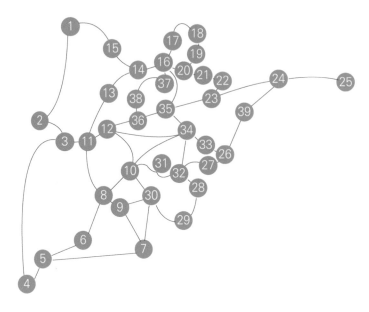

그림 4.1: 12-13세기 러시아의 교역 연결망 지도

와 시각화 응용 방법을 소개한다. 이 책에서 강조하고 싶은 것은 연결망 분석에서 시각화는 연결망 분석의 끝이 아니라, 오히려 탐색 과정의 한 단계라는 점이다. 즉 시각화를 통해서 분석적인 시사점을 얻어내고, 여러 연결망 개념들을 적용하여 연결망을 분석하고 이 결과를 바탕으로 효과적인 그래프로 표현하는 과정이 반복되어야 한다. 직접 그래프를 그려보는 실습을 할 수 있도록, 이 장에서는 주요 시각화 방법의 대부분을 *R*로 구현하는 예시를 제공한다.

4.1 연결망 시각화 기법의 발전

연결망 시각화의 역사는 사람 간의 관계를 그래프로 제시한 모레노의 사회망(sociogram) 그래프로 시작한다(Moreno et al., 1932).[1] 모레노는 집단 내의 사람들의 관계를 그래프로 표현하는 것이 구조적인 분석의 한 방법이라고 생각했다. 당시 모레노는 컴퓨터 프로그램의 도움 없이 행위자의 위치와 관계를 손으로 직접 그려서 표현했다. 그가 남긴 그래프 중에서 가장 유명한 것은 4학년 학급 학생들의 친구 관계를 표현한 그림 4.2 사

---

[1]이 절은 프리만(Freeman 2000)의 일부를 발췌하여 소개한다.

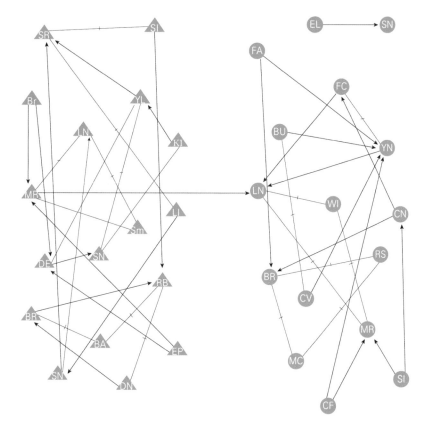

그림 4.2: 모레노(Moreno 1934)의 학급 친구 연결망 연구

회망(sociogram)이다(Moreno, 1934).

이 그래프에서 모레노는 남학생을 세모로, 여학생을 동그라미로 표현했고, 일방 관계는 화살표로(→), 쌍방 관계는 직선 위에 직교선(+)을 그려서 표현하였다. 그림 4.2를 살펴보면 두 가지 구조적 특징을 이해할 수 있다. 첫 번째로 학급 내에서 우측 상단에 표현한 2명을 제외하고는 학급 학생 모두가 서로 연결된 하나의 집단으로 표출된다. 두 번째는 성별에 따라 친구 관계가 분화되어 있다는 것을 쉽게 볼 수 있다. 이와 같이 연결망을 시각화하는 것의 큰 장점은, 연결 구조를 관계의 쌍 혹은 행렬로 표현했을 때보다 더욱 쉽게 파악할 수 있다는 것이다.

모레노 이후 연결망 시각화 방법은 여러 방면으로 발전해왔다. 연결망 노드를 단순한 도형이 아닌 사진이나 그림으로 표현해 먹이 사슬을 이해하기 쉽고 현실감 있게 표현

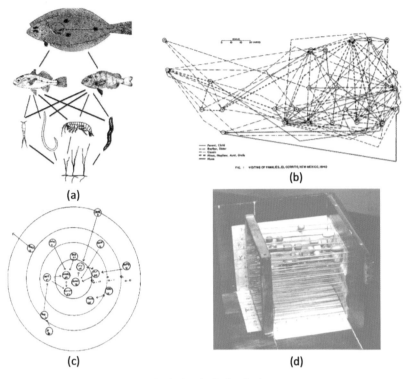

(a)

(b)

(c)

(d)

그림 4.3: 초창기 연결망 시각화 방법(Freeman, 2000)

한다든지(그림 4.3 (a)), 실제 지도 위에 관계를 표현한다든지(그림 4.3 (b)), 동심원(그림 4.3 (c)) 혹은 3차원 배열(그림 4.3 (d))을 시도하는 것들이 그 예이다.

연결망 연구자들이 새로운 연구를 발표하고 정보를 교류하는 국제 사회 연결망 분석 연합회(International Network for Social Network Analysis: INSNA)에서 주최하는, 선벨트 (Sunbelt) 국제 컨퍼런스에서 최근 몇 년간 *R*을 활용한 연결망 시각화 방법 워크샵을 열어온 오그냐노바(Ognyanova)는 연결망 시각화의 목적을 그림 4.4와 같이 설명한다 (Ognyanova, 2023). 이에 대해 좀 더 구체적으로 부연하여 설명한다면 다음과 같다.

1. 핵심적인 행위자들과 그들이 맺는 관계들을 표현한다.
2. 관계의 특징과 강도를 표현한다.
3. 연결망의 구조적 속성이 드러나도록 한다.
4. 하위 집단(군집)이 발견되도록 표현한다
5. 확산의 형태가 드러나도록 한다.

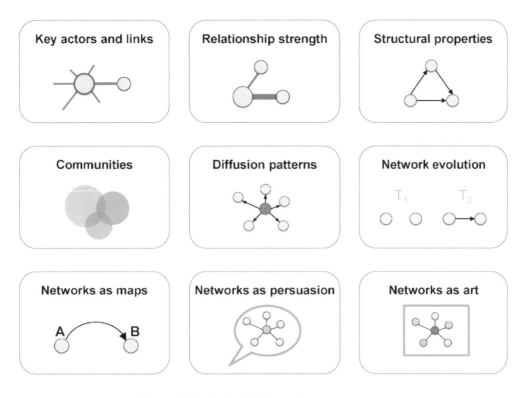

그림 4.4: 연결망 시각화의 목적(Ognyanova 2021)

6. 시간의 흐름에 따른 연결망의 진화를 보여 준다.

7. 지도와 같이 한 눈에 보기 용이하도록 한다.

8. 설득의 도구로 활용할 수 있도록 가공한다.

9. 예술과 같이 시각적인 아름다움을 추구한다.

컴퓨터를 사용한 연산 및 시각화 표현이 손쉬워지면서, 연결망 시각화 방법은 더 다양하고 빠르게 발전하고 있다. 먼저, 우리는 시각화의 원리와 계보를 간단히 설명하고, 좋은 시각화 사례들을 소개한다.

연결망의 시각화 방법은 크게 통계적 방법의 응용과 재귀적인 반복 연산으로 노드를 배치하는 그래프 알고리즘 방식, 그리고 기타 방식으로 나누어 살펴볼 수 있다.

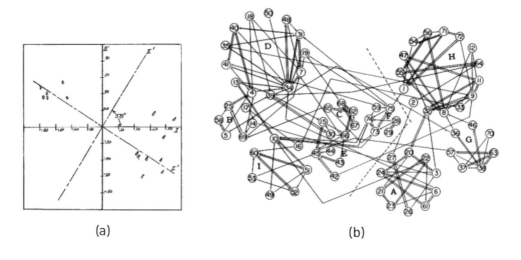

(a)   (b)

그림 4.5: 상관관계 요인 2차원 도표(a)와 연결망 그래프(b)

4.2 통계 방법의 적용

연결망 시각화에 적용된 통계 방법은 대개 '차원 축소(dimensionality reduction)'를 위한
방법들이다. 연결망의 경우 자료에서 노드가 N개라면 이는 N차원의 관계로 표현되기
때문에, N 차원을 그대로 시각화하는 것은 불가능하다. 따라서 우리가 표현하고 이해할
수 있는 2차원 또는 3차원으로 투영하기 위해서는 차원 축소가 필요하다. 이를 위한 방
법들이 어떻게 고안되어 왔는지 살펴보자.

4.2.1 요인 분석 / 주성분 분석

연결망 시각화에 적용된 최초의 통계 방법은 요인 분석(factor analysis)이다. 복과 후사
인(Bock and Husain, 1952)은 미국 중학교 3학년(9학년) 16명의 학생들에게 다른 모든
학생들과 함께 팀 프로젝트를 하고 싶은 정도를 물은 뒤 상관관계 행렬을 도출하고, 요
인을 추출하여 2차원 평면에 이를 표현하였다(그림 4.5 (a)).

프록터(Proctor, 1953)는 코스타리카 두 마을에 사는 이들에게 "가족 구성원 중에 '상(喪)'
이 발생할 경우 누구에게 가장 빨리 알려줄 것이냐?"고 질문을 던져서, 제3자를 공통으
로 지목한 수를 두 행위자의 유사도로 측정하여 행렬을 구성하였다. 이 자료로부터 상

관관계를 도출한 후, 요인분석을 실시하여 7개의 하위 집단을 발견하였다(그림 4.5 (b)).

이 두 사례에서 알 수 있듯이 상관관계 분석 등 통계 방법의 적용에서 중요한 문제는 유사도를 어떻게 측정하느냐와 이를 2차원 평면에서 어떻게 표현하느냐이다. 요인 분석은 연결망 패턴을 설명하는 두 가지의 주요 요인을 추출함으로써 이를 기준으로 평면에 표현하거나, 여러 요인을 추출하여 이를 하위 집단으로 간주하고 집단별로 평면에 구성하여 표현한다.

주성분 분석(principal components)을 이용한 시각화는, 연결망 행렬을 몇 개의 고유값과 고유벡터로 분해했을 때 생기는 좌표값(가령, 2차원에서는 두 개의 고유벡터 값이 좌표 값이 됨)에 의해 노드의 위치가 정해진다(Jolliffe, 2005). 즉, 10개의 노드로 이루어진 연결망에서 노드 위치를 결정하기 위하여 2차원 지도를 원하면 요인을 두 개(f_1, f_2) 추출하고, 3차원 지도를 구하려면 요인을 세 개(f_1, f_2, f_3) 추출하여, 이를 바탕으로 노드의 위치를 정하는 것이다. 어느 두 노드가 가까이 위치하는 경우, 그 노드들의 고유벡터 값이 비슷하다는 의미가 된다.

컴퓨터 연산 능력이 발전하고 컴퓨터를 이용한 시각화가 가능해지면서 시각화 방법은 계속 발전하고 있으며, 요인 분석을 이용한 방법은 오늘날 많이 쓰이지 않지만, 기존의 전통적인 시각화에 대한 이해를 중요하다. 요인 분석, 주성분 분석과 더불어 연결망 분석에서 전통적으로 많이 응용되는 통계 기법은 다차원 척도법(MDS: MultiDimensional Scaling)이 있다.

4.2.2 다차원척도법(MDS: MultiDimensional Scaling)

다차원척도법은 데이터 축소 기법의 일종으로, 통계 방법론에서 발전해왔다. 데이터의 한 점이 3차원 이상으로 표현되어 있을 때 이를 2차원으로 축소하여 시각화할 때 주로 사용하는 방법이다(Breiger et al., 1975; Laumann, 1979; Shepard, 1980). 이 원리를 설명하기 위해 경로 거리 행렬과 도시 간 거리표 비유를 해보겠다.

경로 거리의 행렬을 지도책에서의 도시 간 거리표에 비유해보면, 경로 거리에 근거해서 도시 간의 거리를 보여주는 지도를 그릴 수 있다. 그러나 여기에는 한 가지 문제가 있다. 지도상의 거리는 서로 대칭적이라는 점이다. 즉, 지도에서 A에서 B까지의 거리는 B에서 A까지의 거리와 같다. 그러나 사람 사이의 거리는 이와 달리 대부분 비대칭적이다. 따라서 경로 거리를 대칭화(symmetrize)한 후 다차원 척도법을 이용하여야 두 노드 사이의 거리를 표현할 수 있다. 거의 모든 연결망 분석 프로그램에서 MDS 명령을 통해 A에서 B까지의 거리와 B에서 A까지의 거리의 평균을 계산하는 방식을 통해, 자동으로 두 노드 사이의 거리를 그려낼 수 있다.

다차원 척도를 통해 연결망 지도를 그리는 과정을 쉽게 이해하기 위해서는 기하학적인 설명이 필요하다. 아래의 코드는 그 절차를 지도에 도시를 배열하는 예를 보여준다. 예시로 입력한 distances_cites.csv를 읽어보자. 이 데이터는 표 4.1과 같다.

```
cities <- read.csv('files/distances_cities.csv')
row.names(cities) <- cities$City
mat_cities <- as.matrix(cities[, 2:11])
```

	Seoul	Busan	Gwangju	Yecheon	Daegu	Gangneung	Ulsan	Yeosu	Gunsan	Sokcho
Seoul	0	342	300	180	270	186	336	354	198	174
Busan	342	0	210	180	72	306	60	138	240	360
Gwangju	300	210	0	246	204	384	258	102	102	414
Yecheon	180	180	246	0	102	144	162	246	198	186
Daegu	270	72	204	102	0	240	78	168	198	288
Gangneung	186	306	384	144	240	0	276	390	306	60
Ulsan	336	60	258	162	78	276	0	192	270	330
Yeosu	354	138	102	246	168	390	192	0	180	432
Gunsan	198	240	102	198	198	306	270	180	0	330
Sokcho	174	360	414	186	288	60	330	432	330	0

표 4.1: 각 도시 간 거리 행렬

표 4.1의 숫자 배열을 살펴보았을 때, 도시 사이의 거리 값만으로 지도상의 이미지를 떠올리기는 쉽지 않다. 다차원척도법(MDS)을 활용할 경우에, 표 4.1의 근접성 행렬(proximity matrix)의 자료를 바탕으로 지도를 그림 4.8처럼 그릴 수 있다. 다차원척도는 이와 같이 측정된 변수나 사례 사이의 거리를 공간 모델(이 경우는 2차 평면 지도)로 표현해 주는 기법이다. 이는 마치 컴퍼스로 한 점을 중심으로, 점 사이의 상대적으로

위치를 잡아나가는 과정과 유사하다.

예를 들어 서울을 좌표 평면상에 특정 점으로 표시하고, 이 점을 중심으로 서울에서 부산까지의 거리인 342km를 반경으로 하는 그림 4.6에서와 같은 원을 그려보자. 이 경우 부산은 이 원주 위의 어느 지점에 놓이게 될 것이다.

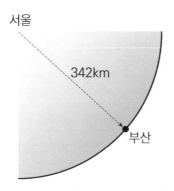

그림 4.6: 서울을 중심으로 그린 부산의 위치

다음으로 서울에서부터 180km 떨어진 예천을 그리기 위해서는 서울을 중심으로 180km를 반경으로 하는 원을 그림 4.7과 같이 그린다. 이 원주 위의 어느 지점에 예천이 위치할 것이다. 이어서 그림 4.7의 342km 원주상의 임의의 점을 부산이라고 정한 후에 부산에서 예천까지의 거리인 180km를 반경으로 하는 원을 그리면 서울을 중심으로 하는 원과 부산을 중심으로 하는 원의 두 원주가 서로 교차하는 두 지점이 생기게 된다. 이 두 교차점 중의 한 곳에 예천이 위치한다면 서울과 부산, 예천 간의 거리 관계를 만족시키는 좌표 평면상의 지도가 완성된다.

그림 4.7: MDS 절차의 예시: 평면상 위치 선정 작업

두 점 중에서 예천의 위치는 예천과 또 다른 도시, 예를 들어 강릉 사이의 거리를 만족시키는 한 점에 의해 결정할 수 있다. 물론 이러한 방식으로는 추풍령이나 대관령과 같이 높은 지역은 다른 지역과 정확한 거리를 맞추면서 2차원 평면에 그릴 수 없다. 따라서 2차원 평면의 지도에 그려진 거리와 실측한 거리 사이에 차이가 생길 수밖에 없으며, 이 차이의 정도를 스트레스(stress)라고 부른다(Kruskal, 1964). 따라서 경로 거리를 지도 위에 표현할 경우 자연히 스트레스가 발생하게 된다. 연결망 분석 프로그램은 관찰된 경로 거리를 최대한 정확하게 반영하여 이러한 스트레스가 낮아지도록 노드의 위치를 정한다.

*R*에서는 아래와 같이 전통적인 다차원척도법(classical multidimensional scale)을 cmdscale이라는 함수로 간단하게 구현할 수 있다. 10차원이었던 행렬이 cmdscale 실행 후에는 V1, V2 2개 차원으로 축소된다. 아래에서는 서울(Seoul)을 축의 왼편에 표현하기 위해서 V1에 −1을 곱하여 X축에 표현하였다.

```
# install.packages(c('ggplot2', 'dplyr'))
library(ggplot2)
library(dplyr)


# cmdscale 실행한 후 data.frame 객체로 변환하기
mds_2d <- cmdscale(mat_cities) %>% as.data.frame()


# ggplot으로 시각화하기
ggplot(mds_2d, aes(-V1,  V2)) +
  geom_text(aes(label = row.names(mat_cities))) +
  theme_set(theme_gray(base_family = 'NanumGothic')) +
  theme_bw()
```

위의 결과는 실제 남한 지도를 왼쪽으로 눕힌 것과 같이 보인다. 이렇게 표현이 된 이유는 위 도시 간 행렬에서 속초(Sokcho)와 여수(Yeosu) 사이가 가장 멀었기 때문에 이를

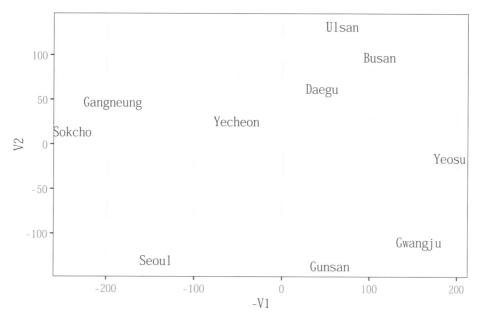

그림 4.8: 도시 간 비행 거리에 근거한 다차원척도 2차원 지도

가장 중요한 V1(X)축으로 요약한 것이고, 동–서 간을 V2(Y축)으로 요약한 것이다. 간략하게나마, 다차원 축적도를 그리는 절차를 소개한 이유는 MDS 그래프에 위치한 노드 사이의 거리는 연결망의 경로 거리를 반영한다는 점을 설명하기 위함이었다.

4.3 그래프 알고리즘

4.3.1 스프링 알고리즘

그래프 알고리즘은 연결되어 있는 노드 간의 상대적인 거리를 반복적으로 조정하여 위치를 잡는 방식으로 연결망을 시각화한다. 따라서 MDS 등 통계적 방식과는 달리 좌표의 절대적 위치는 의미가 없다. 가장 대표적인 알고리즘은, 스프링(spring) 알고리즘이다. 스프링 알고리즘은 궁극적으로는 서로 연결된 노드들은 서로 가까이 위치하게 되는데, 이를 위해 아래에서 보다 자세하게 설명할, 담금질(annealing)의 반복을 통해 위치를 미세 조정한다(Eades, 1984; Kamada and Kawai, 1989; Rosetea and Ochoab, 1970). 예를 들어, 그림 4.9 (A)와 같이 스프링으로 연결된 8개의 점을 평면상에 임의로 배치한다고 생각해보자. 그림 4.9 (B)와 같이 멀리 떨어진 연결된 점들 사이에는 보다 세게 당기는

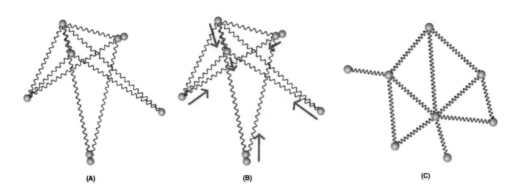

그림 4.9: 스프링 알고리즘 방식 시각화가 진행되는 예시(Grandjean, 2015; Kobourov, 2012)

힘이 작용할 것이고, 이는 노드의 위치의 변화를 만들어 내어 그림 4.9 (C)와 같은 균형 상태를 찾아나갈 수 있다.

이를 보다 확장된 의미로 힘 균형으로 그린(force-directed drawing) 알고리즘이라고 표현하기도 한다(Grandjean, 2015; Kobourov, 2012). 자기장에서 물체들 간의 당기는 힘과 밀어내는 힘 사이에서 힘의 균형이 이뤄지는 것에서 차용된 개념이다. 용어의 차이에도 불구하고 두 가지 방식 모두 노드 간 연결되어 있으면 서로 당기고, 그렇지 않으면 밀어내는 방식으로 시각화를 최적화한다고 이해할 수 있다.

앞 절에서 살펴본 MDS 방식과 그래프 알고리즘의 차이를 살펴보기 위하여, 전철 노선도를 예로 들어보겠다. 만일 실제 수도권 지도 위에 전철 노선을 그대로 그린다면, 역과 역 사이의 실제 거리를 추정하는 데는 편리하겠지만, 지도가 실제의 면적을 반영하기에 역이 많지 않은 외곽 지역의 면적이 크게 그려지게 된다. 반면에, 서울 시청 인근 지역은 많은 노선이 지나가기 때문에 노선이 복잡하게 얽혀 그 부근의 모습을 알아보기 어렵다. 이러한 단점 때문에, 전철 노선도는 실제 지도를 이용하지 않고, 점과 선의 연결만을 유지한 그림을 사용한다. 노선의 윤곽을 명확하게 보여 주기 위하여 역 사이의 실제 거리를 무시하고 그려 놓은 것이다(한국철도공사, 2023). 이때, 전철 노선도는 실제 위치와 거리, 방향 등을 최대한 고려하여 일정 지면에 표현한 시각화 작품에 가깝지만, 점과 점 사이에 간격이 비교적 균일하고 최대한 선들이 교차하지 않게 디자인 되어 있다는 측면에서 스프링 알고리즘과 유사하다고 할 수 있다.

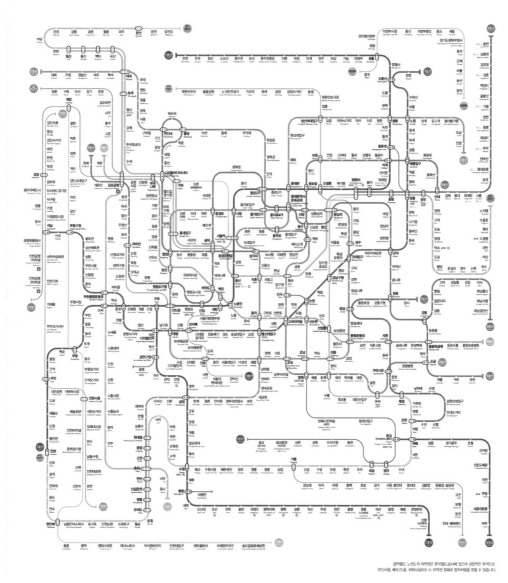

그림 4.10: 수도권 광역전철노선도(한국철도공사, 2023)

노드 사이의 실제 경로 거리를 반영하는 MDS 방법은 노드가 서로 가깝게 뭉쳐 있을 수도 있고, 연결선들 역시 복잡하게 겹치는 경우가 자주 발생한다. 이러한 단점을 극복하기 위해서 개발된 것이 그래프 알고리즘에서 사용하는 담금질(annealing)이라는 방법으로, 이 방법은 그래프의 몇 가지 좋은 특징을 극대화해준다. 여기서 말하는 그래프의 좋은 특징이란 (1) 연결된 노드 간에는 거리가 가까울 것, (2) 연결되지 않은 노드 간에는 서로 떨어질 것, (3) 노드 간에 서로 너무 가까이 있지 않을 것, (4) 선이 너무 길지 않을 것, (5) 한 노드가 다른 노드를 연결하는 선 위에 위치하지 않을 것, (5) 연결선이 가급적 서로 교차하지 않도록 할 것을 나타낸다. 이러한 특징을 에너지 함수(energy function)의 형태로 나타내고, 담금질 방법은 반복적인 시뮬레이션 과정을 거쳐 에너지 레벨이 가장 낮은 상태, 즉 그래프의 좋은 특징이 극대화되는 상태로 그래프를 그린다.

이처럼 노드들의 사이를 밀고 당겨 연결 구조를 가장 잘 보이는 그래프를 만들어내기 때문에 스프링 알고리즘을 통해서 시각화한 그래프에서 노드의 좌표는 특정한 의미를 갖지 않는다. 하지만, 시각적으로는 연결망의 구조를 잘 드러내 연결망 탐색 과정 또는 결과를 시각화할 때 많이 쓰인다. 반면에, MDS 등 통계적인 계산을 통해 배열한 값들은 노드가 50개만 넘어도 노드와 링크의 중첩으로 인하여 실제로 시각적으로 구분되도록 표현하기 어렵다.

스프링 임베딩(Spring Embedding)의 여러 가지 알고리즘 중 가장 대표적인 알고리즘은 카마다(Kamada)와 카와이(Kawai)가 개발한 것으로, 카마다와 카와이의 알고리즘은 각 노드 쌍의 그래프상에서의 거리가 경로거리를 반영하도록 최적화하여 시각화 하는 방법으로 그래프를 통한 구조 파악이 유용하다(Kamada and Kawai, 1989). 또한 프루흐터만(Fruchterman)과 라인골드(Reingold)의 알고리즘도 많이 쓰인다. 이 방법은 이즈(Eades) 방식의 응용으로서, 직접 연결된 노드 쌍들은 서로 당기고, 직접 연결되지 않은 노드 쌍은 서로 밀어내어 배치하는 방식으로 군집의 구분이 좀 더 뚜렷하게 드러난다는 특성이 있다(Eades, 1984; Fruchterman and Reingold, 1991).

임의 연결(erdos-renyi random network)을 가정으로 30개의 노드를 만들어 대표적인 2가지 스프링 알고리즘으로 그래프 배치(layout)를 하여 비교해보자.

```
library(igraph)
# 에르도스-레니(erdos-renyi) 임의 연결을 가정으로 연결망 자료 생성하기
g_er <- sample_gnp(30, 0.1)
# 연결망 그래프의 다양한 특성을 정의
V(g_er)$size <- 8
V(g_er)$frame.color <- "white"
V(g_er)$color <- "orange"
V(g_er)$label <- ""; E(g_er)$arrow.mode <- 0
# layout 설정
spring_kk <- layout_with_kk(g_er) # 카마다 카와이 layout
spring_fr <- layout_with_fr(g_er) # 프루흐터만과 라인골드 layout
# 연결망 그래프 시각화 표현
par(mfrow=c(1,2)) # R에서 그래프를 1행 2열(1, 2)의 panel로 보여주기 위한 장치
par(mar = c(0.1, 0.1, 0.1, 0.1)) # 그래프의 여백 조정
plot(g_er, layout = spring_kk) # KK알고리즘으로 그래프 그리기
plot(g_er, layout = spring_fr) # FR알고리즘으로 그래프 그리기
```

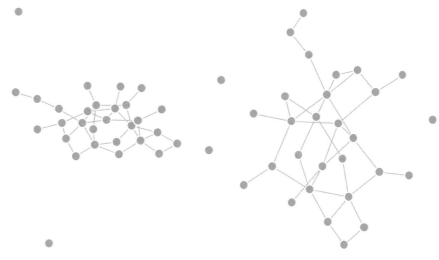

그림 4.11: 스프링 알고리즘 비교하기(좌: Spring_KK, 우: Spring_FR)

카마다(Kamada)와 카와이(Kawai)의 알고리즘 layout_with_kk(Kamada와 Kawai의 영문 앞 글자를 따와 kk이다) 는 상대적으로 노드 간의 간격이 동일하다. 이를 통해 노드 간의 거리를 최대한 인지적으로 드러내고자 한 것이다. 한편 프루흐터만(Fruchterman)과 라인골드(Reingold)의 스프링 알고리즘 layout_with_fr(Fruchterman과 Reingold의 영문 앞 글자를 따와 fr이다) 은 상대적으로 군집 내 내드 간의 간격은 좁고, 군집 간 노드 사이의 간격이 긴 것을 알 수 있다.

4.3.2 군집 시각화

다음으로 살펴볼 군집 분석은 개개 노드의 위치를 최적화 하기보다는 노드가 뭉쳐진 집단을 잘 드러낼 수 있도록 표현하는 것을 주 목적으로 한다. 이는 앞서 살펴본 주성분 분석, 요인 분석, MDS 등은 행렬의 차원을 축소하여 노드들의 상대적인 거리를 그래프상에 나타내는 것 목적으로 하고, 스프링 알고리즘의 경우 그래프의 직접적 연결을 기반으로 하되 노드들의 관계가 서로 겹치지 않고 명확하게 나타내는 것을 목적으로 하는 것과 비교하였을 때, 연결망의 집단적 속성을 강조한다고 볼 수 있다.

군집 분석은 연결망 분석에서 중요한 한 영역을 차지한다. 연결망 내에서 행위자 간의 유사도를 계산하거나, 하위 집단을 찾아낼 때 많이 쓰이는 분석 방법이기도 하다. 연결망 분석에서 k-평균 군집화(k-means clustering) 등과 같은 군집 분석은 특히 노드나 링크의 수가 많아져 연결망의 구조를 파악하기가 어려울 경우에 특히 유용하다. 군집분석을 통해 군집별로 행위자들 간의 관계를 더 밀접하게 할 수 있으며, 이때 군집을 같은 색상으로 표현해주면 연결망 하부구조를 파악하기에 더욱 용이해진다.

그림 4.12에서 볼 수 있는 것과 같이, 개개의 노드별로 최적화를 할 때는 특별한 구조가 잘 보이지 않더라도 군집 분석을 적용하여 군집 내 노드들 간에 더 가깝게 표현을 해주면, 하부 구조간의 관계를 파악하는 것이 더 용이해진다(Qiang et al., 2022). 그림 4.12에서 파란색 군집은 다른 모든 군집들 중앙에 위치하고, 우측의 연두색 군집은 살색과 보라색 군집과 상대적으로 더 밀접한 것을 알 수 있다.

군집 분석에서 유의할 사항 중의 하나는 군집의 수를 몇 개로 정할 것인가의 문제이다.

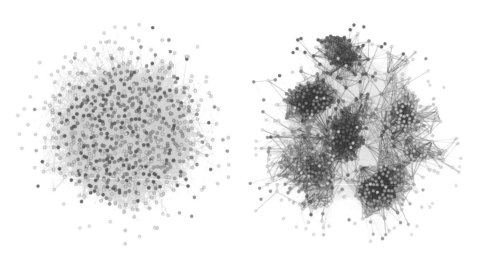

그림 4.12: Spring 방식 시각화(좌)와 군집 분석을 적용한 예(우)

k-평균 군집화 방법과 같이 k를 사용자가 지정해야 하는 경우에는 다양한 실험이 필요하다. 실루엣 계수 등을 활용하여, 자동적으로 k의 수를 지정할 수도 있지만, 직관적인이해와 설명을 위해 연구자가 직접 정하게 되는 경우가 많으니 유의해야 한다. 군집 분석 및 이와 관련된 시각화는 6장에서 더 상세하게 다룰 것이다.

4.4 기타 시각화 방법

4.4.1 행렬 도표 / 히트맵

통계를 공부한 이들은 상관관계 행렬(correlation matrix)에 익숙할 것이다. 상관관계 행렬은 전형적인 $n \times n$ 인접 행렬이고, 변수와 변수와의 상관관계의 강도가 –1 ~ +1의 숫자로 표현된다. 이렇게 얻어진 숫자 행렬을 히트맵(heatmap) 기법을 응용하여 표현할 수있다(Sanderson, 2023). 상관관계 행렬의 변수가 많은 경우, 행렬의 형태로 보는 것보다히트맵 시각화를 하면 쉽게 변수 간의 전체적인 패턴을 살펴볼 수 있다는 장점이 있다.

연결망 분석에서도 노드 간 관계의 강도 또는 관계가 있고 없음을 표현할 때 격자 그래프가 많이 쓰인다. 특히, 추후 6장에서 더 자세하게 설명할 블록모델링(blockmodeling)이라고 하는 전체 연결망을 몇 가지 블록들의 관계로 축소하여 표현할 때, 많이 활용되어 왔다. 그림 4.13은 스나이더와 킥(Snyder and Kick, 1979a)의 연구 결과를 연결망 분석 소프트웨어인 Pajek의 블록모델링 기법으로, 노드들의 순서를 정렬하기 전과 후의 시각화 결과를 보여준 것이다(Batagelj and Mrvar, 2004).

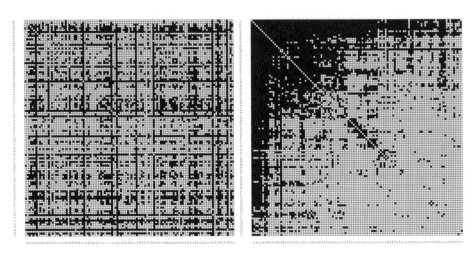

그림 4.13: 스나이더와 킥의 세계 무역 연결망 분석 시각화

*R*에서도 아래와 같이 행렬 자료의 강도를 색상의 진하기로 표현하여 히트맵 형식으로 표현이 가능하다. 예시를 들기 위해서, 새롭게 선호적 연결을 가정으로 하여 g_pa 그래프 객체를 만든 뒤에 이를 행렬로 전환하고, melt라고 하는 함수를 통해 wide-form 형태의 자료를 long-form 형태의 자료로 변환하여 ggplot2의 일반적인 그래프 패키지의 geom_tile 이라고 하는 함수를 통해 히트맵을 표현하였다.

```
#install.packages(c('reshape2', 'ggplotify', 'patchwork'))
library(reshape2); library(ggplot2)
library(ggplotify); library(patchwork)
# 선호적 연결을 가정으로 그래프 만들기
g_pa <- sample_pa(50, power = 1)

# 그래프를 행렬 자료로 변환
mat2 <- as_adjacency_matrix(g_pa, sparse = FALSE)
```

```
# wide 자료를 long-form 자료로 변환

longData <- reshape2::melt(mat2)

# longData가 Var1과 Var2 사이의 value값을 나타냄 (1 or 0)

# ggplot을 활용하여 시각화하기

heatmap_plot <- ggplot(longData, aes(x = as.factor(Var1), y = as.factor(Var2),

  fill = value)) + geom_tile(color = 'black') +

  scale_fill_gradient('low' = "white", 'high' = "black") +

  labs(x = 'node', y = 'node', title = 'Matrix') + theme_minimal()+

  theme(axis.text.x = element_text(size = 5, angle = 0, vjust = 0.3),

        axis.text.y = element_text(size = 5),

        plot.title = element_text(size = 11)) +

  theme(legend.position = 'none')

as.ggplot(~plot(g_pa, vertex.shape = 'none', vertex.label.cex = 0.5,

        edge.arrow.size = 0.3) ) + heatmap_plot
```

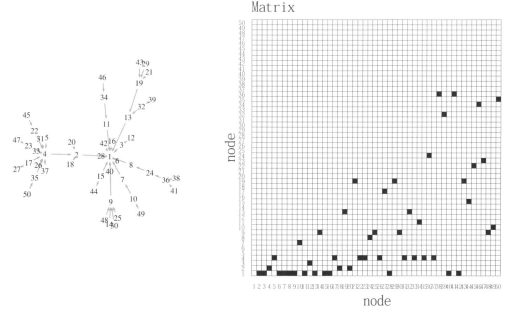

그림 4.14: 연결 관계를 히트맵으로 표현하기

4.4.2 원형(Circle)

한편, 원형(circle) 시각화 방식은 와츠와 스트로가츠(Watts and Strogatz, 1998)의 좁은 세상(small world) 연구에서 사용되어 널리 알려졌는데, 이 방법은 서로 연결되어 있는 노드를 인접하게 배열함으로써 군집 효과 등을 쉽게 파악할 수 있다는 특징이 있다. 이 중가장 널리 쓰이는 방식은 원 둘레에 같은 간격으로 노드들을 배열하고 관계를 선으로 표현하는 환형(環形, circumference) 배열이다. 이때 2차원의 원 둘레에 등간격으로 표현하는 방식을 원형 또는 환형 방식이라고 한다. 위에서 사용했던 예제 데이터를 적용하여 **R**로 구현해보자.

```
# 원형 배치
plot(g_er, layout = layout_in_circle(g_er))
```

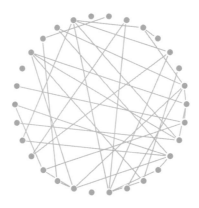

그림 4.15: 원형(circle) 배치

원형 레이아웃 유형 중에서도, 노드를 원주의 일정한 영역(현)으로 설정하고, 노드 간의 관계를 호(arc)로 표현하는 그래프를 코드 다이어그램(chord diagram)이라고 한다. 이 방식은 같이 노드의 수가 작고, 노드 간 관계의 양을 강조하여 표현하고 싶을 때 유용하다. 그림 4.16의 코드 다이어그램은 전 세계 국가 간 이주자들의 데이터를 지역 단위로 집계하여 표현한 것으로, 1960년대에 비해 2000년대에 동아시아에서 다른 세계로의이주가 많이 발생한 반면, 동부 유럽 및 중앙아시아 지역 내의 이주는 크게 줄어든 것을 쉽게 비교하여 살펴볼 수 있다(Abel, 2018).

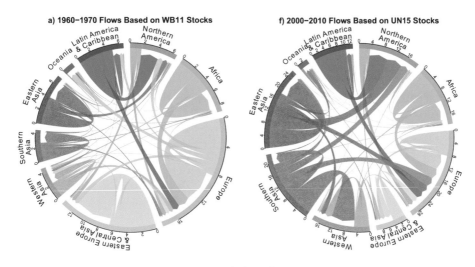

그림 4.16: 코드 다이어그램(chord diagram)

4.4.3 호 다이어그램(Arc Diagram)

호 다이어그램(arc diagram)은 원형 다이어그램(circle diagram)의 노드 배열을 직선으로 펼쳐놓은 것이다. 노드가 직선 위에 배치되어 있으면 직선으로는 노드 간의 관계를 표현하기 어렵기 때문에, 반원 형태의 호로 관계를 표현할 수 있다. 노드가 1차원적으로 배열되어 있기 때문에 많은 노드를 표현하기에는 제약이 있지만, 원형과 마찬가지로 연결되어 있는 노드 간에 인접하게 배열하면 군집 효과 등도 쉽게 파악할 수 있다는 장점이 있다. 소설이나 영화에서 플롯 사이의 관계 또는 등장인물 간의 관계 등 표현하고자하는 노드 간의 관계가 시간이나 장면에 흐름에 따라 연계되어 있는 경우에 유용하다 (Bostock, 2012; Sanchez, 2013).

호 다이어그램를 쉽게 그리기 위해, 만들어진 *arcdiagram*를 설치한다. *arcdiagram* 패키지는 CRAN에 등록되지 않아서 다음과 같이 *devtools* 패키지를 설치 후 이를 활용하여 패키지가 올라와 있는 깃허브(Github)로 부터 바로 설치할 수 있다.

```
install.packages('devtools')
library(devtools)
install_Github('gastonstat/arcdiagram')
```

이를 바탕으로, 앞서 실습용으로 만든 g_er 데이터셋을 활용하여, 다음과 같이 호 다이어그램을 그려볼 수 있다.

```
library(arcdiagram) # arcdiagram 패키지 로딩하기
# g_er 그래프 객체를 as_edgelist 함수로 관계목록으로 변환하기
edges_er = as_edgelist(g_er)
# arcplot 그리기
arcplot(edges_er, cex.labels = 0.7, font = 0.3)
```

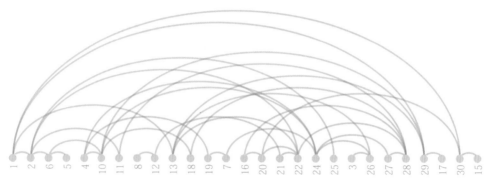

그림 4.17: 호 다이어그램

4.4.4 트리 다이어그램과 응용

트리 다이어그램은 조직도 또는 계보(족보)와 같이 명확한 위계를 가진 노드의 속성을 드러내어 표현하고자 할 때 용이하다. 예를 들어, 트리 다이어그램(tree diagram)은 지식의 분류를 표현하기 위해 13세기 무렵부터 사용되어 왔으며, 다양한 학문이 하나의 뿌리에서 비롯하여 분화되어 나간다는 것을 효과적으로 보여주었다. 많은 독자들에게 보다 익숙한 것은 조직도일 것이다. 학문의 나무에서는 하단의 뿌리에서부터 분류가 시작되는 것과 달리 조직도는 상단에 위치한 조직의 장으로부터 조직이 분화된다. 조직도를 보면 인사권 및 보고라인이 어떻게 형성되어 있는지를 알 수 있다. 트리 다이어그램은 기계학습 트리 알고리즘의 결과를 보여주거나, 노드 간의 유사도나 거리를 계산한 뒤 이를 보여주는 방식으로도 많이 활용된다. 유사도 또는 거리를 트리 형식으로 보

여주는 도형을 덴드로그램(dendrogram, 수형도)라고 부른다. 아래에서는 *R*로 간단히 트리 구조의 자료를 생성한 후 다이어그램을 그려보자.

```
# 트리 구조 자료 생성 및 시각화
g_tree <- make_tree(10, 3, mode = "undirected")
plot(g_tree, vertex.shape = 'none', vertex.label.cex = 0.1,
    edge.width=0.1, layout = layout.reingold.tilford(g_tree, root=1))
```

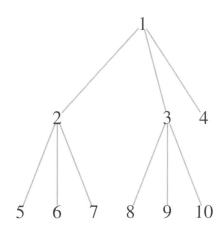

그림 4.18: 트리 다이어그램

노드의 개수가 많아질 경우, 트리 다이어그램을 동심원 모양으로 그리는 것이 더 효율적이다. 이는 확산의 과정을 보여줄 때 용이하게 활용된다. 예를 들어 2019년 12월 중국 우한에서 발발한 코로나바이러스가 전 세계 주요 도시들에 어떤 경로로 확산되었는지를 그림 4.19 같이 시각화 할 수 있다(O'keefe, 2020). 원의 중앙에 가까울 수록 우한으로부터 전파 단계가 짧은 것이다. 이를 통해, 항공 교통의 발달로 인해서 지리적인 인접성보다는 교통의 인접성이 확산의 속도에 더 많은 영향을 줄 수 있음을 알 수 있다.

4.4.5 지도에 표현하기(Map)

연결망의 행위자들의 지리학적 또는 물리적 위치를 강조하는 데 있어서, 연결망을 지도에 표현할 수 있다. 지도(map)는 지구 표면의 모습을 축약해서 표현한 그림으로써, 이

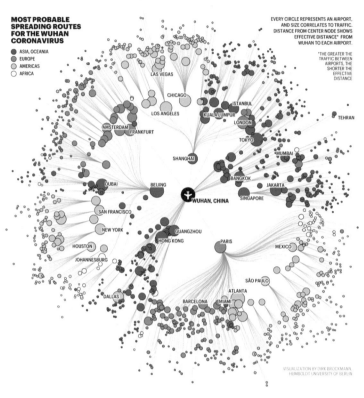

그림 4.19: 전 세계 주요 도시들의 코로나바이러스 확산 과정

때 각 노드의 위치는 각 노드의 경도와 위도를 기반으로 주어진 구형 또는 평면의 좌표 체계 위에 표현되며, 노드 간의 연결은 기존과 같이 선으로 표현된다.

그림 4.20은 한국기업데이터 CRETOP+ 기업DB를 분석하여 38개 지역산업 군집 간의 연결망을 분석한 것이다(조성철·장요한·장은교·김석윤, 2020). 원 데이터는 기업 수준 이지만, 이 분석에서 보이는 노드는 지역산업 군집의 중심점이고, 링크는 기업 간 거래 관계를 군집(군집) 수준으로 표현한 것이다. 노드의 크기는 거래액이 가중된 연결 중앙 성 (weighted degree centrality)을 상대적으로 표현한 것이다. 이처럼 연결망의 분석 단 위가 직접적으로 지도 위에 표현이 가능한 경우에, 지도를 활용할 때 그 표현과 이해가 용이하다.

지도 배경 없이 노드의 좌표를 이용하여 연결망 시각화를 할 수도 있다. 대표적인 예시 그림 4.21는 2010년 당시 페이스북 인턴이었던 폴 버틀러가 R을 활용하여 그린 페이스

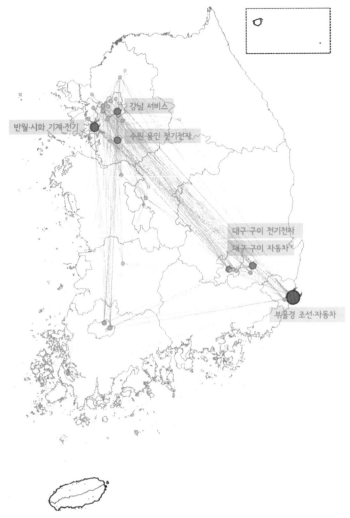

자료: 한국기업데이터 CRETOP+ 기업DB를 활용해 저자 작성
주 : 각 노드(node)의 위치는 클러스터에 포함된 사업체 주소지의 중심점이며, 노드의 크기는 클러스터의 중심성 의미

그림 4.20: 지역산업 군집 간의 연결망 분석 결과

북 친구 연결망 시각화 자료이다(Butler, 2010). 어두운 배경 위에 노드와 친구 관계 링크를 투명한 흰색으로 표시를 하였는데, 지도가 없이도 세계 지도 좌표 위에 그래프가 그려졌다는 것을 인식할 수 있다. 이를 잘 살펴보면, 페이스북의 이용을 제한하고 있는 중국의 경우, 인구 대비해서 흐릿하게 표시되며, 북한의 경우 그래프가 어두운 것을 알 수 있다.

이 그래프에서 페이스북 유저들의 세계적인 분포 및 국가간 관계의 특성을 확인할 수

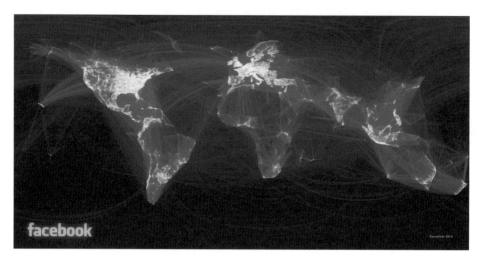

그림 4.21: 페이스북 친구 연결망

있을 뿐만 아니라, 중국 등 당시 페이스북을 차단하고 있는 국가들이 어둡게 표현된다는 점이 흥미롭다. 물론 중국인들이 VPN을 통해 우회하여 페이스북을 이용했을 수 있고, 중국 내에서도 중국인들이 아닌 경우 페이스북 사용이 가능했기 때문에, 자세히 들여다보면 중국 안에서도 친구 관계들이 보인다. 하지만 국가 내의 관계가 아니라, 국경을 넘어선 관계가 더 많다는 것을 알 수 있다. 이처럼 잘 만든 시각화 도표는 '백문불여일견(百聞不如一見)'이라는 옛말을 떠올리게 할 만큼, 다양한 정보를 효과적으로 전달해 주는 힘이 있다. 그리고 이와 같이 축적이 작은 지도의 경우에는 노드와 노드 사이의 링크를 표현할 때 직선이 아닌 곡선(great circle)으로 표현하는 것이 더욱 효과적이라는 정보를 알고 있는 것이 도움이 될 것이다.

4.4.6 흐름을 강조하는 시각화 방법들

연결망 시각화는 대개의 경우 특정 순간의 노드의 위치를 파악하고 노드들 사이의 관계의 구조를 파악하는 데 활용되어 왔지만, 동태적인(dynamic) 관점에서 관계의 흐름(flow)을 강조하는 데 활용되기도 한다. 특히, 관계의 방향성이 일정하여 흐름의 역전 현상이나 엉킴 등이 없을 때에, 관계의 흐름을 중시하는 시각화를 채택하면 용이하다.

흐름을 강조하는 대표적인 연결망 시각화의 사례는 생키 다이어그램(Sankey diagram)이다. 시각화 기법의 창시자인 생키(H Riall Sankey)의 이름에서 시각화 방법론이 붙여

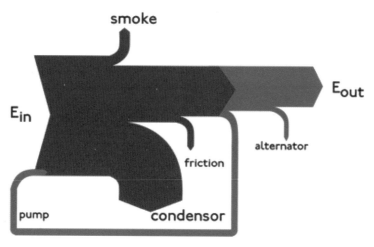

그림 4.22: 생키 다이어그램(Sankey Diagram)

졌다. 생키가 활동하던 19세기 말 공장에서는 증기기관이 주동력원으로 쓰였다. 증기기 관은 물을 끓여서 증기를 발생시키고 이 증기의 힘으로 엔진을 돌린 것인데, 증기기관 은 열 손실이 많이 발생했기 때문에, 엔지니어였던 생키는 에너지가 투입되고 활용, 손 실, 순환하는 전체를 하나의 그래프로 요약하고 싶었던 것이다. 그림 4.22은 생키의 그 림을 보다 단순화하여 그린 것으로 선의 너비는 에너지 생산, 활용 및 손실에 비례하도 록 표현되었다.

생키 다이어그램은 충적 다이어그램(Alluvial diagram), 스트림 그래프(stream graph) 등 으로 응용되어 활용되기도 한다. 그림 4.23과 같이 시간의 흐름에 따라서 변화량이 많이 발생하는 데이터의 경우에는 스트림 그래프를 활용하면 전달에 용이하다(Sjoberg, 2020). 이 경우에는 각 장르와 연도가 하나의 노드가 되고, 장르별 전-후 연도 간에 연결이 이 뤄진다고 가정하고, 너비가 매출액을 반영하였다고 생각하면, 생키 다이어그램으로도 유사하게 표현이 가능할 것이다. 생키 다이어그램 시각화 사례는 다소 길어 Github 코 드 파일에는 수록되니 관심있는 독자들은 참고하기 바란다.

4.4.7 동적 시각화(Dynamic visualization)

일정 기간에 거친 연결망의 진화를 살펴보고 싶은 경우에는 동영상(animation)을 만들 면 효과적이다. 동영상을 만든다는 것은 특정 기간 단위로 이미지 프레임을 만들어서,

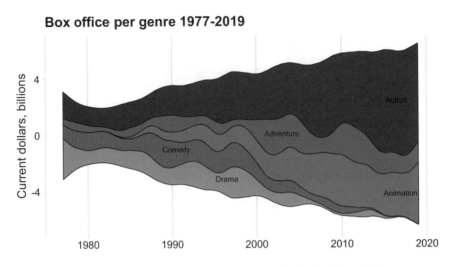

그림 4.23: 박스오피스(Boxoffice) 주요 장르별 전 세계 매출 집계(1977-2019)

이를 연이어 재생하는 것을 의미한다. 예를 들어, "비만도 전염된다"는 연구로 유명해
진 크리스태키스(Christakis)와 파울러(Fowler) 교수진은 1971년부터 2003년까지 32년간
추적 조사된 '프래이밍햄 심장 연구(Framingham Heart Study)' 자료를 활용하여 비만의
전염 효과를 확인하였다(Christakis and Fowler, 2007). 이들은 이 자료에서 얻은 비만 등
의 건강 정보뿐만 아니라, 사회적 관계까지 함께 연구하였다. 이때, 그림 4.24는 프래이
밍햄 심장 연구 참여자 중 일부 집단의 BMI(Body Mass Index)와 사회 연결망의 변화를
5년 간격으로 시각화한 그래프이다. 1975년 조사가 시작된 지 얼마 안 된 시점에는 이
집단에 속한 개인들이 모두 BMI가 30 미만으로 비만군이 없다. 5년 이후부터는 일부 개
인이 비만으로 변하는 것을 볼 수 있고, 1990년에 이르러서는 연결망의 곳곳에 비만군
군집이 형성된 것을 알 수 있다. 이러한 군집은 2000년 스냅샷을 보면 더 확장되어 있
다. 연결망을 스냅샷으로 표현해 놓은 그래프를 통해서도 비만의 전염성 또는 동시다
발성을 살펴볼 수 있다.

연결망의 시계열적 변화는 이렇게 여러 시점의 연결망 형태를 스냅샷으로 볼 수도 있
지만, 동영상으로 만들어 보면 더욱 효과적이다. 논문의 저자인 크리스태키스가 TED에
서 강연한 내용 중 약 7분~7분 40초 구간을 시청하면 연결망의 변화를 실감나게 볼 수
있다(TED, 2010).

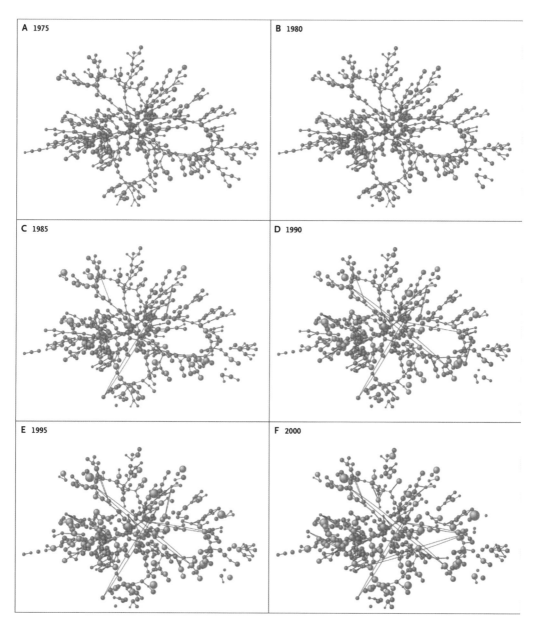

그림 4.24: '프래이밍햄 심장 연구'(일부) 참여자의 사회 연결망 변화

4.4.8 무작위 배열(Random layout)

마지막으로 무작위 배열은 임의 좌표를 설정하여 노드의 위치를 잡고 연결선을 그려주는 것으로, 시뮬레이션을 활용한 연결망 모델링 시에, 초기 시점과 나중의 결과를 비교하여 보여줄 때 많이 사용된다(Dwyer et al., 2009).

```
plot(g_er, layout = layout_randomly(g_er),
    vertex.label.cex = 1, edge.arrow.size = 0.5)
```

그림 4.25: 무작위 배열 예시

4.5 소결

이 장에서 다양한 연결망 시각화 방법론의 유래와 원리, 그리고 최근 응용까지 살펴보았다. 연결망 분석 도구들이 발전함에 따라서 손쉽게 예쁜 그래프들을 그려낼 수도 있게 되었다. 몇몇 연구자들은 연결망 시각화 결과를 얻어내면 분석의 '끝'이라고 생각하는 경향이 있다. 하지만 연결망 시각화는 시작이지 끝이 아니라는 것을 명심해야 한다.

또한, 어떠한 시각화 방법을 사용하냐에 따라서 우리가 관찰하고자 하는 대상을 바라보는 관점이 달라질 수 있다는 점도 유의해야 한다. 그림 4.26 (A)와 같이 평소에 익숙하게 보아오던 사무실 평면도를 공간 간의 연결의 관점으로(B)와 같이 표현하면 b방이

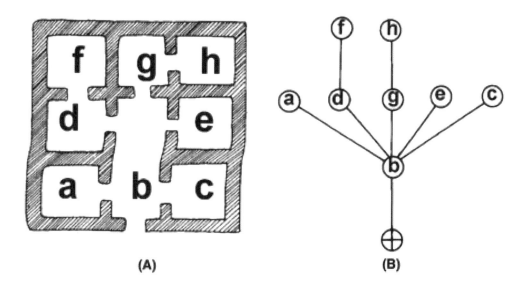

그림 4.26: 사무실 평면도와 공간 관계의 연결망

갖는 연결의 의미를 더 강조하여 이해할 수 있다. 단순 출입구에 연결된 공간이 아니라, 모든 공간으로 연결되는 '허브(hub)'라는 것을 알 수 있다. 만약 b 방이 막히면 다른 방들에 출입할 수가 없게 된다. 또한 f, h 방의 경우 다른 방들과는 달리 접근하는 데 있어서 1단계가 더 필요한 것을 알 수 있다. d나 g 공간을 f나 h에 종속된 공간(통로)으로 쓸지, 반대로 이들을 내실 또는 창고로 쓰는 사무 공간으로 쓸지도 고민해야 한다. d, g가 사무실이라고 한다면, 다른 a, c, e 공간보다 훨씬 중요한 공간이라고 생각할 수 있다. 이렇듯 연결망 시각화는 우리에게 대상에 대해서 질문할 수 있는 중요한 근거를 제공해 준다.

연결망의 시각화는 연결망에 대한 가설을 세우고, 연결망 연구 방향을 설정하는 탐색 단계로서 거쳐야 할 첫 단계로서 중요한 의의를 지닌다. 일반적으로 우리는 연결망 시각화를 통해서 다음과 같은 내용들을 확인한다.

- 연결망 전체 구조에서 연결선이 중앙 집중화된 정도
- 링크가 얼마나 조밀한지(연결망 밀도가 높은지/아닌지)
- 링크가 소수에 의해서 독점되고 있는지
- 특정 노드 또는 링크를 제거하면 연결망이 쉽게 와해되는지

- 한 변방에서 다른 변방에 놓인 노드를 연결하려면 몇 단계의 링크가 필요한지(좁은 세상인지) 파악
- 몇 개의 분절로 나누어지는 집단이 존재하는지 여부(집단 또는 군집, 또는 블록)
- 군집들이 대립 구조를 갖는지 아니면 점차 큰 군집으로 순서대로 묶이는지 파악
- 누가 연결망의 중심에 위치하고, 누가 변방에 위치하는지를 파악하고 이들이 특정한 속성을 갖는지에 대한 가설 수립

다만, 연결망 분석에서 다루는 노드의 숫자가 많아지면 시각적으로는 그 의미를 발견해내기가 쉽지 않을 수 있기에, 따라서 연결망이 갖고 있는 특성들을 다음 장에서 배울 수치적인 연결망 분석 지표를 통해 확인하는 것이 중요하다.

5 중앙성

사람들은 살면서 다양한 연결망에 속하게 되는데, 이때 각 개인은 연결망 내에서 특정한 구조적 위치를 점유한다. 연결망 내에서 행위자들의 위치는 행위자의 개인적인 속성을 넘어서서 행위자가 소유하고 또 행사할 수 있는 사회적 자본을 나타내고, 행위자가 연결망 내에서 수행하는 구조적 기능에 대해서 이야기 해줄 수 있다. 예를 들어, 한 학급의 친구 연결망을 조사한다고 할 때 우리는 다음과 같은 질문을 생각해볼 수 있다. "어떤 학생이 가장 친구가 많고, 어떤 학생이 외톨이인가?", "친구가 많은 학생은 운동을 잘하는 학생인가, 공부를 잘하는 학생인가, 아니면 집에 돈이 많은 학생인가?" 사회적 관계가 풍성하다는 것을 우리는 어떻게 측정할 수 있을까? 이 장에서 우리는 구조적 관점에서 연결망 위치(network positions)를 어떻게 측정할 수 있는지에 대해서 살펴보고자 한다.

연결망 내에서의 행위자의 위치적 특성을 파악할 때, 가장 쉽게 생각해 볼 수 있는 지표는 어떤 사람의 위치가 얼마나 연결망의 중앙에 가까이 위치했는가이다. 그동안 사회과학 연구에 따르면, 연결망에서 중앙에 위치한 사람일수록 권력을 가지거나(Burt, 1982; Ibarra, 1993; Bonacich, 1987), 지위가 높거나(Podolny, 2001; Martin and Murphy, 2020), 인기가 많거나(Scott and Judge, 2009), 혹은 많은 정보를 빠르게 접하면서(Burt, 1992; Borgatti, 2005) 구성원들에게 영향력을 행사할 수 있다(Gould and Fernandez, 1989; Laumann and Pappi, 2013; Laumann et al., 1977). 이처럼, 사회과학 연구에서 중앙성은 권력, 영향력 또는 지위라는 개념들과 연결되어 가장 많이 쓰이는 지표 가운데 하나이다. 한편, 중앙성은 개인뿐만 아니라 조직이나 국가 등의 단위를 분석할 때도 중요하게 사용된다. 중앙성이 높은 조직은 생존율이 높거나 성과가 좋고(Ahuja, 2000), 국가 간 교역 연결망에서도 중앙에 위치한 국가가 세계 경제에서 가장 커다란 영향력을 행사한다(Snyder and Kick, 1979b). 중앙 국가와만 교역하는 변방 국가들은 교역 상대를 잃지 않기 위해서 중앙 국가의 압력에 굴복하기도 한다. 이처럼 연결망 내에서 중앙에 얼마나 가까이 있는지를 측정하는 것은 매우 중요하다.

그런데 중앙에 위치한 정도, 즉 중앙성을 재는 방법은 여러 가지가 있다. 연결망 내에서 한 노드가 얼마나 많은 다른 노드들과 연결되는지 연결성(connectivity)의 관점에서 측정할 수 있고, 또는 한 노드가 다른 노드들에 도달하는지 경로거리(distance)의 관점에서 측정할 수 있다. 프리먼(Freeman, 1978a)은 3가지 대표적인 중앙성 지표를 제안하였고, 이 세 가지 중앙성은 현재까지도 다양한 중앙성 측정의 근간이 되고 있다. 첫째, 한 학급의 친구 연결망 안에서, 얼마나 직접적으로 관계를 맺고 있는 친구가 많은지를 측정한다면 이는 곧 연결중앙성(degree centrality)을 의미한다. 둘째, 다른 학생들에게 도달하는 경로 거리의 합이 작은 학생일수록 중앙성이 높다고 정의할 경우 이는 인접중앙성(closeness centrality)을 뜻한다. 셋째, 남들이 다른 사람들에게 도달하기 위하여 나를 거쳐야 하는 경우가 많을수록 중앙성이 높다고 정의할 경우 우리는 이를 사이중앙성(betweenness centrality)이라고 부른다.

이들 중앙성에 대해서 많은 연구들은 연결중앙성이 높을수록 학급 내에서 인기가 많을 가능성이 높고, 인접중앙성이 높을수록 정보 전달의 중심에 위치해 있을 가능성이 높으며, 사이중앙성이 높을수록 서로 연결되어 있지 않는 두 친구 사이를 중재하는 중개자 역할을 할 가능성이 높다고 밝혀왔다. 다만, 연결중앙성은 자신과 인접하고 있는 이웃 관계에 한정하여 국지적으로 측정하는 데 비해, 인접중앙성과 사이중앙성은 연결망 전체 구조를 반영한다는 면에서 이론적인 차이가 있다. 이처럼, 인접한 이웃 관계만 반영하는 중앙성은 지역중앙성이라고 개념화할 수 있고, 연결망 전체 구조가 반영되는 중앙성은 전체중앙성이라고 개념화할 수 있다.

이 장에서는 C기업의 비공식 연결망(informal network) 자료를 기반으로 중앙성 지표들을 구하는 예시를 보여주고자 한다. 연결망의 특성을 살펴보기 위해서 아래와 같이 비공식(g_informal, 좌), 공식(g_formal, 우) 연결망을 자료로부터 읽고 시각화하여 보겠다.

```
net_informal <- read.csv('files/company_c_informal_edges.csv')

net_formal <- read.csv('files/company_c_formal_edges.csv')


# 연결망 그래프로 전환

library(igraph)

g_informal <- graph_from_data_frame(net_informal, directed = TRUE)

g_formal <- graph_from_data_frame(net_formal, directed = TRUE)

# 다른 그래프에서 노드가 같은 위치에 고정되기 위해서 layout을 설정

l <- layout_with_kk(g_informal) # 노드들의 위치 정보를 저장

# 연결망 그래프 시각화 표현

par(mfrow=c(1,2)) # 그래프를 1행 2열(1, 2)의 panel로 보여주기 위한 장치

par(mar = c(0.1, 0.1, 0.1, 0.1)) # 그래프의 여백 조정

plot(g_informal, layout=l, vertex.label.cex=0.7, edge.arrow.size=0.5)

plot(g_formal, layout=l, vertex.label.cex=0.7, edge.arrow.size=0.5)
```

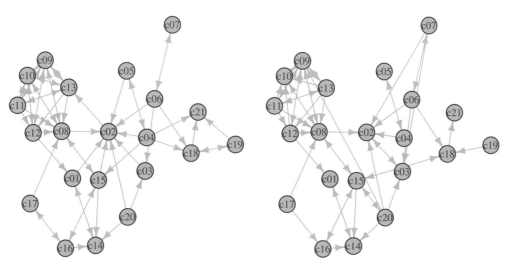

그림 5.1: C기업의 '비공식(좌)', '공식(우)' 연결망

5.1 중앙성의 주요 개념들

앞서 간단히 살펴봤지만 여러 방식으로 중앙성을 측정할 수 있다. 이 장에서는 연결망 분석에서 많이 활용되는 다음의 지표들을 검토한다: 연결중앙성(degree centrality), 인접중앙성(closeness centrality), 사이중앙성(betweenness centrality), 고유벡터 중앙성(eigenvector centrality), 확산중앙성(diffusion centrality), 보행 사이중앙성(walk betweenness), 페이지랭크(PageRank), 허브 점수(Hub Score), 링크 사이중앙성(edge betweenness). 이러한 지표들을 검토를 하는 데 있어, 각각의 개념을 먼저 간단히 소개하고 측정 방법을 설명한 뒤에, *R* 코드로 측정을 구현해보일 것이다.

5.1.1 연결중앙성 (Degree Centrality)

연결된 노드 수를 의미하는 연결정도(degree)는 지역중앙성(local centrality)을 측정하는 좋은 지표이다(Freeman, 1978a). 연결중앙성을 계산하는 방식은 크게 두 가지이다. 첫 번째는 연결정도 자체를 중앙성의 척도로 사용하는 것이다. 이 경우 각 노드가 얼마나 많은 노드들과 연결되어 있는지를 더해준 값이 중앙성의 척도로 활용된다. 방향성이 있는 연결망에서 외향연결정도(out-degree$_i = \sum_{j=1}^{n} R_{ij}$]는 행위자 i로부터 다른 모든 행위자 j들을 지목한 관계의 수를 나타낸다. 또 내향연결정도(in-degree$_i = \sum_{j=1}^{n} R_{ji}$)는 연결망에서 행위자 i가 다른 모든 행위자들 j로부터 받는 관계의 수를 의미한다. 많은 연구자들은 외향연결정도(out-degree)를 개인들의 활동성으로, 내향연결정도(in-degree)를 인기(popularity)로 해석하기도 한다. *R igraph*에서는 degree 명령을 통해서 간단하게 외향/내향연결정도를 계산할 수 있다. 연결정도의 방향성을 정의하기 위해서는 mode의 옵션에서 in, out 또는 all(방향성 무시)를 정의해 주어야 한다. 연결정도를 계산할 때, 자기 자신을 향하는 loops를 반영할지 여부는 loops 옵션에서 *TRUE* 또는 *FALSE*를 정의해주면 된다. 친한 동료를 응답해야 했던 C기업의 비공식 연결망에서는 자기 자신을 지목하는 경우는 오류일 것이라고 가정하고 아래에서는 이에 대한 옵션을 *FALSE*로 선택하였다.

```
# 외향연결정도
outdegree <- degree(g_informal, mode = 'out', loops = FALSE)
# 높은 순서대로 10명의 외향연결정도를 나타내기
outdegree[order(outdegree, decreasing = TRUE)][1:10]
```

```
c04 c09 c10 c11 c13 c06 c08 c12 c15 c16
  5   5   5   5   5   4   4   4   4   3
```

```
# 내향연결정도
indegree <- degree(g_informal, mode = 'in', loops = FALSE)
# 높은 순서대로 10명의 내향연결정도를 나타내기
indegree[order(indegree, decreasing = TRUE)][1:10]
```

```
c02 c08 c09 c10 c12 c13 c14 c11 c15 c18
  8   7   5   5   4   4   4   3   3   3
```

C기업 비공식 연결망에서 연결중앙성 개념을 통해 살펴볼 때 c04, c09, c10, c11, c13은 친구를 5명씩 지목한 마당발 성향이고, c02 구성원의 경우 친한 동료를 1명 지목하였지만, 8명으로부터 친하다고 지명을 받은 인기 스타인 것을 알 수 있다. 보기 쉽게, 위의 스크립트에서는 그래프에 포함된 21명 전부의 외향/내향연결정도가 아니라 먼저 내림차수 정렬(sort)후 상위 10명의 외향/내향연결정도를 출력하도록 하였다. 연결망이 클 경우 이렇게 전체가 아닌 일부를 출력해서 살펴보는 것은 매우 유용한데, 전체 결과 출력 시 결과를 읽어내기 어렵기 때문이다. 앞으로도 중앙성 결과들을 출력할 때는 내림차순으로 정렬 후 1-10번 순서의 중앙성 값을 보여준 것을 top_10 함수를 만들어서 재현할 것이다. *R*에서는 자주 쓰는 코드를 함수화하여 재활용하면 단순, 명료하게 코드를 만들고 관리할 수 있다.

```
# top_10 함수 만들기
top_10 <- function(c_index) {
  c_index <- c(c_index)
```

```
    names(c_index) <- names(c_index)

    top_10 <- c_index[order(c_index, decreasing = TRUE)][1:10]

    return(top_10)

}
```

방향성을 고려하지 않고 연결정도를 구할 때 mode = 'all'로 지정해도 되지만, 이때는 행렬의 외향연결정도와 내향연결정도를 단순히 합한 값을 계산해주기 때문에 유의해야 한다. 한 행위자가 다른 노드와 서로를 지목하여 양방향으로 연결된 경우에, 연결정도가 2가 아닌 1로 산출하기 위해서는 아래와 같이 연결망을 불러들일 때부터 방향성을 무시한 후에, 연결망을 우선 단순화(simplify)해주고 산출하는 것이 필요하다.

```
# mode = 'all' 유의하기('외향연결정도 + 내향연결정도')

degree_all <- degree(g_informal, mode = 'all')

top_10(degree_all)
```

```
c08 c09 c10 c02 c13 c11 c12 c15 c04 c06
 11  10  10   9   9   8   8   7   6   5
```

```
# 방향성을 고려하지 않은 연결망 자료를 뽑아낼 것

g_informal_s <- graph_from_data_frame(net_informal, directed = FALSE)
# 연결망을 단순화 하기

g_informal_simpl <- simplify(g_informal_s)
# 전체 연결정도의 계산

undirected_degree <- degree(g_informal_simpl)

top_10(undirected_degree)
```

```
c02 c08 c12 c13 c04 c09 c10 c11 c15 c06
  9   8   6   6   5   5   5   5   5   4
```

연결망 분석 연구에서 연결중앙성을 측정하는 경우에, 이 지표를 연결망 내에서 가능한 최대 연결선 수에 대한 비율로 표현한 표준화값이 주로 활용된다. 예를 들어 연결망 크기가 20인 연결망(A)과 2,000인 연결망(B)에서 이론적으로 가능한 연결정도의 최댓값이 다르기 때문에, 연결정도의 의미가(이를테면 19명과 관계를 맺고 있다는 것이) A와 B 연결망에서 다른 의미를 갖는다. 서로 다른 연결망에서의 연결정도를 비교하는 경우 또는 여러 개의 연결망 자료를 동시에 활용하는 경우에는 연결망의 크기에 대한 통제가 필요하며, 이는 연결망 연구에서 항상 주의해야 할 것 중의 하나이다. 또한 앞으로 배울 사이중앙성이나 인접중앙성과 같은 다른 중앙성 지표들의 경우에도 많은 경우 표준화된 값으로 계산되어 활용되기 때문에, 다른 중앙성 지표와의 비교 측면에서도 표준화된 연결중앙성 값은 유용하다. 한편, 표준화된 연결정도를 크기가 다른 연결망들 사이에서 비교할 경우에 주의해야 할 것은, 이러한 표준화된 지표를 사용할 경우에 연결망 간에 절대적인 숫자가 크고 낮은 것을 비교하는 것보다는 연결망 내의 상대적인 순위나 백분율을 비교하는 경우로 사용한는 것이 더 적절한 경우가 많다는 것이다. 이는 연결정도가 지역 중앙성의 지표임에도 불구하고 전체 연결망의 크기가 커질수록 그 연결망 안에 속한 모든 노드들의 표준화된 연결정도는 낮아지기 때문이다. 따라서, 표준화된 지표를 사용할지의 여부는 연구 목적에 따라서 달라져야 한다.

*R*에서 표준화된 연결중앙성은 다음과 같이 기본 명령어에 normalized = TRUE를 덧붙이면 된다.

```
# 표준화된 외향연결중앙성
outdegree_n <- degree(g_informal, mode='out', loops=FALSE, normalized=TRUE)
top_10(outdegree_n)
```

```
 c04  c09  c10  c11  c13  c06  c08  c12  c15  c16
0.25 0.25 0.25 0.25 0.25 0.20 0.20 0.20 0.20 0.15
```

```
# 표준화된 내향연결중앙성
indegree_n <-degree(g_informal, mode='in', loops = FALSE, normalized=TRUE)
top_10(indegree_n)
```

```
c02  c08  c09  c10  c12  c13  c14  c11  c15  c18
0.40 0.35 0.25 0.25 0.20 0.20 0.20 0.15 0.15 0.15
```

해석해보자면 C기업 비공식 연결망에서 각 구성원이 이론적으로 받을 수 있는 최대 연결정도는, 연결망에서 본인을 제외한 다른 모든 구성원의 수인 20이다. C02 구성원은 20명 중 8명에게 친한 동료로 지명되어 $indegree_{c02} = 8/20 = 0.40$ 이 되는 것이다.

위에서 4차례 계산한 외향연결정도, 내향연결정도, 표준화된 외향연결중앙성, 표준화된 내향연결중앙성을 한 번에 비교하여 보기 위해서는 다음과 같이 data.frame 함수를 사용하여 각각의 벡터(vector)들을 하나로 합치면 된다.

```
# 여러 가지 연결중앙성 지표를 하나의 테이블로 만들기
df_degrees <- data.frame(
    outdegree, indegree,
    outdegree_n, indegree_n,
    degree_all, undirected_degree)


df_degrees[1:10,]
```

	outdegree	indegree	outdegree_n	indegree_n	degree_all	undirected_degree
c01	2	2	0.10	0.10	4	3
c02	1	8	0.05	0.40	9	9
c03	1	2	0.05	0.10	3	3
c04	5	1	0.25	0.05	6	5
c05	2	1	0.10	0.05	3	2
c06	4	1	0.20	0.05	5	4
c07	1	1	0.05	0.05	2	1
c08	4	7	0.20	0.35	11	8
c09	5	5	0.25	0.25	10	5
c10	5	5	0.25	0.25	10	5

실제로 많은 연결망 분석에서는 중앙성에 대한 계산을 한 이후에, 이를 연결망 그래프에 노드 크기로 표현하여 어떤 노드가 중앙성이 높으며, 그러한 노드가 얼마나 많은지 등을 살펴본다. 아래의 예제에서는 C기업의 비공식 연결망에서 내향연결정도, 외향연결정도, (방향성이 없는) 연결중앙성을 노드의 크기로 나타내어 비교하여 보았다. 손쉬운 비교를 위해서 레이아웃을 고정하고, 하나의 그림에 3개의 그래프를 동시에 표현하여 보겠다.

```
# 그래프 3개를 한 번에 표현하기 위해서 1*3 격자 설정
par(mfrow=c(1,3))
# 공간 활용을 위한 작은 여백을 설정
par(mar = c(0.1, 0.1, 0.1, 0.1))
# 연결망 노드 크기를 outdegree에 비례하여 시각화
plot(g_informal, layout = l, edge.arrow.size = 0.3,
    vertex.size = outdegree * 1.5)
# 연결망 노드 크기를 indegree에 비례하여 시각화
plot(g_informal, layout = l, edge.arrow.size = 0.3,
    vertex.size = indegree * 1.5)
# 연결망 노드 크기를 undirected_degree에 비례하여 시각화
plot(g_informal, layout = l, edge.arrow.size = 0,
    vertex.size = undirected_degree * 1.5)
```

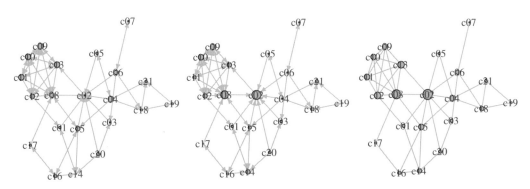

그림 5.2: 연결중앙성 지표의 시각화 표현 'out(좌)', 'in(중)', 'undirected(우)'

5.1.2 N단계 연결중앙성(Nth Degree Centrality)

N단계 연결중앙성은 연결정도를 좀 더 확장한 개념 지표이다. 내가 직접 아는 사람의 수도 중요하지만, 한 다리 또는 N단계 건너서 아는 사람의 수 역시 내가 동원할 수 있는 자원 또는 힘이 될 수 있다.

*R igraph*에서는 ego_size(graph, order = k) 함수를 활용하여 내가 k 단계만에 도달 가능한 사람의 수를 구할 수 있다. ego_size는 자아 중심 연결망(ego-centric network)의 크기를 산출하는 명령어인데, ego_size - 1을 하면 N단계만에 도달 가능한 노드의 수를 구할 수 있다. k = 1인 경우 degree와 동일한 값을 얻을 수 있다. k = 2인 경우는 1단계 건너 2단계만에 도달 가능한 이들의 수이고, k = 3인 경우는 2단계 건너 3단계만에 도달 가능한 이들의 수이다. N단계 연결중앙성의 경우에도 표준화를 위해서는 총 노드의 수에서 1을 빼준 값을 나눠주면 된다.

```
## 2단계만에 접근 가능한 연결중앙성
degree_2th <- ego_size(g_informal, 2) - 1
top_10(degree_2th)
```
```
[1] 19 18 16 15 14 14 13 12 11 11
```

```
## 3단계만에 접근 가능한 연결중앙성
degree_3th <- ego_size(g_informal, 3) - 1
top_10(degree_3th)
```
```
[1] 20 20 20 20 20 20 19 19 19 19
```

```
## 3단계만에 접근 가능한 연결중앙성의 표준화된 지표
degree_3th_n <- (ego_size(g_informal, 3)-1) / (vcount(g_informal)-1)
top_10(degree_3th_n)
```

```
[1] 1.00 1.00 1.00 1.00 1.00 1.00 0.95 0.95 0.95 0.95
```

5.1.3 사이중앙성(betweenness centrality)

프리먼은 노드의 중앙성을 측정하는 다른 방법으로 사이중앙성(betweenness centrality)을 제안하였다(Freeman, 1977). 이 방법은 한 노드가 연결망 내의 다른 노드들 '사이에' 위치하는 정도를 측정한다. 이를테면, 한 노드가 다른 노드들 사이의 최단 거리를 연결하는 선, 즉 최단 경로(geodesic) 위에 위치하면 할수록 그 노드의 사이중앙성은 높아진다. 사이중앙성이 다른 노드들 사이에서 매개 역할을 하는 정도를 측정하는 지표라는 면에서 이를 중재성 지표 또는 브로커리지(brokerage)로 일컫는 이들도 있지만, 이 두 가지는 명확히 다른 개념으로 구분하여 사용해야 한다. 전자는 전체 모든 노드들이 최단 거리로 서로에게 도달하고자 할 경우에, 각 노드가 그 관계들을 매개할 가능성을 측정하는 반면에, 후자는 각 노드의 관점에서 바로 연결된 주변의 노드만을 고려하여 매개의 정도를 측정하기 때문이다.

$$Betweeness_v = \sum \frac{g_{ivj}}{g_{ij}}, \ (i \neq j, i \neq v, j \neq v)$$

$$Betweeness_v(norm) = \frac{\sum \frac{g_{ivj}}{g_{ij}}}{(N-1)(N-2)}, \ (i \neq j, i \neq v, j \neq v)$$

연결망 내에서 두 개의 노드가 연결되는 가장 짧은 경로인 최단 경로는 하나 이상인 경우가 많다. 위의 수식에서, g_{ij}는 노드 i, j를 연결하는 최단 경로의 수이고, g_{ivj}는 노드 v가 노드 i, j사이의 최단 경로 위에 위치하는 경우의 수이다. i와 j를 잇는 최단 경로가 여러 개이고 그 중에서 무작위로 선택된다면, 어느 경로가 사용될지의 확률은 동일하므로 이 등장한 경로가 사용될 확률은 $1/g_{ij}$가 된다. 즉 최단 경로에 v가 여러 번 등장할수록 이 등장한 통로가 사용될 확률은 증가한다.

표준화된 사이중앙성은 분자가 가질 수 있는 최댓값(연결망에서 자신을 제외한 노드 간 연결 가능한 수$(N-1) \times (N-2))$을 분모로 하여 사이중앙성 지표를 나눈 값이다(단,

방향성이 없는 연결망의 경우 $(N-1) \times (N-2)/2$ 가 된다). 사이중앙성의 경우 위에서 살펴본 연결중앙성, 인접중앙성과 달리 외향/내향 방향성에 따른 별도의 지표를 구하지 않지만, 실제 연결망의 방향성에 대해서는 고려해야 한다. 다시 말해, 어느 한쪽 방향으로 연결이 되어 있기만 해도 서로 도달할 수 있다고 가정할 경우에는 방향성을 무시하게 되고, 서로 통하는 연결 방향이 중요할 경우에는 방향성을 반드시 고려해야 한다. 예를 들어, 계층적인 군대 조직에서 일반적으로 위에서 아래로 명령이 전달되기 때문에 양방향에 대한 고려가 필요없지만, 아래의 불만사항을 위로 전달하여 양방향으로 연결을 시켜주는 노드의 중요성을 측정하고 싶다면 방향성을 고려해야 한다. 그리고 R 에서 사이중앙성 등 일부 지표의 경우 소수점의 자릿수가 너무 길어지는 경우에는 반올림(round)을 하여 시각적으로 결과를 좀 더 간결하게 표현할 수 있다.

```
#사이중앙성
betweenness <- betweenness(g_informal, directed = TRUE)
round(top_10(betweenness), 2)

  c02   c13   c08   c15   c16   c06   c01   c12   c04   c18
73.73 73.07 58.93 46.03 18.50 16.00 15.50 13.17  8.00  6.00
```

```
#표준화된 사이중앙성
betweenness_n <- betweenness(g_informal, directed = TRUE, normalized = TRUE)
round(top_10(betweenness_n), 2)

 c02  c13  c08  c15  c16  c06  c01  c12  c04  c18
0.19 0.19 0.16 0.12 0.05 0.04 0.04 0.03 0.02 0.02
```

위 결과에서 살펴보면 C기업에서 c02 노드의 사이중앙성 지표가 가장 높음을 알 수 있다. 연결망에서 사이중앙성이 높다는 것은 일반적으로 정보의 흐름의 중심에 위치하여 정보를 빠르게 습득할 수 있는 가능성이 높다는 것을 의미한다. 또한 정보에 대한 보다 통제(control)를 할 수 있는 위치이기도 하다. 연결망 내의 다른 노드들 사이의 연결 최단 거리상에 위치하기 때문에 다른 이들보다 더 빠르게 소식을 접할 수 있고, 이를 바

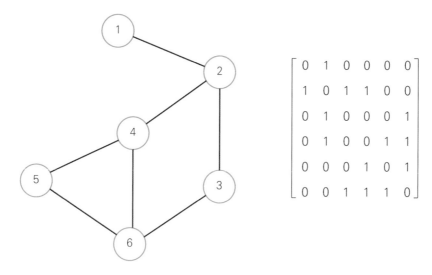

그림 5.3: 방향성이 없는 가상의 연결망과 행렬

탕으로 어느 쪽으로 정보를 흘려줄 것인가라는 조정/통제를 할 수 있기 때문이다. 이러한 점을 고려해보았을 때, 우리는 c02가 정보의 흐름을 가장 잘 파악할 수 있고, 또 그 흐름을 통제할 수 있는 위치라는 것을 알 수 있다.

다른 한편, 만약 연결망을 통해서 질병과 같은 부정적인 속성이 확산되는 상황을 가정하였을 경우에는, 사이중앙성이 높은 노드가 질병 등의 확산에 취약한(vulnerable) 경향을 보일 수 있다는 점을 유의해야 한다. 따라서 중앙성이 높고 낮음의 의미를 해석할 때는 항상 연결망의 의미와 무엇이 확산되는지에 대해 면밀한 검토가 수반되어야 한다.

5.1.4 위세중앙성(고유벡터 중앙성, Prestige / Eigenvector Centrality)

연결중앙성이 연결 수를 중시하고, 사이중앙성이 매개 역할을 중시한다면, 위세중앙성은 연결된 상대방의 중요성에 가중치를 준다(Bonacich, 1987, 2007; Ruhnau, 2000). 호가호위(狐假虎威), 즉 '호랑이를 배경 삼은 여우에게 호랑이의 위엄이 이전되듯이' 때로는 힘 있는 사람 한 명과 연결되어 있을 때가 힘없는 사람 여럿과 연결되어 있을 때보다 더 큰 영향력을 행사할 수 있다. 이것을 반영한 것이 위세중앙성(prestige)이다.

이해를 쉽게 하기 위해서 단순한 가상의 연결망(그림 5.3)을 활용하여 설명해보겠다. 위세중앙성은 나의 중앙성을 이웃한 노드의 중앙성의 함수로 표현하는데, 이때 유의할 것은 이웃한 노드의 중앙성 또한 나의 중앙성에 영향을 받고, 나의 중앙성이 다시 이웃한 노드의 중앙성에 영향을 준다는 점이다. 이렇게 노드 간에 영향을 주고받는 과정이 반복할 때, 일정한 값에서 수렴하게 되는 중앙성의 값을 위세중앙성으로 측정한다. 이에 대한 이해를 돕기 위해, 위의 연결망에서 ①~⑥ 노드가 각각 가지고 있는 영향력의 초기값을 1로 정의하고, 위세 영향력을 한 단계씩 계산을 해보자.

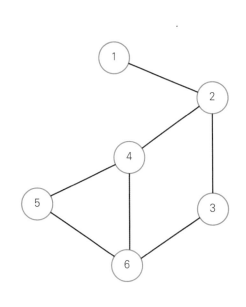

[n단계 위세 행렬]

	0단계	1단계	3단계	4단계	5단계	6단계
①	1	1	3	6	17	106
②	1	3	6	17	38	252
③	1	2	6	13	37	230
④	1	3	8	19	52	333
⑤	1	2	6	15	39	252
⑥	1	3	7	20	47	313

[n단계 위세 표준화 행렬]

	0단계	1단계	3단계	4단계	5단계	6단계
①	1.00	0.33	0.38	0.30	0.33	0.32
②	1.00	1.00	0.75	0.85	0.73	0.76
③	1.00	0.67	0.75	0.65	0.71	0.69
④	1.00	1.00	1.00	0.95	1.00	1.00
⑤	1.00	0.67	0.75	0.75	0.75	0.76
⑥	1.00	1.00	0.88	1.00	0.90	0.94

그림 5.4: 위세 표준화 행렬

노드②를 기준으로 살펴보자(그림 5.4). 0단계 초기값에서 2의 영향력은 다른 모든 노드와 마찬가지로 1이다. 계산을 시작하여 1단계에서는 2와 연결된 3개의 이웃 노드(1, 3, 4)의 영향력(1+1+1)을 노드②의 영향력으로 계산하면 영향력은 3이 된다. 2단계에서는, 이때 주변 노드들의 영향력 값도 달라졌기 때문에 이를 반영하여 이웃 노드 1, 3, 4의 1단계 영향력의 합으로 다시 노드②의 영향력을 계산하면 1+2+3 = 6이 된다. 이렇게 자기 자신을 제외한 주변 노드들의 영향력의 합을 계속 자신의 영향력으로 받아들이면 영향력 숫자 자체는 크지만, 이를 표준화(각 값을 각 단계의 최댓값으로 나눈 값)하면 특정한 값으로 점차 수렴이 되어가는 것을 알 수 있다. 이 그래프에서 3명과 연결된 노드②의 영향력 값이 초기에는 2명과 연결된 노드⑤보다 크지만, 6단계에 가면 서로 같은 값을 갖는 것을 볼 수 있다. 일반화를 위해 수식으로 표현하고 이해해보자.

$$p_i = \sum_{j=1}^{N-1} p_j R_{ji}, \; 0 \leq p_i \leq 1$$

행위자 i는 위세가 높은 노드 j들로부터 많은 관계를 받을수록 위세가 높아진다. 물론 이 개념은 이론적인 문맥에 따라 자신이 위세가 높은 사람을 많이 접촉할수록(발신할수록) 위세가 높아진다고 개념화할 수 있으며, 이때 $p_i = \sum_{j=1}^{N-1} R_{ij} p_j$로 수식이 바뀐다 ($R_{ij}$에서 i와 j의 위치를 주의). N개의 동시 방정식(simultaneous equations)으로 이루어진 이 방정식은 $P(R - \lambda I) = 0$ 알고리즘에 의해 구해진다(P는 가장 큰 고유값과 그와 관련된 고유벡터로서 위세점수를 나타내고, 행렬 R은 노드들 사이의 직접적인 연결관계를 나타낸 $n \times n$ 인접행렬).

좀 더 쉽게 이해하자면 인접행렬을 요인 분석으로 차원 축소를 할 때 가장 아이겐벨류(eigenvalue)가 높은 벡터에서의 값이 각 노드의 고유벡터 중앙성(eigenvector centrality) 값이라고 생각하면 된다. 즉 연결망의 연결된 값들을 어떤 노드가 전체 연결 관계를 가장 많이 설명하는지를 보여주는 값이다. **R** *igraph*에서 위세중앙성은 eigen_centrality 함수로 계산할 수 있다. eigen_centrality 함수는 동시에 많은 다른 결과를 산출하여 제시하기 때문에, 중앙성 지표값만을 얻기 위해서는 함수의 마지막에 $vector 라고 붙여주어야 한다.

```
# 아이겐백터 중앙성
eigen_centrality <- eigen_centrality(g_informal, directed = TRUE)$vector
round(top_10(eigen_centrality), 2)

 c08  c09  c10  c12  c13  c11  c02  c15  c01  c14
1.00 0.95 0.95 0.76 0.68 0.61 0.35 0.25 0.21 0.12
```

위세중앙성을 일반화한 형태의 지표를 우리는 보나시치 권력 지수 또는 보나시치 중앙성(bonacich power centrality)이라고도 부른다. 이 지수는 노드가 많은 수의 노드들과 연결되어 있음으로써 발생하는 영향력(연결중앙성)과 연결된 이웃 노드들의 영향력(고유벡터 중앙성)을 합하여 위세중앙성을 결정한다. 아래의 수식에서 위세중앙성은 보나시치 중앙성에서 $\alpha = 0$, $\beta = 1$로 세팅한 특수한 경우이다. 만일 $\alpha = 1$, $\beta = 1$인 경우는 자신의 연결정도와 타자으로부터 오는 위세 점수가 같은 비중을 갖는 것으로 합해진다.

$$p_i(\alpha, \beta) = \sum_{j=1}^{N-1} (\alpha + \beta p_j) R_{ji} \ (-1 \le \beta \le 1)$$

α, β는 연구자가 임의로 설정하는 값이다. 연결망 내에서 타 행위자의 영향력(위신)이 긍정적/보완적 관계에 있다면 β값은 양의 값을 가지며, 부정적/경쟁적 관계를 갖는다면 음의 값을 갖도록 결정한다(Bonacich, 1987). *igraph*에서는 β를 *exp*로 입력하며 이 값을 변경해가며 보나시치 1987년 논문에서의 결과를 직접 검증해볼 수도 있다.

```
# 권력 중앙성(power centralithy)
power_centralithy <- power_centrality(g_informal, exp=0.3)
round(top_10(power_centralithy), 2)
```

```
 c04  c06  c16  c18  c19  c07  c05  c20  c14  c01
0.43 0.32 0.30 0.26 0.26 0.19 0.15 0.13 0.11 0.06
```

5.1.5   인접중앙성(closeness centrality)

친구 연결망에서 A와 B 모두 친구가 세 명이라 하더라도 연결망에서 둘의 영향력은 다를 수 있다. 연결망에서의 위치가 다르기 때문이다. 이를테면, A와 B 모두 친구가 세 명인 경우를 생각해보자. 이때 만약 A의 친구들은 연결망에서 격리된 상태로 그들끼리만 연결되어 있고, B의 친구들은 연결망의 중앙에 위치해 있을 경우, A와 B가 다른 노드들에 다가가기는 데 있어서의 위치가 달라질 수 있다(이 경우 B가 더욱 전체 연결망의 중앙에 근접하게 위치해있다고 볼 수 있다).

이처럼 연결망 전체 구조를 반영하여 한 노드의 중앙성을 측정하는 대표적인 지표는 '인접중앙성(closeness centrality)'으로, 다른 노드들과의 인접성(closeness) 혹은 거리

(distance)의 역수로 측정할 수 있다. 여기서 두 노드 사이의 거리는 두 노드을 연결하는 최단 거리, 즉 경로 거리를 말한다. 연결망에서 다른 모든 노드로의 경로 거리 합이 가장 작은 노드가 전체중앙성이 가장 높은, 연결망 전체의 중심을 차지하는 노드이다 (Freeman, 1978a). 한 노드의 인접중앙성을 계산하는 수식은 다음과 같다.

$$Closeness_v = \frac{n-1}{\sum(d(v,i))} \ (i \neq v)$$

$d(v, i)$: 노드 v와 i 사이의 거리, n : 노드의 개수

인접중앙성이 높은 노드는 가장 짧은 단계로 연결망의 다른 모든 노드에 도달할 수 있다는 점에서 연결망에서 빠르게 정보를 확산시킬 수 있는 등 영향력을 갖고 있다고 할 수 있다. 위의 방법은 도달 불가능한 노드 쌍의 거리를 연결망에서 관찰된 가장 긴 거리에 1을 더한 값($max\ observed\ distance + 1$)으로 경로 거리 행렬을 만들고, 개별 노드의 경로 거리의 합을 모두 합한 후 역수를 취한 후 $n-1$을 곱해주어 계산한다. 연결중앙성과 마찬가지로 인접중앙성은 방향성이 있는 그래프에서는 방향에 따라 내향인접중앙성(incloseness)과 외향인접중앙성(outcloseness)으로 구분하여 측정된다.

```
# 외향인접중앙성

outcloseness <- closeness(g_informal, mode = 'out')

round(top_10(outcloseness), 4)

  c18    c19    c08    c15    c09    c10    c11    c12    c13    c17
0.5000 0.5000 0.0500 0.0500 0.0476 0.0476 0.0476 0.0476 0.0476 0.0417
```

```
# 표준화된 내향인접중앙성

incloseness <- closeness(g_informal, mode = 'in')

round(top_10(incloseness), 4)

  c04    c05    c06    c07    c03    c18    c21    c19    c02    c13
1.0000 1.0000 1.0000 1.0000 0.2500 0.1429 0.1000 0.0909 0.0385 0.0294
```

하지만 방향성이 있는 연결망의 경우 도달할 수 없는 노드들이 많이 발생할 수 있다. 이 때문에 *igraph*에서는 "완전하게 연결되지 않는 그래프에서는 인접중앙성이 적합한 지표가 아닙니다(centrality is not well-defined for disconnected graphs)"는 경고 메시지를 준다. 도달할 수 없는 노드와의 거리를 어떻게 계산할 것인가에 대해서 프리먼(Freeman)과 다른 접근을 취하는 지표를 만든 이들도 있다. 발렌테와 포어먼의 방식은 최대 경로 거리(실제는 $max.pathlength + 1$)에서 노드 쌍의 경로 거리를 뺀 값의 평균을 계산하고, 가능한 최댓값을 기준으로 표준화하는 방법이다. 예를 들어 지름이 7인 연결망에서 지름에 1을 더한 후 노드 쌍의 평균 경로거리 5를 뺀 수인 3을 노드의 반경(radiality)값으로 사용하는 것이다(Valente and Foreman, 1998). 또 다른 방법은 도달하지 않는 노드 쌍의 인접성을 0으로 계산하는 방법도 있다.

연결망에서 인접중앙성은 정보 전파가 유리한 노드를 찾을 때 활용된다. 즉 모든 노드로부터 평균적으로 가장 가까이 위치하기 때문에, 단 한 명을 선택하여 정보를 전파한다면 외향인접중앙성(outcloseness centrality) 가장 높은 사람이 가장 유리하다는 이야기이다. 위 분석 결과를 종합적으로 해석해보면 C기업 비공식 연결망에서는 c06 노드가 가장 빠르게 소문을 전파시키기 좋은 위치에 있고, 반면 c02가 어떤 소문이든 가장 빨리 접할 수 있는 위치라는 것을 알 수 있다.

5.1.6   확산중앙성(diffusion centrality)

2020년 코로나바이러스가 팬데믹으로 접어드는 시절 '슈퍼 전파자'라는 단어를 언론에서 쉽게 접할 수 있었다. 코로나바이러스에 감염된 사람 중에서도 다른 사람들에게 특별히 바이러스를 많이 전파시킨 사람을 일컫는 말이었다. 슈퍼 전파자는 연결망에서 어떤 위치에 놓여 있는가에 따라서, 자신도 모르게 될 수 있다. 많은 사람들과 접촉이 많은 영업사원, 사람들이 많이 다니는 대형 마트나 대중교통 수단을 이용하는 사람 또는 인기 있는 맛집에 가면 나도 모르게 슈퍼 전파자가 될 수 있는 것이다.

새로운 제도나 정보가 확산되기 위해서도 역시 슈퍼 전파자가 필요하다. 2019년 노벨 경제학상을 수상한 뒤플로와 바네르지 교수 부부는 동료 연구자들과 2013년 Science지에 "미소금융의 확산(The Diffusion of Microfinance)"이라는 논문을 발표하였다(Banerjee et al., 2013). 이 논문은 전염과 확산을 개념적으로 분리하고 이를 측정할 수 있는 지표를 개발했다는데 의의가 있다. 기존 연결망 연구에서는 역학(epidemiology) 분야에서 개발한 전염 관련 지표들을, 정보의 확산을 설명하는 데에도 써왔다. 하지만 타자에 대한 감염을 통제하지 못하는 전염병과 달리, 정보 확산에 있어서는 수용자(행위자)가 새로운 정보를 이해하고 받아들이더라도 다른 이들에게 전달하지 않을 수도 있고, 반대로 본인은 정보를 수용하지 않더라도 다른 이들에게는 전파할 수 있다는 것이다. 이렇듯 전염과 다른 정보의 확산에 있어서 중요한 행위자를 찾을 수 있는 지표를, '확산중앙성 (diffusion centrality)' 이라고 이름 지었다.

*R*에서도 *keyplayer* 라는 라이브러리로 확산중앙성을 인접 행렬을 바탕으로 쉽게 계산할 수 있다.

```
# 확산중앙성의 계산을 위해 keyplayer 패키지의 설치
install.packages('keyplayer')
```

C기업 연결망에서의 확산중앙성을 계산해보면 다음과 같다. 확산중앙성을 계산하기 위해서는 두 가지의 정보가 필요하다. 첫째, 각 관계에서 새로운 정보를 전달할지 여부에 대한 확률값이 필요하다. 아래 예제에서는 존재하는 모든 관계에서는 정보를 전달할 확률이 0.5로 모두 동일하다고 가정하고 있다. 하지만, 이 전달 확률이 각 관계별로 모두 다를 수 있다. 예를 들어, A가 B에게 자신이 아는 정보를 전달할 확률과 C에게 전달할 확률이 다를 수 있다. 만약에 정보 전달 확률이 다르다면 $adj\_informal$ 행렬에 정보 전달 확률 행렬을 각각 다르게 지정해주면 된다. 둘째, 확산이 되는 기간에 대한 정보가 필요하다. 만약에 확산이 딱 한번, 단일 기간에 걸쳐서 이뤄진다면, $T = 1$로 설정하면 되고, 이때 확산 중앙성은 연결 중앙성(degree centrality)과 같은 값을 지닌다. 만약에 확산이 무제한 반복된다고 가정하다면, 다시 말해 $T = infinite$인 경우에는 확산 중앙성은 아이겐벡터 중앙성(eigenvector centrality)과 같은 값을 갖게 된다. 하지만 실제로는 정보의 확산은 특정한 정해진 기간내에 발생하게 되면, 이는 확산 프로세스에 대한 실제적인 정보를 바탕으로 설정해야 한다. 아래의 경우에는 확산이 2번 반복되는 경우($T = 2$)를 가정한 것이다.

```r
library(keyplayer)
# 그래프 개체를 인접행렬로 변환
adj_informal <- as_adjacency_matrix(
  g_informal,
  type = 'both', attr = NULL,
  edges = FALSE,
  names = TRUE,
  sparse = igraph_opt("sparsematrices")
)
# 정보 전달 확률을 0.5로 가정
P <- adj_informal * 0.5
# 확산이 2번에 걸쳐서 발생한다고 가정
top_10(diffusion(P, T = 2))
```

```
[1] 8.25 8.25 8.25 8.25 6.00 5.75 4.75 4.25 3.25 3.25
```

이 결과를 살펴보면, 서로 밀접하게 연결되어 있는 c09, c10, c11, c13 노드가 확산중앙성이 가장 높은 것을 알 수 있다.

5.1.7 링크 사이중앙성(edge betweenness)

일반적인 사이중앙성은 한 노드가 각 노드들 간의 최단 경로의 사이에 얼마나 많이 위치해 있는가를 살펴보는 것이다. 이를 살펴보는 과정은 연결중앙성과 큰 차이가 없다. 이 절에서는 정보의 흐름을 확인할 수 있는 사이중앙성 개념을 노드뿐만 아니라, 링크에 대해서도 적용한 개념을 살펴보겠다(Girvan and Newman, 2002). 즉, 각 노드들을 연결하는 최단 경로에 많이 위치하는 링크를 탐색하는 과정이다.

```r
# 링크 사이중앙성
edgebetweenness <- edge_betweenness(g_informal)
```

```
plot(g_informal, layout =l, vertex.label.cex= 0.7,
        vertex.cex= 0.7, edge.arrow.size=0.5,
        edge.width=edgebetweenness/10,
        edge.label= round(edgebetweenness, 0) ,
        edge.label.cex= 0.8
)
```

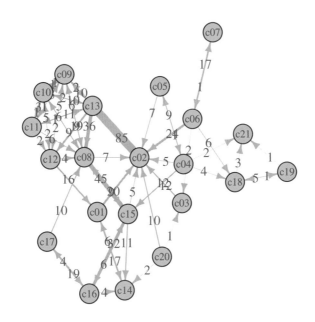

분석을 시행하면 다른 중앙성 결과치와 달리 각 연결 관계가 존재하는 링크에 대해서
값이 산출된다. 분석 결과 c02 노드에서 c13 노드로 향하는 링크의 사이중앙성이 85로
가장 높은 것을 확인할 수 있다. 오른쪽 c02를 중심으로 한 군집에서 왼쪽에 뭉쳐진 군
집으로 정보가 이동할 경우 c02 노드에서 c13 노드로 정보가 흐를 가능성이 높다는 것
이다. 이 지표는 군집 분석을 시행할 때 군집의 경계를 나누기 위해서 활용된다.

5.1.8   보행 사이중앙성(walk betweenness)

중앙성을 고려하는 데 있어서, 또 하나 중요한 것은, 연결망에서 정보나 자원이 어떻게
흐르는지에 대한 가정이다. 초창기 연결망 연구들은 정태적인 관점에서의 중앙성을 연
구해왔지만, 최근 연구들은 전염이나 정보의 확산, 새로운 기술의 수용 등과 같이 '동태

적'인 것들에 대한 관심이 증대했다. 따라서 중앙성 개념에 있어서도 동적(dynamic)인 것들을 반영하는 것이 필요하다. 예를 들어, 내가 전염병에 걸릴 확률은 접촉하는 사람 중에 전염병이 걸린 사람이 발생함에 따라서 변동한다. 그리고 나와 다른 사람과의 관계에서의 접촉은 한 번만 발생하는 것이 아니라 중복적으로 이어질 수 있다. 이렇게 동태적인 변화까지 고려한 중앙성을 도축하는 데 있어서 접촉과 정보 흐름의 패턴에 대한 고려가 중요하다(Youm et al., 2021).

이를 위해서는 경로(path), 도정(trail), 보행(walk)의 개념을 구분하여 이해하는 것이 필요하다. 연결망 그래프에서 두 노드 사이를 한 선으로 긋는다고 생각해보자. 이때 가능한 방법들 중에서 노드와 링크가 중첩되지 않고 두 노드 사이가 연결되는 선을 그래프 이론에서는 경로라고 한다. 도정의 경우는 가정이 조금 완화되어 한 선 긋기에서 특정한 노드가 중복되어 등장하는 경우이다. 보행은 특정 링크가 중첩될 수 있다. 즉 경로(path) < 도정(trail) < 보행(walk)으로 갈수록 성립 조건이 완화된다. 이를 그림 5.5를 통해 비교하여 설명해보자면, 노드 A-B-E-B-C가 이어지는 선은 보행이지만 도정이나 경로는 아니다. 링크 B-E(E-B)가 중첩되어 등장하기 때문이다. 반면 노드 B-E-G-F-D-E가 이어지는 선은 보행이자, 도정이지만 경로는 아니다. 노드 E가 선에서 중첩되어 두 번 등장하기 때문이다. B-E-G-H는 보행이면서, 도정이자 동시에 경로이다. 선에서 중첩되는 노드 또는 링크가 없기 때문이다(Youm et al., 2021; Harary, 1969).

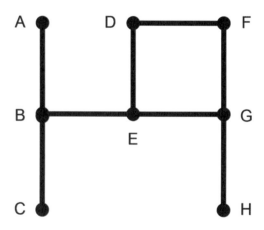

그림 5.5: 가상의 그래프(Youm et al, 2021)

이러한 구분은 중앙성을 측정하는 데 있어서 매우 중요하다. 확산의 흐름이 한 방향으로 이루어지면, 한 번 노드가 전염되거나 전파되었을 경우에 추가적인 전염 또는 전파가 의미가 없다고 할 경우에는 경로를 가정하는 중앙성이 중요해진다. 예를 들어, 초기 코로나19의 확산의 경우에 많은 사람들이 마스크를 착용하지 않은 상태에서 간단한 접촉만으로도 공기를 통해서 질병이 전파되는 경우에는 이러한 가정이 타당할 것이다. 많은 전통적인 중앙성의 지표들, 이를테면 사이중앙성 또는 인접중앙성 등이 이러한 가정을 하고 있다. 이와 반대로 대부분의 사회적 확산은 단한번의 접촉으로 전파가 결정되는 경로를 통해서 이루어지는 것이 아니라, 여러 번 반복되는 접촉을 필요로하는 경우가 많다(Centola and Macy, 2007). 이처럼, 정보가 같은 연결을 통해서 여러 번 반복되는 경우, 이를테면 루머의 확산과 같은 경우나 아니면 불확실성이 높아 신뢰를 필요로 하는 정보의 확산과 같은 경우에는 보행을 통해서 확산이 된다고 가정하는 중앙성이 더 중요할 수 있다. 이러한 보행과정을 반영한 중앙성의 지표로 보행 사이중앙성(walk betweenness)이라는 지표가 존재한다(Newman, 2005; Youm et al., 2021). 보행 사이중앙성 계산방법에 대한 자세한 내용은 염유식, 이병규, 김준솔 (2021)의 연구를 확인하길 바란다.[1]

5.1.9 페이지랭크(PageRank)

이처럼 학계에서 주로 논의되고 적용되었던 중앙성 지표 말고도, 기업과 산업에서 활용된 연결망 지표가 있어서 이 또한 소개한다. 그 중에서, 페이지랭크(PageRank)는 구글(Google) 검색 엔진에서 초기에 활용한 알고리즘의 하나로, 하이퍼링크로 이어진 연결구조에 의거하여 웹페이지의 순위를 계산할 때 사용하는 방법이다(Page et al., 1999). 이 방법의 기본 착안점은 "중요한 사이트(혹은 노드)는 다른 중요한 사이트(혹은 노드)로부터 링크를 받는다"는 것, 또는 "한 노드의 중요성은 다른 많은 중요한 노드들로부터 링크를 받았는가에 따라 결정된다"는 것이다. 중요성이 링크를 타고 흐르는 하나의 시스템을 연결망이라고 하였을 때, 여기서 각 노드가 자신으로부터 나가는 링크(out-link)들에 골고루 자신의 중요성을 분배한다고 가정하여 반복적으로 각 노드의 중요성을 계

---

[1]https://osf.io/qu57w/

산한 것이 바로 페이지랭크 점수이다. 실제 계산에 있어서는 몇 가지 이유 때문에 각 노드의 초기 중요성을 똑같이 부여하고, 완화 요인(dampening parameter)이라는 것을 사용하는 데, 이 값을 1에 가깝게 설정할수록 연쇄적인 중요성 이전의 비중이 높아지고, 0에 가까울수록 비중이 낮아진다.

```
# 페이지랭크(PageRank)의 측정
page_rank <- igraph::page_rank(g_informal)$vector
round(top_10(page_rank), 3)
```

```
  c13   c08   c09   c10   c02   c12   c01   c11   c14   c15
0.131 0.104 0.095 0.095 0.094 0.073 0.071 0.063 0.055 0.039
```

5.1.10 허브 점수(Hub score, Authority score)

산업에서 활용되는 또 다른 중앙성의 지표 중의 하나는 방법으로서 허브 점수가 있는데, 이는 IBM의 Clever라는 검색엔진에서 주어진 토픽과 관련된 웹 페이지들에 대해 그들 간의 하이퍼링크의 구조를 보고 순위를 매길 때 사용하는 방법이 HITS과 연관이 깊다(Chakrabarti et al., 1999).

아이디어는 간단하다. 즉, 좋은 허브(hub)라면 많은 좋은 권위자(authority)들을 향해 링크를 쏘고, 좋은 권위자(authority)라면 많은 좋은 허브(hub)들로부터 링크를 받을 것이라는 것이다. 예를 들어 ㉮와 ㉯라는 두 사이트의 관계를 생각해 보자. ㉮와 ㉯가 공통의 사이트를 향해 연결을 많이 맺을수록 둘 사이의 관계는 증가하고, ㉮의 허브 점수는 ㉮가 공통으로 연결한 사이트의 숫자가 많을수록 증가한다. 권위는 연결의 방향이 뒤집어진 시각에서 개념화된다. 즉 ㉮와 ㉯가 공통의 원천에 의해서 연결될수록 둘 사이의 관계는 증가하고, ㉮의 권위 점수는 ㉮가 공통으로 연결된 사이트의 숫자가 많을수록 증가한다. 따라서 각 노드의 허브 점수(hub score)는 그것의 외향 이웃(out-neighbor)들의 권위 점수(authority score)의 합에 비례하고, 한 노드의 권위 점수(authority score)는 그것의 내향 이웃(in-neighbor)들의 허브 점수(hub score)의 합에 비례하여 부여된다. 허브 점수와 권위 점수의 계산은 순환 계산(iteration)을 통해서 이루어진다(Kleinberg, 1999).

```
# 허브 점수

hub_score <- hub_score(g_informal)$vector

round(top_10(hub_score), 3)

  c11   c13   c09   c10   c12   c08   c15   c17   c02   c04
1.000 0.992 0.937 0.937 0.699 0.517 0.402 0.291 0.148 0.140
```

```
# 권위 점수(Authority score)

authority_score <- authority_score(g_informal)$vector

round(top_10(authority_score), 3)

  c08   c09   c10   c12   c13   c11   c02   c01   c15   c14
1.000 0.788 0.788 0.735 0.575 0.545 0.295 0.140 0.139 0.135
```

5.2 다양한 중앙성 지표들의 관계

이상과 같이 다양한 중앙성의 지표들을 생각해보면, 어떤 중앙성의 지표를 활용해야 할 것인가가 연구자에게는 항상 큰 고민이 될 것이다. 이때 한 가지 고려해볼 수 있는 것은, 내가 생각하는 중앙성의 지표가 어떤 범위의 영향력을 측정할 것인가에 대한 질문이다. 연결망 중앙성 지표를 고안하고 발전시키는 데 공헌을 가장 많이 한 프리먼(Freeman, 1978a)은 중앙성을 지역중앙성(local centrality)과 전체중앙성(global centrality)으로 구분한다. 한 노드가 그 주위의 다른 점들과 직접 연결된 정도가 높을수록 그 노드의 지역중앙성은 높아진다. 반면에, 한 노드가 연결망 전체의 연결 구조에서 전략적으로 중요한 자리를 차지할수록 전체중앙성이 높아진다. 지역중앙성이 높은 노드가 전체중앙성도 같이 높을 수 있지만, 두 개념은 반드시 일치하지는 않는다. 예를 들어, 남자와 여자라는 두 집단으로 나뉘어 서로는 거의 접촉이 없는 연결망을 생각해 보자. 남자들 사이에서, 혹은 여자들 중에서 가장 많이 연결된 사람은 각각 지역 중앙성이 높은 것이다. 그러나 각 집단 내에서 다른 사람들과 직접적으로 연결되어 있지 않더라도, 남자와 여자 집단 사이에 다리 역할을 하는 사람은 지역중앙성은 낮지만, 전체중앙성은 높다고 할

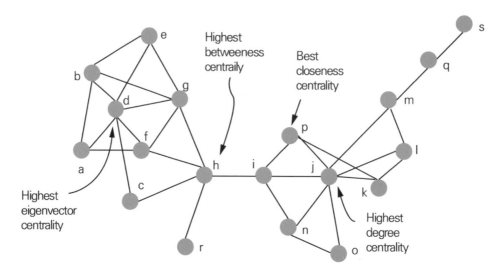

그림 5.6: 중앙성 지표들 간의 상관관계(Ortiz-Arroyo 2010)

수 있다. 위에서 살펴본 여러 중앙성 개념들 중에서 연결중앙성과 N단계 연결중앙성은 지역중앙성 지표이고, 이를 제외한 나머지 중앙성 지표들은 전체중앙성 지표에 해당한 다고 할 수 있다.

그림 5.6은 앞서 살펴본 중앙성 지표들이 각기 어떤 특성을 가졌는지 확인하기 위해서 오르티즈-아로요가 만든 가상의 그래프이다(Ortiz-Arroyo, 2010). 살펴보면, 하나의 연결망 그래프에서 연결중앙성, 사이중앙성, 고유벡터 중앙성, 인접중앙성 각 지표가 가장 높은 노드가 다름을 알 수 있다. 이러한 차이는, 각 중앙성에서 가정하고 있는 네트워크 프로세스에 대한 가정이 다르며, 같은 가정을 하더라도 어떠한 관점에서 연결망을 바라보고 어떠한 알고리즘을 활용하는지에 따라서 다르기 때문에, 이에 대한 점을 면밀하게 고려해서 연구 질문에 적절한 중앙성 지표를 선택해서 활용해야 한다.

5.3 소결

이 장에서는 영향력, 정보 전파력, 자원 동원력 등 연결망 내에서 개별 노드의 중요성을 측정하는 다양한 중앙성(centrality) 지표들의 개념과 그 측정 방법들을 살펴보았다. 주요 내용은 다음과 같이 요약할 수 있다.

고전적으로 논의된 대표적인 중앙성 지표로는 연결중앙성(degree centrality), 사이중앙성(betweenness centrality), 인접중앙성(closeness centrality), 고유벡터 중앙성(eigenvector centrality) 등이 있다. 연결중앙성은 노드와 직접 연결된 이웃 노드 수를 측정하는 지역 중앙성 지표이며, 사이중앙성, 인접중앙성, 고유벡터 중앙성 등은 전체 연결망 구조를 반영하는 대표적인 전체중앙성 지표이다. 이 외에도 확산중앙성, 보행 사이중앙성, 페이지랭크, 허브 점수, 링크 사이중앙성 등 다양한 중앙성 지표가 존재한다. 각 중앙성 지표는 연결망 내 노드의 위치를 다른 관점에서 바라보기 때문에, 연구 목적에 맞게 적절한 지표를 선택하는 것이 중요하다.

마지막으로, 중앙성 분석 시에는 다음을 유의해야 한다. 첫째, 연결망의 특성(방향성 유무, 연결망 크기 등)에 따라 적절한 중앙성 지표를 선택하고, 필요 시 지표를 표준화해야 한다. 둘째, 중앙성 지표의 의미를 정확히 이해하고, 연결망에서 무엇이 확산되는지(정보, 질병 등)에 따라 해석을 달리해야 한다. 셋째, 단일 중앙성 지표만으로 노드의 위치를 판단하기보다는 여러 지표를 종합적으로 고려하는 것이 바람직하다. 넷째, 중앙성 분석 결과를 연결망 그래프에 시각화하여 직관적으로 파악하는 것도 필요하다.

6 집단

연결망 분석을 통해 사회 구조의 특징을 찾아내는 데 있어서 또 다른 중요한 질문은 어떻게 개인들이 집단을 구성하고, 전체의 연결망의 패턴이 집단에 의해서 구조화되는지이다. 전체 연결망이 몇 개의 집단으로 나뉘는지, 집단 사이에 구성원들 간의 중첩이 발생하는지, 혹은 각 집단의 크기가 어떻게 분포되어 있는지 등을 알아보는 것은 사회 구조에 대한 중요한 단서를 제공한다. 가령 동질화된 집단에 속한 사람들은 비슷한 생각을 공유하고 비슷한 행동을 하며, 집단 정체성을 형성하기에 쉽지만, 이들 집단이 격리된(segregated) 경우 집단 간의 갈등과 대립이 심하며, 새로운 혁신도 전체 사회 구성원들에게 확산 되기 어렵다(Stein et al., 2023). 반면, 집단이 사회적으로 통합된(integrated) 경우, 다양한 집단 간의 상호작용이 활발하게 일어나며, 새로운 아이디어나 정보가 빠르게 전파되기도 한다(Baldassarri and Abascal, 2020).

주어진 사회 연결망에서, 관계 양상에 따라 하위 집단으로 나누는 방법은, 집단에 대한 정의와 깊은 관련이 있다. 예를 들어 ① 상호 간에 도달할 수 있는 경로가 있어야 같은 집단에 속하는가, 아니면 일방적으로만 도달할 수 있어도 같은 집단에 속하는가, ② 직접적인 관계가 있어야만 같은 집단에 속하는가, 아니면 간접적인 관계로 연결되어도 같은 집단에 속한 것으로 간주할 것인가에 따라 표 6.1과 같이 네 가지의 집단이 생겨난다.

하지만 연결망이 크고 복잡해지면, 직접 연결되어 있거나 몇 다리를 거쳐 도달 가능한지의 여부만으로 집단을 구분하기는 애매할 수 있다. 이러한 고민들로부터 비롯되어,

구분	서로 도달할 수 있어야 함	일방적으로만 도달할 수 있어도 가능
직접적인 관계를 맺어야 함	양방향으로 완전히 연결된 집단(Clique)	한 방향이라도 연결된 집단
간접적인 관계도 가능	강하게 연결된 집단 (Strong Component)	약하게 연결된 집단 (Weak Component)

표 6.1: 관계에 형태에 따른 집단 구분

연결망 분석 연구에서 하위 집단을 찾아내는 다양한 방법들이 발달해왔다. 이러한 방법은 크게 하향식(top down) 방식과 상향식(bottom up) 방식으로 나눌 수 있다. 하향식 방식은 주어진 전체 연결망을 큰 집단을 쪼개기 시작하여 더욱더 작은 집단으로 쪼개는 방법으로, 대표적으로 커뮤니티 탐지(community detection), 블락 모델링(block modeling) 등이 이에 해당한다. 반면, 상향식 방식은 각 노드들을 대상으로 유사성을 계산하고, 가장 작은 유닛의 집단부터 시작하여 점차 큰 집단으로 집단을 구분해내는 방법으로, 대표적으로 군집 분석(cluster analysis), 결속집단(clique) 분석 등이 있다.

연결망 분석에서는 집단(group)은 결속집단(clique), 군집/집락(cluster), 커뮤니티(community), 모듈(module), 블록(block) 등의 개념으로 집단을 이해·분석·설명한다(Fortunato and Hric, 2016). 이 장에서는 각각의 집단을 찾아내는 방식이 어떠한 집단 개념들을 바탕으로 하였는지 직관적 이해가 가능하도록 소개하고, 이어서 *igraph*를 활용하여 연결망 분석에서 집단을 찾아내는 방법을 설명한다. 우선, 상향식 방식으로 집단을 구분하는 다양한 방식에 대해서 알아본다.

6.1 응집 정도와 연결정도로 하위 집단 구분하기

6.1.1 결속집단(Clique)

결속집단(clique)은 표 6.1에서 제1항에 해당하는 것으로 완전히 연결된 최대 하위 집단(maximally complete subgraph)으로 정의된다(Alba, 1973). 즉 서로 도달할 수 있고 또 직접적인 관계를 맺는다는 강한 조건을 충족시키는 구성원을 같은 집단으로 묶는다는

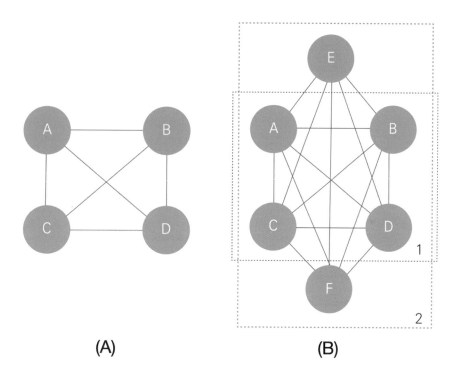

그림 6.1: (A) 결속집단, (B) 중첩된 결속집단

뜻이다. 그래프로 살펴보면 그림 6.1의 (A)와 같이 모든 점이 서로 연결된 경우가 바로 가장 강하게 결합된 형태인 결속집단이라고 할 수 있다. 결속집단 분석 시에 유의해야 할 점은, 어떤 노드들은 서로 다른 여러 결속집단에 동시에 속할 수도 있다는 것이다. 그림 6.1의 (B)에서 볼 수 있듯이 A, B, C, D는 결속집단 1에도, 결속집단 2에도 속한다.

결속집단을 찾기 위해서는, 연결망 내에서 서로가 완전히 연결된, 밀도가 1인 하위 집단을 찾아야 한다.[1] 분석 시, *igraph*를 포함한 대부분의 연결망 분석 프로그램에서 계산의 효율성을 위해서 결속집단을 찾아낼 때 링크의 방향성을 무시하고, 방향성이 없는 연결망을 가정하여 찾아낸다는 점에 유의해야 한다. 또한, *igraph*를 활용하여 결속집단들을 찾을 때는, 적어도 몇 개 이상의 노드 간에 구성된 집단을 찾는 것인지에 대한 정의가 필요하다.

---

[1]여기서, 연결망 밀도란 연결 가능한 총 링크 수와 실제로 맺어진 관계 수의 비율로 정의되며, 주어진 연결망 내에 얼마나 많은 수의 연결이 밀집되어 있는지를 측정한다. 이에 대한 더 자세한 설명은 이후 7장에서 확인할 수 있다.

이 장에서도 앞서 5장에서 활용한 C기업의 비공식 연결망을 예제 데이터로 활용하여 분석을 진행한다. 이 예시에서는 5개 이상의 노드로 구성된 결속집단이 몇 개인지 살펴본 후, 6개 이상의 노드로 구성된 결속집단들에 어떤 노드들이 포함되어 있는지 살펴볼 것이다.

```
# edge리스트로 되어 있는 csv 파일 읽기
net_informal <- read.csv('files/company_c_informal_edges.csv')
# 연결망 그래프로 전환
library(igraph)
g_informal <- graph_from_data_frame(net_informal, directed = TRUE)
# 5개 노드로 구성되어 있는 결속집단 개수 구하기
length(cliques(g_informal, min=5))
```

[1] 7

```
# 6개 노드로 구성되어 있는 결속집단 개수 구하기
length(cliques(g_informal, min=6))
```

[1] 1

```
# 결속집단 찾기(minimum 6개 이상의 노드)
cliq <- cliques(g_informal, min=6)
print(cliq)
```

[[1]]
+ 6/21 vertices, named, from e1af670:
[1] c08 c09 c10 c11 c12 c13

C기업 비공식 연결망에서 5개 이상의 노드로 구성된 결속집단은 7개 발견된다. 6개 이상의 노드로 구성된 결속집단은 1개로 c08, c09, c10, c11, c12, c13 노드가 가장 큰 결속집단에 포함되어 있는 것을 알 수 있다. 하지만 cliques(g_informal, min=5) 함수로 5개 이상의 노드로 구성된 결속집단들을 찾아보면 이는 앞서 찾은 6개가 속한 결속집단의 부분

집합인 것을 알 수 있다. 더 큰 결속집단에 속하지 않은 중첩되지 않은 결속집단들만 찾기 위해서는 max_cliques 함수를 활용하면 된다.

```
# 중첩되지 않은 결속집단 찾기
max_cliques(g_informal, min=3)
```

위의 명령을 실행하면 노드 3개로 이루어진 결속집단 9개, 그리고 노드 6개로 이루어진 결속집단 1개를 찾을 수 있다. 중첩되지 않은 결속집단의 수를 알기 위해서는 count_max_cliques 함수를 이용하고, 가장 큰 결속집단 1개를 찾고 싶은 경우에는 largest_cliques 함수를 이용하면 된다.

```
count_max_cliques(g_informal, min=3) # 중첩되지 않은 결속집단의 개수 세기
```
```
[1] 10
```

```
largest_clique <- largest_cliques(g_informal) # 가장 큰 결속집단 찾기
print(largest_clique)
```
```
[[1]]
+ 6/21 vertices, named, from e1af670:
[1] c08 c09 c13 c12 c11 c10
```

이렇게 결속 집단을 찾은 뒤에, 추가적으로 induced_subgraph라는 함수를 이용하여, cliques 등으로 찾은 하위 집단을 독립된 연결망 그래프를 추출할 수가 있다. 이때 largest_cliques[[1]] 라고 명기한 이유는 largest_cliques에서 찾은 가장 큰 결속집단이 1개가 아닌 복수 개일 수 있고, 리스트의 형태로 저장된 객체 중에서 첫 번째에 해당되는 하위 집단을 추출한다는 것을 명확하게 하는 목적이 있다.

```
# g_informal 그래프에서 largest_clique 찾아서 그래프로 그리기
largest_clique <- induced_subgraph(g_informal, largest_clique[[1]])
plot(largest_clique, vertex.shape = 'none',
     layout=layout.kamada.kawai(largest_clique))
```

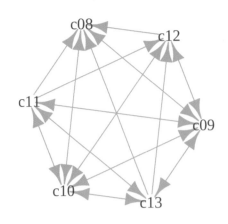

6.1.2 결속집단 가정의 완화

하지만, 모든 노드가 서로 직접 연결되어 있어야 하나의 집단으로 분류한다는 것은 지나치게 엄격한 집단의 정의라고도 볼 수 있다. 현실에서는 이와 같은 경우를 발견하기 어려워서 이러한 가정을 충족시키지 못하는 경우가 많이 존재한다. 이에 대한 문제를 해결하기 위해서, n-결속집단과 $k - plexes$ 같은 개념들이 만들어졌다.[2]

6.1.2.1 *n*-결속집단

결속집단의 정의를 약간 완화한 것이 n-결속집단(n-clique)이다. 기존의 결속집단과 달리, n-결속집단은 구성원이 n단계 이내로 모두 연결되어 있는 경우에 같은 집단으로 정의한다. 예를 들어, 집단 내의 모든 노드들이 1단계에서는 서로 연결이 되어 있지 않더라도, 2단계 이내로 연결되어 있다면 이들이 2-결속집단에 속한 것으로 정의한다 (Seidman and Foster, 1978).

6.1.2.2 *k*-plexes

k-plexes는 하나의 집단에서 구성원 n명이 다른 집단 구성원들 $n - k$개 이상의 연결성을 가지고 있다면 집단으로 가정하자는 개념이다(Balasundaram et al., 2011; Seidman and Foster, 1978). 예를 들어, 만약에 k가 1이면 자신을 제외한 모든 이들과 연결된 것으

---

[2]igraph에서는 이러한 지표들을 바로 계산할 수 있는 함수를 제공하지는 않는 경우가 종종 있으며, 필요 시 UCINET과 같은 소프트웨어를 활용할 수 있다.

로 결속 집단(clique)과 동일하다. 2-plexes는 집단에서 자신과 다른 한 명, 즉 두 명을 제외한 다른 모든 이들과 연결되어 있다는 것을 의미한다. 이러한 집단에 대한 가정이 보다 현실적인 이유는, 현실에서는 같은 집단 내에 있다고 하더라도, 모두가 모두의 친구가 되기는 어렵기 때문이다.

6.1.2.3 k-cores

$k-cores$도 결속집단에 대한 가정을 보다 완화하는 방식 중의 하나이다. 연결망 내 하위 집단 중 k개 이상 노드들과 서로 연결된 노드들을 찾아 하나의 집단으로 가정하자는 것이다(Seidman and Foster, 1978). 예를 들어, 시간과 자원의 제약으로 인해, 한 중학교 학급의 연결망에서 모든 학생들이 서로 친구이기는 불가능하다. 이때, 한 학급에서 모든 이들이 각각 5명 이상의 친구를 갖고 있다면, 이를 하나의 중심 집단으로 볼 수도 있을 것이다. 지금까지의 결속 집단의 구성이 유사성을 기반으로 한 집단 개념에 기반했다고 한다면, $k-cores$의 경우에는 연결망 내의 핵심 그룹(core group)의 정체성의 공유를 기반으로 한 집단 개념이라고 할 수 있다. 이 방법은 연결망의 규모가 커질 때에도 간단한 연산으로 쉽게 하위 집단을 구분해 낼 수 있다는 장점을 갖는다(Kumar et al., 2010). 또한 공동연구 연결망과 같이 제한된 집단 내에서 활발하게 연구를 진행하는 핵심적인 집단을 찾아낼 때 용이하다(Moody, 2004).

$igraph$에서는 coreness 함수를 통해 $k-cores$를 구할 수 있다. coreness 함수는 링크의 방향이 있을 때와 없을 때 모두 계산이 되지만, 이해의 편의상 방향성이 없는 연결망을 불러와 이를 단순화(simplify)한 후 이를 기반으로 coreness를 계산할 것이다. 아래에서는 각각의 $k-core$의 k에 맞춰 시각화 시 노드의 색깔을 달리하여 연결망 그래프를 그려보았다.

```
# 방향성없는 연결망으로 읽어들이고 단순화하기
g_informal <- graph_from_data_frame(net_informal, directed = FALSE)
g_informal_s <- simplify(g_informal)
kcore <- coreness(g_informal_s)    # k-core 개체로 추출
print(kcore)
```

```
c01 c02 c03 c04 c05 c06 c07 c08 c09 c10 c11 c12 c13 c14 c15 c16 c17
  2   2   2   2   2   2   1   5   5   5   5   5   5   2   2   2   2
c18 c19 c20 c21
  2   2   2   2
```

```
V(g_informal_s)$core <- kcore      # k-cores 값을 노드 속성 core로 추가

plot(g_informal_s, vertex.color=V(g_informal_s)$core+1, vertex.label.cex=0.7)
```

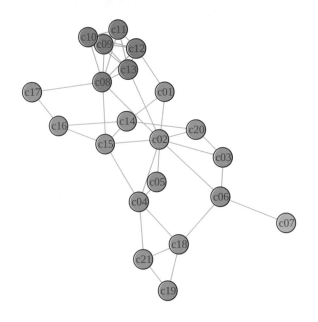

1개의 링크만 가진 c07의 경우 파란색으로 표현되고 2개 이상의 다른 노드와 연결되어 있는 2-cores의 경우에는 녹색, 가장 큰 결속집단에서 자신을 제외한 5명들과 연결된 5-cores 의 경우 주황색으로 표현되는 것을 확인할 수 있다.

6.2 군집 분석(Clustering)

통계 분석에서, 군집 분석은 조사한 응답자들의 유사성을 바탕으로한 집단을 찾아내는 데 활용된다. 다변량 통계 분석에서 연속 변수들로 구성된 자료인 경우 가장 많이 쓰이는 군집 분석 방법은 k-means 군집으로서, k개의 평균점을 기준으로, 거리가 가까운 응답자들을 하나의 집단으로 간주하는 방법이다. 연결망 분석에서도 노드들의 속성 간 유

사성을 계산하거나, 연결의 강도 혹은 연결 패턴을 기반으로 한 노드 간의 유사성을 계산하여 군집 분석을 할 수 있다(Breiger et al., 1975). 노드 간 연결 패턴의 유사성을 계산하는 것은 다음 장인 '지위와 역할'에서 다루고, 노드들의 속성 간 유사성을 계산하여, 위계적 군집 분석을 시행하는 방법을 살펴보겠다.

n개의 사례가 k개의 변수 값을 갖는 $(n \times k)$ 행렬로부터 준연결망을 계산하는 방법은 크게 두 가지가 있다. 첫 번째는 3장에서 공부한 방법과 같이 행렬 연산 또는 `bipartite_projection()`함수를 활용하여 $(n \times n)$ 혹은 $(k \times k)$의 준연결망을 만드는 것이다. 이는 주로 범주형(categorical) 변수인 경우에 활용될 수 있는데, 예를 들어 n명의 사람들의 나이에 대하여 (i, j) 두 명의 나이가 같으면 1, 다르면 0으로 된 $(n \times n)$ 행렬을 만들 수 있다. 두 번째 방법은 각 노드 간의 유사성 또는 거리를 계산하여 행렬을 구성하는 것이로서, 연속형 변수인 경우에도 활용될 수 있는데, 예를 들어 모든 쌍의 나이 차이로 행렬을 만드는 것이다. 전자의 경우에는 유사도에 대한 해석이 직관적이지만, 그 거리가 얼마나 가까운지 먼지에 대한 통계적 해석이 힘들기에 활용이 뜸하다. 후자의 경우에는 유사성이나 상이성(거리) 행렬에 대한 정의를 어떻게 내릴 것인가가 관건인데, 이때, 유사성은 노드 사이의 숫자가 클수록 가까운 것을, 상이성은 숫자가 클수록 먼 것을 의미한다. 예를 들어, 통계적으로 변수간 유사성을 계산할 때 이용되는 상관계수(correlation)를 활용할 수도 있고 또는 관측값 간의 위상 공간에서의 거리를 측정하는 유클리디안 거리(Euclidean Distance)를 활용할 수 있고, 이 외에도 연구의 목적에 맞추어 다양한 유사성/상이성에 대한 지표를 활용할 수 있다.

```
# 유사성 행렬의 예시 자료 불러들이기
att <- read.csv('files/company_c_att.csv')
# 데이터프래임 형테어서 메트릭스 형태로 저장
(att_matrix <- as.matrix(att))

     sex age educ yr_exp level dept days_off height
[1,]   1  33    3   9.30     3    6       15    167
[2,]   2  42    3  20.00     2    5       20    162
```

[3,]	1	40	3	13.00	3	3	13	179
[4,]	2	33	3	8.00	3	3	19	165
[5,]	1	32	3	3.00	3	6	17	157
[6,]	2	59	3	28.00	2	6	10	157
[7,]	1	55	3	30.00	1	4	13	179
[8,]	2	34	3	11.00	3	3	12	172
[9,]	2	62	3	5.00	3	5	18	157
[10,]	1	37	3	9.00	2	2	10	168
[11,]	2	46	3	27.00	2	6	19	154
[12,]	2	34	3	9.00	3	4	12	157
[13,]	1	48	4	0.25	3	4	15	184
[14,]	1	43	3	10.00	3	2	7	168
[15,]	1	40	3	8.00	3	5	18	189
[16,]	2	28	2	4.50	3	1	15	165
[17,]	1	30	3	12.00	2	3	10	178
[18,]	2	33	3	9.00	3	1	18	171
[19,]	2	32	3	5.00	4	5	12	155
[20,]	1	38	4	9.00	3	4	19	171
[21,]	1	36	3	13.00	2	3	20	184

att_matrix는 가상으로 설정한 C기업 구성원들에 대한 자료로, 각 회사원의 나이와 근속 연수, 직급과 부서, 휴가일수 및 키를 보여 준다. 이 자료로부터 거리 행렬을 만들기 위해서, 통계 분석에서 변수 간의 유사성을 계산하기 위해 이용하는 상관관계 행렬을 도출하는 방법을 활용할 수 있다. 이때, 변수 간의 상관관계 행렬을 도출하는 공식에서 원 자료를 전치(t(att_matrix))하여 계산해준다면 변수 간이 아니라, 노드 간의 상관관계 행렬을 구할 수 있다. R에서 군집 분석을 할 때는 거리가 가까운 경우 경우 유사하고, 숫자가 커질수록 관계가 상이한 상이성 행렬을 기본으로 활용한다. 따라서, 상관관계 행렬 (cor(x))은 값이 클수록 유사하고 각 값의 크기가 1부터 −1을 따르는데, 이때 1-cor(x)를 하면, 유사성 행렬을 상이성 행렬로 전환한 뒤에 거리의 형태로 전환시킬 수 있다. 아래는 그 예시를 보여준다.

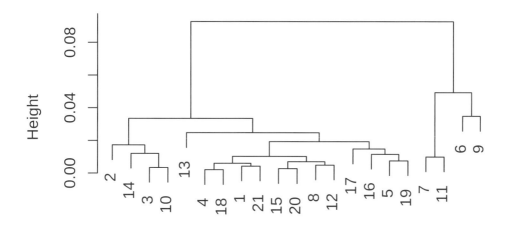

Cluster Dendrogram

c_dist
hclust (*, "complete")

그림 6.2: 군집(cluster) 덴드로그램

`hclust`함수를 이용하여 위계적(hierarchical) 군집 분석을 실행한 후 저장된 객체를 `plot` 명령어로 실행하면 그림 6.2과 같은 군집 구조를 살펴볼 수 있다. 결과에서 가장 먼저 묶인 (3, 10), (15, 20), (4, 18)번이 각각 가장 비슷한 변수 값을 갖는 이들이고, 점차 유사성이 떨어질수록 더 큰 집락이 형성됨을 알 수 있다. 위계적 군집 분석은 모든 사례가 한 개의 군집이 될 때까지 그 연결을 계속해 나가는 기법이므로, 최종 결과에서는 하나의 군집이 형성된다. 말단 노드 수준 가장 거리가 낮은(유사도가 높은) 노드끼리 묶어내는 방법은 1가지가 아니다. 위에서는 `hclust`에서 `method = 'complete'`로 설정하였는데, 노드 간 결합 순서를 결정짓는 방법은 다음과 같이 8가지가 존재한다.

- single: 두 군집 사이의 거리는 군집 간 가장 가까이 존재하는 노드 사이의 거리로 정의

- complete: 두 군집 사이의 거리는 두 군집에 속한 노드들 중 가장 먼 노드 간의 거리로 정의

- average: 두 군집 사이의 거리는 각 군집 내 평균 좌표 간의 거리로 정의

- median: 두 군집 사이의 거리는 각 군집들의 중앙값(median)값을 활용

- centroid: 두 군집 사이의 거리는 각 군집들의 중심점(centroid) 값을 활용

- ward.D: 와드의 최소 분산 방법

- ward.D2: 와드의 최소 분산 방법(거리 행렬을 제곱하여 계산)

- mcquitty: 곧 결합될 군집에서 다른 군집까지의 거리의 평균

군집 분석을 사용하고 결과를 해석할 때는, 어떤 기준으로 군집 간의 거리를 측정하는 지가 중요해지며, 여러 가지의 기준을 동시에 활용하여 교차검증을 하는 것이 권장된다.

6.2.1 군집 개수 정하기

군집 분석에 있어서, 군집의 개수를 몇 개로 할지를 정하는 것은 중요한 일이다. 몇 개의 집단으로 나누는 것이 가장 좋은 것인지에 대해서, 명확한 정답은 없다. 하지만, 너무 많이 나뉘어 각각의 군집이 단지 1-2개의 노드로 구성되어 있다면, 그 의미가 없을 것이기 때문에, 군집을 다양한 개수로 정의내린 뒤에, 몇 개의 군집이 적당할지에 대해서 연구자가 정해야 한다. hclust를 시행한 후에는 *cutree*라는 함수를 통해서 k를 다양하게 했을 경우 각각 몇 개의 노드가 하위 군집에 속하는지를 확인해볼 수 있다.

```
g25 <- cutree(hc, k = 2:5) # 군집을 2~5개로 나눠보기
g25
```

```
     2 3 4 5
[1,] 1 1 1 1
[2,] 1 1 1 2
[3,] 1 1 1 2
[4,] 1 1 1 1
[5,] 1 1 1 1
```

```
[6,]  2 2 2 3

[7,]  2 3 3 4

[8,]  1 1 1 1

[9,]  2 2 4 5

[10,] 1 1 1 2

[11,] 2 3 3 4

[12,] 1 1 1 1

[13,] 1 1 1 1

[14,] 1 1 1 2

[15,] 1 1 1 1

[16,] 1 1 1 1

[17,] 1 1 1 1

[18,] 1 1 1 1

[19,] 1 1 1 1

[20,] 1 1 1 1

[21,] 1 1 1 1
```

```
table(grp2 = g25[, '2'], grp5 = g25[, '5'])
```

```
     grp5
grp2  1  2  3  4  5
   1 13  4  0  0  0
   2  0  0  1  2  1
```

위 군집 결과를 살펴보면 군집을 5개까지 나눌 경우에 3, 5번 군집에는 1개의 노드만
속하게 된다. 즉 하위 집단으로 어느 정도 의미가 있기 위해서는 3, 4, 5 하위 군집을 하
나로 묶어 2~3개 집단으로 나눠서 분석하는 것이 유용하다.

6.2.2 구성집단(Component)

지금까지는 집단을 찾아내는 상향식 방식을 살펴보았다. 이러한 상향식 방식은 보다 소
규모의 집단을 탐지해내고, 보통 정체성을 기반으로 한 미시적 집단을 찾아내는 데 주

요 장점이 있다. 이와 달리, 미시적 집단에 비해 조금 더 큰 거시적 차원의 커뮤니티를 찾아내는 데에는 하향식 방식의 집단 탐색 방법이 더 유용하다.

연결망 분석에서 집단의 개념을 가장 약하게 정의한 것이 구성집단(component)이다. 연결망에서 임의의 두 노드가 직접 연결되어 있지는 않더라도 간접적으로 서로에게 도달 가능하면 하위 집단으로 구분한다는 것이다. 영어로는 connected graph, connected component라고도 일컫는다(Wasserman and Faust, 1994). 이 개념은 결속집단과 몇 가지 주요한 차이가 있다. 첫째로, 결속집단은 집단 간 중첩이 생기지만 구성집단은 연결된 모든 노드를 포함하기 때문에, 어떤 노드가 서로 다른 구성집단에 동시에 속하는 경우는 발생하지 않는다. 둘째, 집단을 정의하는 데 연결의 강도는 중요하지 않다. 컴퓨터가 구성집단을 찾는 방법은 임의로 선택된 노드에서 출발하여 직접, 혹은 몇 단계를 거치든 간접적으로 연결된 경로를 따라 연결된 구성원을 더 이상 찾을 수 없을 때까지 모두 찾아내는 것이다. 따라서 중첩되는 결속집단은 당연히 하나의 구성집단으로 묶이며, 구성집단 사이의 경계선이 명확해진다.

표 6.1에서 살펴본 것처럼 구성집단은 강한 구성집단(strong component)과 약한 구성집단(weak component)으로 분류된다. 전자는 몇 단계를 거치든 서로 간에 도달할 수 있어야 같은 집단으로 편입되는 반면, 후자는 어느 방향으로든 도달할 수만 있으면 하나의 집단에 속하게 된다(Burt, 1980; Pacault, 1974). 예를 들어서, 도시의 건물을 노드, 또 도로를 경로라고 생각해 보자. 대도시에는 일방통행로가 복잡하게 얽혀 있다. 만일 한 건물에서 차를 타고 다른 건물에 도달할 수 있고, 또 도착한 건물을 떠나 어떤 길을 택하든 출발한 건물으로 돌아올 수 있다면 두 건물은 강한 구성집단에 속한다. 만일 한 건물에서 다른 건물으로 갈 수는 있어도 돌아올 수 없다면 두 건물은 약한 구성집단에 속한다.

*R*에서 구성집단 분석은 components 함수로 호출한다. 모드 설정으로 강한 구성집단(mode = 'strong')과 약한 구성집단(mode = 'weak')을 찾을 수 있다. 이 함수를 활용할 경우 다음의 결과물들을 확인할 수 있다. 이때, 함수의 산출물은 3개의 결과, 즉 각 노드들이 어느 구성집단에 속해 있는지를 보여주는 $membership 결과, 각 구성집단별로 몇 개의 노드가 속해 있는지를 보여주는 $csize, 총 몇 개의 구성집단이 연결망 속에 있는지를 보여주는 $no 의 정보가 함께 출력된다. 아래 예제처럼 $membership이라고 지정할 경우에, 소속된

약한 구성집단의 명단과 같은 하나의 결과만 출력하는 것도 가능하다.

```
# 강한 구성집단 결과
components(g_informal, mode = 'strong')
```

```
$membership
c01 c02 c03 c04 c05 c06 c07 c08 c09 c10 c11 c12 c13 c14 c15 c16 c17
  1   1   1   1   1   1   1   1   1   1   1   1   1   1   1   1   1
c18 c19 c20 c21
  1   1   1   1

$csize
[1] 21
$no
[1] 1
```

```
# 약한 구성집단 membership만 출력하기
components(g_informal, mode = 'weak')$membership
```

```
c01 c02 c03 c04 c05 c06 c07 c08 c09 c10 c11 c12 c13 c14 c15 c16 c17
  1   1   1   1   1   1   1   1   1   1   1   1   1   1   1   1   1
c18 c19 c20 c21
  1   1   1   1
```

component 분석 결과를 보면 C기업은 양방향으로 연결이 가능한 강한 구성집단은 7개로 나누어지고, 한 방향으로만 연결되도 되는 약한 구성집단으로 분류하면 모두가 동일한 1개의 집단으로 결과가 도출된다.

집단 내 임의의 두 노드 쌍이 독립적인 두 개 이상의 경로로 연결된 하위 집단을 2중 구성집단(bi-component)이라고 부른다(Moody and White, 2003). 하나의 노드나 링크가 없어진다 할지라도 하나의 집단으로 유지될 수 있다는 측면에서 약한 구성집단보다 더 결속력 있는 집단을 의미한다. 그림 6.3의 왼쪽 그림에 있는 노드들은 모두 2개 이상의 독립적인 경로로 연결되어 있으므로 2중 구성집단이다. 예를 들어, 노드 1과 8은 오른

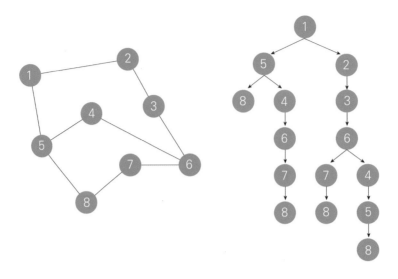

그림 6.3: 2중 구성집단의 예

쪽 그림에서 표현한 4가지 경로로 연결되어 있다. 그렇지만, 중간 노드가 반복되지 않는 독립적인 경로는 1-5-8, 그리고 1-2-3-6-7-8 두 가지이다.

C기업 연결망을 2중 구성집단으로 분석하기 위해서는 biconnected_components라는 *igraph* 함수를 활용할 수 있고, 아래와 같이 2개의 집단으로 나누어지는 것을 알 수 있다.

```
biconnected_components(g_informal)
```

```
$no
[1] 2
$tree_edges
$tree_edges[[1]]
+ 1/61 edge from d03a6d4 (vertex names):
[1] c06--c07
$tree_edges[[2]]
+ 19/61 edges from d03a6d4 (vertex names):
 [1] c19--c21 c04--c21 c14--c20 c14--c16 c16--c17 c08--c17 c12--c13
 [8] c11--c12 c10--c11 c09--c10 c08--c09 c08--c15 c04--c15 c04--c05
[15] c04--c18 c06--c18 c03--c06 c02--c03 c01--c02
```

```
$component_edges

$component_edges[[1]]

+ 2/61 edges from d03a6d4 (vertex names):

[1] c06--c07 c06--c07


$component_edges[[2]]

+ 59/61 edges from d03a6d4 (vertex names):

 [1] c04--c21 c18--c21 c19--c21 c18--c19 c18--c19 c02--c04 c02--c20

 [8] c03--c20 c14--c20 c01--c14 c01--c14 c14--c16 c15--c16 c15--c16

[15] c08--c17 c16--c17 c16--c17 c02--c08 c02--c13 c08--c13 c09--c13

[22] c09--c13 c10--c13 c10--c13 c11--c13 c11--c13 c12--c13 c01--c12

[29] c08--c12 c09--c12 c09--c12 c10--c12 c10--c12 c11--c12 c08--c11

[36] c09--c11 c09--c11 c10--c11 c10--c11 c08--c10 c08--c10 c09--c10

[43] c09--c10 c08--c09 c08--c09 c02--c15 c04--c15 c08--c15 c08--c15

[50] c14--c15 c02--c05 c04--c05 c04--c05 c04--c18 c06--c18 c02--c06

[57] c03--c06 c02--c03 c01--c02


$components

$components[[1]]

+ 2/21 vertices, named, from d03a6d4:

[1] c07 c06


$components[[2]]

+ 20/21 vertices, named, from d03a6d4:

 [1] c21 c19 c04 c20 c14 c16 c17 c08 c13 c12 c11 c10 c09 c15 c05 c18

[17] c06 c03 c02 c01


$articulation_points
```

```
+ 1/21 vertex, named, from d03a6d4:
[1] c06
```

6.2.3 응집적 블록(Cohesive block)

구조적 응집성(structural cohesion)이라는 개념은 뒤르케임의 '유기적 연대(organic solidarity)'를 계량적으로 측정하기 위한 시도 중에 하나로서, 사회과학에서 집단을 연구하는 데 있어서 많이 활용되고 있다(Moody and White, 2003). 이 방법에서 집단을 바라보는 관점은, 위에서 살펴본 2중 구성집단의 개념의 확장으로서, 집단 내 임의의 두 노드 쌍이 독립적인 k개 이상의 경로로 연결된 집단을 하나의 집단으로 살펴보고, 이 때 구조적 응집의 정도는 "집단을 분리하는 데 있어서 필요로 하는 최소 행위자의 숫자"로 규정된다. 연결망 내에서는 다양한 형태의 집단의 계층적으로 존재하는데, 응집적 블록킹(cohesive blocking)의 방식으로 결속력이 가장 약하지만 크기가 큰 집단(k=1)으로부터 결속력이 가장 크지만 크기가 가장 작은 핵심 집단($k = max$)으로 세분화시킬 수 있다.

이 방법은 기존의 집단 분석 방법과 다르게, 거시적 차원에서 각 사회의 구조적 응집의 정도를 측정가능하다는 장점을 지니고 있고, 반대로 미시적 차원에서 각 개별 노드가 속한 하위 집단이 전체 구조에 어느 정도 배태(embedded)되어 있는지를 동시에 확인할 수 있다는 면에서 그 특이점이 있다. 또한, 7장에서 살펴볼, 연결망 밀도 지표가 연결망에 크기에 따라서 값의 의미가 달라지고 서로 다른 크기의 연결망끼리 비교가 어려운 데 비해, 이 지표는 연결망의 크기에 상관없이 비교가 가능하다는 장점도 갖고 있다.

이를, C기업 연결망에 적용한 결과를 살펴보면, $k - cores$ 분석 결과와 유사하게, 연결망의 하위 집단을 분류하는 것을 알 수 있다.

```
cohesive_blks <- cohesive_blocks(g_informal_s)
cohesive_blks
```

```
Cohesive block structure:
B-1        c 1, n 21
```

```
'- B-2    c 2, n 20   oooooo.ooo ooooooooo o

   '- B-3   c 5, n 6   ......ooo ooo....... .
```

```
plot(cohesive_blks, g_informal_s, vertex.label=V(g_informal_s)$name,

     vertex.size=24, vertex.size2=8, vertex.label.cex = 0.7,

     mark.border=1, colbar=c(NA, 'cyan','orange') )
```

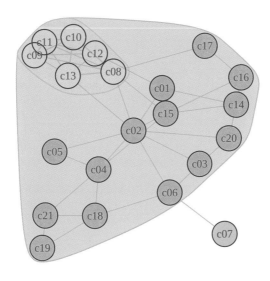

6.3   커뮤니티 탐색 기법(community detection)

결속집단 분석 등의 방법은 그래프 자체의 의미는 분명하지만 이를 찾기 위한 연산에
오랜 시간이 걸리고, 노드가 여러 집단에 중첩되는 경우가 많기 때문에, 고유한 집단들
을 분리해내는 목적으로 사용하기 어려웠다는 면에서, 이와는 반대의 하향식 집단 탐색
의 일환으로 커뮤니티 검색 기법을 개발되어 왔으며, 이는 특히 대규모 연결망 자료에
서의 집단을 탐색하는 방법으로 적극 발전되어 왔다. 소속 집단에 대한 명확한 기준이
없는 상태에서 집단을 구분해내는 방법의 핵심 원칙 중의 하나는 일반적으로 집단 내
관계의 밀도는 높게, 집단 간 관계의 밀도는 낮게 만드는 집단을 찾아내는 것이다. 이를
일반적으로 모듈화(modularity) 기반의 커뮤니티 탐색이라고 부르는데, 이를 보다 일반
화한 형태의 집단 탐색이 블록모델링(White et al., 1976)이다. 블록모델링은 모듈화기반
커뮤티니 탐색과 달리, 집단 내 관계의 밀도가 집단 외 관계의 밀도보다 높다라는 가정

을 하지 않는다는 특이점이 있고, 이러한 블록모델링 방법은 8장에서 자세히 설명한다.

6.3.1 모듈화(modularity) 기반의 커뮤니티 탐색

모듈화(modularity) 기법은 대규모 연결망 분석에서 집단을 탐색하는 데 가장 많이 쓰이는 기법 중 하나이다. 그 이유는 연산 속도가 빠르고, 다학제적인 연구 결과의 종합물로서 자연과학, 공학, 사회과학 모두에서 쓰이고 있기 때문이다(Girvan and Newman, 2002; Newman, 2006). 기본적인 아이디어는 단순하다. 전자 제품에서 주요 부품들은 모듈(module)화 되어 있다. 모듈이라는 것은 가능한 독립적인 기능들을 하는 것을 개별 부품화함으로써 부품과 부품 사이의 연결 회로를 최소화하여 집적의 효율을 추구하는 것이다. 이러한 아이디어는 컴퓨터 공학에서 병렬 연산(parallel computing)을 처리할 때 어떤 프로세서에 연산을 할당할 것인가에 대한 고민과 이어진다. 즉 프로세서 간의 연산과 데이터 전송을 최소화하고, 프로세서 내에서의 연산을 가능한 높이는 것이 병렬 연산의 효율을 높이는 것이기 때문이다. 이렇듯 모듈 간 연산을 최적화하려는 해법은 연결망에서 집단을 구분하고자 하는 목표와 유사하다(Newman, 2006).

관계의 밀도라는 개념을 이용하여 집단을 구분할 때 중요하게 고민해야 할 점은, 어느 정도로 집단 간의 연결이 낮아져야 하는지, 어느 정도로 집단 내의 연결이 높아져야 하는지의 수준이다. 개념적으로는 연결망의 밀도를 고정한 상태에서, 임의적으로 (randomly) 연결선이 발생할 확률을 고려하여, 임의적으로 발생할 가능성보다 높으면 하나의 집단으로, 낮으면 다른 집단으로 구분하면 된다. 하지만 이렇게 할 경우 분석을 시행할 때마다 다른 결과를 얻을 수 있기 때문에 연구자가 어떤 방법이 최적인지를 결정하여야 한다.

igraph(1.2.10)에서는 아래와 같이 9개의 모듈화 기법에 기반한 커뮤니티 탐색 알고리즘을 제공한다.

- cluster_edge_betweenness: 링크 사이중앙성에 기반한 커뮤니티 구조 탐색 방법
- cluster_fast_greedy: 각 노드를 개별적인 커뮤니티로 취급한 다음, 모듈화 수치 증가가 가장 큰 커뮤니티를 반복적으로 병합하는 커뮤니티 탐색 방법

- cluster_infomap: Infomap 커뮤니티 찾기
- cluster_label_prop: 레이블 전파(label propagation) 기반의 커뮤니티 찾기 "내 이웃들이 많이 속한 레이블(label)이, 내 레이블이다"라는 접근
- cluster_leading_eigen: 커뮤니티 행렬 선행 고유벡터 기반으로 커뮤니티 구조 탐색
- cluster_louvain: 모듈화의 다단계 최적화를 통한 커뮤니티 구조 찾기
- cluster_leiden: 트라그 등(2019)이 제안한 레이던(Leiden) 알고리즘을 사용하여 그래프의 커뮤니티 구조 찾기
- cluster_spinglass: 통계 역학을 기반으로 그래프에서 커뮤니티 찾기
- cluster_walktrap:임의 보행을 통한 커뮤니티 구조를 찾는 방법

이 책에서는 이 9가지 방법이 *igraph*에서 쉽게 활용이 가능하다는 면에서 각각의 방법들에 대해서 소개하고 있고, 실제로도 대부분의 연구에서 이 방법들 중의 한두 가지를 활용하고 있다(대표적으로는 louvin 또는 infomap). 하지만, 여기서 소개하고 있는 방법이외에도 새로운 방식의 커뮤니티 디텍션 기법이 항시 업데이트 되고 있기에, 연구자들은 위의 방법보다 더 나은 방식이 없는가에 대한 끊임없는 고민이 필요하고, 여러 가지 방법을 동시에 적용시켜보고 비교해보는 습관을 들이는 것이 중요하다. 비교를 한뒤에 차이가 발생할 경우에, 왜 차이가 발생하고 있는지, 그 차이들이 어떻게 다른 결과들을 만들어내는지를 고민하기 위해서는 각 알고리즘이 바탕으로 하는 가정에 대한 이해가 필요하다.

6.3.1.1 cluster_edge_betweenness

cluster_edge_betweenness 방법은 앞서 중앙성에서 살펴보았던 거반과 뉴먼이 제시한 링크 사이중앙성(edge betweenness)을 활용하여, 링크 사이중앙성이 높은 링크들을 제거해가면서 군집이 형성되는 것을 살펴보는 것이다. 처음에 모든 노드들을 하나의 군집으로 간주하고, edge betweenness가 가장 높은 연결부터 낮은 연결까지의 링크들을 제거하게 되는데, 이는 집단 내부의 연결 밀도가 높고, 집단 간에는 밀도가 낮게 되는 링크들을 찾아서 제거하는 것과 같다(Girvan and Newman, 2002).

6.3.1.2 cluster_fast_greedy

`cluster_fast_greedy` 방법은 클로젯, 뉴먼, 무어에 의해서 제시된 것으로 거대 연결망에서, 빠르게 모듈화 수치가 최적화되도록 고안된 것이다(Clauset et al., 2004). 연결망의 노드를 순차적으로 방문하면서, 이때 각 노드를 가장 높은 모듈성(modularity)을 갖는 모듈에 할당하는 방식으로, 알고리즘은 작동한다. 빠르게 각 노드들이 모듈에 할당되지만, 이는 연결망 전체적인 관점에서는 최적이 아닐 가능성이 있음을 유의해야 한다. 속도가 매우 빠르다는 면에서 연결망의 크기가 클 경우에 유용하다.

6.3.1.3 cluster_infomap

`cluster_infomap`은 정보 이론에 기반한 커뮤니티 탐지 방법으로, 네트워크를 커뮤니티로 나데누었을 때 랜덤 워커의 움직임을 설명하는 데 필요한 정보의 양을 측정하는 맵 방정식(map equation)을 최적화하여 커뮤니티를 식별한다. 맵 방정식은 네트워크의 설명 길이와 복잡성 사이의 균형을 측정하며, 랜덤 워크(random walk)의 예상 설명 길이를 최소화하는 네트워크 분할을 찾는다. 장점은 정보 이론적 기초를 바탕으로 다양한 네트워크에서 견고하게 작동하고, 네트워크 흐름 패턴을 잘 포착하여 의미 있는 커뮤니티를 발견하며, 큰 규모의 네트워크에서도 효과적으로 확장 가능하다는 점이다. Infomap은 정보 흐름의 역학에 기반하여 자연스러운 커뮤니티 구조를 발견하고 네트워크의 복잡성을 줄이면서 강력한 커뮤니티 탐지 도구로 활용된다(Rosvall and Bergstrom, 2008).

6.3.1.4 cluster_label_prop

`cluster_label_prop`은 레이블 전파(label propagation) 기반의 커뮤니티 찾기 방식으로 "내 이웃들이 많이 속한 레이블(label)이, 내 레이블이다"라는 접근 방법이다(Gregory, 2010). 처음에는 각 노드에 고유한 라벨을 할당한다. 무작위로 선택한 노드에서 시작하여, 그 노드의 라벨을 그 노드의 이웃 중 가장 많이 나타나는 라벨로 업데이트하여, 연결망의 모든 노드가 업데이트 될 때까지 반복한다. 만약 이때 연결된 노드들의 라벨들이 다 균등할 때는, 임의적으로 인접 노드의 라벨을 참고하여 업데이트를 한다. 이러한 업데이트는 노드의 라벨이 더 이상 변함이 없이 수렴될 때까지 반복한다. 이렇게 하면, 각 커뮤

니티 내의 노드들은 같은 라벨을 공유하게 된다. 라벨 전파 방법은 빠르게 수렴하는 특성과 높은 해상도를 가진 커뮤니티를 찾을 수 있다는 장점이 있다(Raghavan et al., 2007). 하지만, 무작위 소음(random noise)의 문제가 있고, 초기 라벨 할당에 따라 결과가 달라질 수 있다는 단점도 있어 유의해야 한다.

6.3.1.5 cluster_leading_eigen

cluster_leading_eigen은 주요 고유벡터 군집화(leading eigenvector clustering) 또는 스펙트럴(spectral clustering)이라고 알려져 있는데, 이 방법은 선형대수와 그래프 알고리즘을 함께 활용한다. 먼저 연결망의 인접 행렬을 사용하여 라플라시안 행렬을 만들어 고유값 분해를 한다. 이 결과에서 가장 큰 고유값에 해당하는 주요 고유벡터를 찾는다. 이 고유벡터는 연결망의 주요 구조를 나타내며, 그 성분을 기반으로 노드를 분할하여 커뮤니티를 찾아내는 것이다. 일반적으로 고유벡터의 성분 값이 양수인 노드와 음수인 노드로 구분한다. 이 분할 과정을 반복적으로 반복하면 작은 규모의 커뮤니티까지 찾을 수 있다. 이렇게 찾아낸 여러 커뮤니티들 층위 중 모듈화를 최적화하여 최적의 커뮤니티 구조를 식별해 낸다(Newman, 2013; Li and Schuurmans, 2011).

6.3.1.6 cluster_louvain

cluster_louvain은 루벤 군집화 방법이라고 불리며, 연결의 가중치가 있는 대규모 연결망에서 계층적 최적화를 통한 커뮤니티 구조를 찾는 데 널리 사용되는 방법 중 하나이다(Blondel et al., 2008). 레이블 전파 군집 방법과 마찬가지로 초기에는 각 노드를 모두 각각의 커뮤니티로 배정한다. 그리고 노드들을 제거해가면서 얻는 모듈화(modularity)의 이익/손해를 평가하여 각 노드를 기존 커뮤니티에 놓을지 변경시킬지를 검토하고, 변경시킬 경우에는 노드 i에 연결된 노드 j들의 커뮤니티에 편입시켜서 가장 높은 모듈화를 유지하는 곳으로 배치한다. 이렇게 모듈화 기반으로 개별 노드로부터 전체 노드가 묶일 때까지 계층적 최적화 후, 모듈 최적화를 2단계로 진행한다. 주로 상관관계가 높은 노드 간의 연결을 탐색하는 주식시장, 또는 신경과학 분야에서 많이 활용되어 왔다(MacMahon and Garlaschelli, 2015). Louvain 대학 연구진의 논문(Blondel et al., 2008)에서 비롯되어 루벤 군집화 알고리즘(Louvain algorithm)이라고 불린다.

6.3.1.7 cluster_leiden

루벤 커뮤니티 알고리즘의 경우 같은 커뮤니티 내에서 연결이 끊어진 상태가 발생하는 안정성의 문제가 있는데, cluster_leiden은 이 단점을 극복하고자 만들진 알고리즘이다 (Traag et al., 2019). 전반적으로는 루벤 군집화 방법의 알고리즘과 유사하지만, 커뮤니티 내의 연결성, 속도 등을 개선하였다. 알고리즘을 개발한 연구자들이 레이던(Leiden) 지역에 살고 있어서 이름을 레이던 알고리즘이라고 명명하였다.

6.3.1.8 cluster_spinglass

cluster_spinglass는 스핀 글라스 방법이라고 일컫으며, 이 알고리즘은 연결된 노드 간에 서로 당기는 힘의 지형을 고려하여 커뮤니티를 찾는다. 시각화 방법을 다룬 4장에서 연결된 링크 간의 끌어 당기는 힘을 계산하여 스프링 알고리즘으로 노드 배치 방법을 도출하는 담금질(annealing) 방식을 사용하여 연결망에서 노드들이 서로 당기는 힘이 최소인 지점들을 찾아낸다. 이렇게 에너지 함수가 최적화되도록 커뮤니티를 만들어 내는 방법이다(Reichardt and Bornholdt, 2006).

6.3.1.9 cluster_walktrap

cluster_walktrap은 임의 보행 포착 군집화라고 불리며, 이 알고리즘은 임의 보행(random walk) 방식을 사용하여 노드 간의 유사성을 측정하여 커뮤니티를 포착(trap)한다. 여러 노드에서 시작하여 무작위 방향의 인접 노드로 이동하며 노드 간 길이를 측정한다. 노드 간 도달한 길이가 짧을수록 두 노드 사이의 유사성이 더 높다고 판단한다(Newman and Girvan, 2004). 이렇게 모든 노드 간에 유사성을 도출하고, 이를 활용하여 계층적 군집(hierarchical clustering)을 수행한다. 가장 유사한 노드 쌍부터 하나의 군집으로 합치며, 이 과정을 모든 노드가 하나의 군집에 속할 때까지 반복하여 군집의 구조를 도출한다.

6.3.2 커뮤니티 탐색 결과의 시각화

앞서 살펴본 결속집단, 구성집단 등과 달리 이 절에서 살펴본 커뮤니티 탐색 알고리즘
들은 그래프 이론, 물리학 분야에서 발전하여 알고리즘을 직관적으로 이해하는 것이 쉽
지 않을 수 있는데, 이 경우 이러한 알고리즘을 실제 자료에 적용하여 그 차이를 이해
하려고 노력함으로써 알고리즘 간의 차이를 확인할 수 있다. 아래에서는 이 알고리즘
들을 적용하여 방향성이 없는 C기업 연결망에 적용할 경우 어떻게 결과가 나오는지를
살펴보고 있다. 9개의 알고리즘을 반복적으로 수행하기 위해서 간단한 for문을 구성해
보았고, 9개의 이미지를 한 번에 그리기 위해서 par 함수를 통해 3행, 3열의 격자 파티
션을 나누어 보았다. 몇몇 알고리즘의 경우 가중치가 없고 방향성이 없는 연결망만 분
석이 가능하여 모두 가중치와 방향성이 없는 연결망으로 분석을 하였다.

```
# igraph 함수 중 'cluster_'로 시작하는 함수들을 리스트로 저장하기
list_clusters <- grep('^cluster_', ls('package:igraph'), value=TRUE)


# 위의 리스트에서 특정 함수명 제거하기
list_clusters <- list_clusters[!grepl('fluid_communities¦cluster_optimal',
                 list_clusters)]
# layout_with_fr로 레이아웃 고정시키기
l = layout_with_fr(g_informal_s)
# 이미지 분할(3*3) 및 여백 설정
par(mfrow=c(3,3), mar=c(1, 1, 1, 1))


# cluster_ 함수 반복 실행 및 시각화
for (cluster in list_clusters) {
  cluster_out <- do.call(cluster, list(simplify(g_informal_s)))
  plot(cluster_out, g_informal,
    vertex.shape = 'none',
    edge.arrow.mode = 0,
```

```
    layout = l,
    main = paste0(cluster,'(',max(cluster_out$membership), ')')
    )
}
```

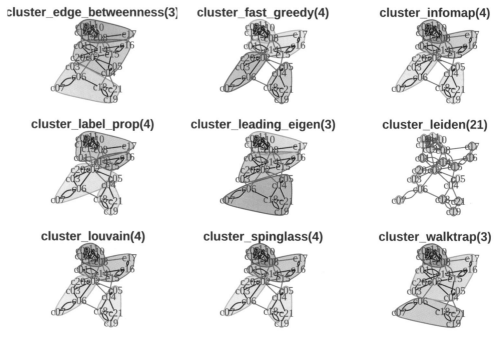

그림 6.4: 다양한 커뮤니티 탐색 알고리즘(커뮤니티 수)

위의 결과를 간단히 살펴보면 cluster_fast_greedy, cluster_infomap, cluster_louvain, cluster_spinglass 알고리즘이 커뮤니티를 같은 4개의 집단으로 나누었으며, 나머지 5개 커뮤니티 탐색 방법들은 각각 다른 결과를 산출한 것을 알 수 있다. 어떠한 알고리즘을 집단 분석에 활용하든, 이처럼 다양한 방식을 모두 적용해보고, 어떻게 집단을 나누는 것이 가장 연구 목적에 부합하며, 실제 현실 세계의 집단 구분과 부합하는 것인지에 대해 고민하는 것이 필요하다.

6.3.3 덴드로그램으로 커뮤니티 표현하기

*igraph*에서 함수로 제공되는 대부분의 군집 결과는 `plot_dendrogram` 함수를 통해 아래와 같이 군집별로 채색된 덴드로그램으로 표현할 수 있다. 이를 통해, 앞서 군집 분석에서 살펴본 바와 같이 각 노드들이 같은 군집에 속한다고 하였을 때 어떤 노드들 간에 더 유사하게 묶이는지에 대해서 판단을 해볼 수 있으며, 덴드로그램을 그려봄으로써 이러한 군집분석 결과의 차이를 보다 직관적으로 이해할 수 있다.[3]

```
graph_cl <- cluster_fast_greedy(simplify(g_informal_s))

plot_dendrogram(graph_cl)
```

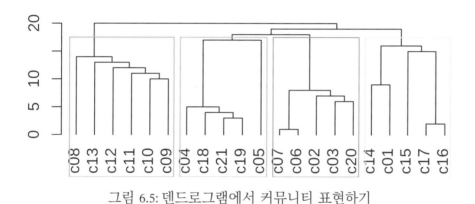

그림 6.5: 덴드로그램에서 커뮤니티 표현하기

6.4 소결

이번 장에서 연결망의 하위 집단을 발견하는 다양한 방법들을 살펴보았다. 연결망에서 하위 집단을 구분하는 데 있어서 가장 중요한 것은, 연구자가 어떠한 관점에서 집단을 발견하고 싶은지에 대한 고민이다. 모두가 연결되어 있는 강하게 응집된 집단을 찾고 싶은 것인지, 끊어지지 않은 연결된 집단을 찾고 싶은 것인지, 연결이 되어 있더라도 내 집단 – 외집단 간의 연결의 밀도가 다른 지점들을 구분하고 싶은지를 염두해야 한다. 이러한 집단 탐색 기법의 유용성은 노드의 숫자와 밀도에 따라서 크게 달라지며, 따라서 여러 알고리즘을 활용한 후 결과를 비교해보면서 적합도를 판단하는 것이 중요하

---

[3]일부 군집 방법에서는 이 함수가 잘 적용되지 않는 경우도 있으니 참고 바란다.

다. 이때, 다양한 알고리즘이 유사한 해법을 내리는 것에 주목을 하는 것도 한 가지 방법이지만, 각 노드들의 여러 가지 다른 속성들을 추가로 조사하여, 실제값(ground truth value)과의 벤치 마크를 하는 것도 어떤 알고리즘을 선택할 지를 결정하는 데 있어서 중요한 과정이다(Peel et al., 2017).

한편으로는 커뮤니티 탐색의 문제가 단순히 알고리즘의 문제만은 아닐 수 있다는 점을 명심해야 한다. 예를 들어, 관계의 강도를 재정의하여 연구 목적에 부합하지 않은 연결을 제거하거나 또는 연결망의 경계(boundary)를 다시 설정하여 노드를 제거함으로써(예: 모두가 연결되어 있는 가장 큰 컴포넌트만 고려할 것) 더욱 뚜렷한 하위 집단을 찾아낼 수도 있다. 실제의 연결망 자료를 살펴볼 경우에는 모든 사람들이 단일 집단에만 속하지 않으며, 많은 경우 이러한 집단과 커뮤니티들이 서로 중첩되어 있는 경우가 많다(Ahn et al., 2010). 따라서, 집단과 커뮤니티를 찾아내는 문제는 단순히 알고리즘을 적용하여 집단을 구분해내는 것으로 끝나서는 안되며, 연결망의 노드와 링크에 채색(coloring)을 한다든가, 덴드로그램 등으로 구조를 잘 드러나게 시각화하는 방법을 통해서, 끊임없이 열린 마음을 갖고 하위 집단을 다양한 방식으로 탐색해 보는 것이 필요하다.

7 구조적 특성

이 장에서는 하나의 연결망을 거시적 차원에서 묘사하고, 서로 비교하는 방법에 대해서 살펴본다. 이에 대한 이해를 돕기 위해, 국가들을 비교한다고 생각해보자. 어떤 기준으로 비교를 할 수 있을까? 이에 대한 답을 위해서는, 국가들의 중요한 특징에는 무엇이 있을지에 대한 고민이 필요하다. 많은 사람들의 머릿속에는 얼마나 경제 강국인지를 나타내는 총 GDP(국내총생산), 얼마나 잘 사는지를 측정할 수 있는 1인당 평균 GDP, 총 인구수, 국토 면적, 인구 밀도 등이 생각날 것이다. 사회학적으로 국가들의 특성을 비교할 때에는 출산율, 이혼율, 소득 불평등을 나타내는 지니 계수, 실업률 등의 지표들도 국가 간 비교에 유용한 지표들일 것이다. 이렇게 지표를 만들어내는 것이 국가들의 특성을 이해하고 보다 객관적으로 비교하는 데 도움을 주는 것처럼, 연결망에 대한 비교를 위해서는 연결망의 특징을 잘 묘사할 수 있는 다양한 지표에 대해서 알아볼 필요가 있다.

연결망의 특징을 이해하고 비교할 수 있는 다양한 지표들 중에서, 이 장에서는 연결적 접근(connectivist approach)에 바탕을 두고, 거시적 차원에서 주로 활용되는 지표들에 대해서 살펴보려고 한다. 연결망의 구조적 특성을 이해하기 위해서는 어떤 관점으로 연결망의 특징을 바라볼 것인지에 대한 고민이 필요하다. 첫 번째 관점은 "얼마나 (많이) 연결되어 있는가?"에 초점을 맞춘다. 응집성과 관련되어 있는 지표로 연결망 밀도를 측정하거나 개인별 연결정도의 평균을 통해 특성을 이해할 수 있다. 두 번째 관점은 연결성으로 "얼마나 가깝게 연결되어 있는가?"에 초점을 맞춘다. 똑같은 연결망 밀도인 연결망도 연결의 패턴과 깊이 등이 다를 수 있다. 세 번째 관점은 "얼마나 연결이 불평등한가?"에 초점을 맞춘다. 소수의 노드에게 더 많은 연결이 몰려있는지 중심과 불평등의 정도를 살펴보는 관점이다. 네 번째 관점은 "얼마나 집단이 서로 격리되어 있는가?"에 초점을 맞춘다. 연결망을 구성하는 행위자들 간에 연결에 있어서 벽이 조성되어 있는지를 살펴보는 관점이다. 마지막으로, 연결망 연구에서 큰 공헌을 한 좁은 세상(small world)이 어떤 구조적 특징이 있는지에 대한 연구들을 바탕으로 사회 연결망 분석의 중요한 지표를 소개한다. 이에 대한 이해를 위해서는, 연결망의 기초적인 분석 단위인 2자 관계와 3자 관계의 특징을 살펴보고 이를 확장하는 것이 필요하며, 필요에 따라서 어떻게 미시적 수준에서의 2자 관계나 3자 관계의 지표가 전체 거시적 차원의 연결망 지표와 연결이 되는지를 살펴볼 것이다.

이번 장에서도 *igraph*의 간단한 명령어들을 활용하여 관련 지표들을 계산하는 실습을 진행할 것이다. 아래의 코드를 통해서 C기업의 비공식 연결망을 불러오자.

```
library(igraph)

net_informal <- read.csv('files/company_c_informal_edges.csv')

g_informal <- graph_from_data_frame(net_informal, directed = TRUE)
```

7.1 응집성

연결망의 구조적 특성 중에서 가장 기본적인 지표는 응집성(cohesion)과 관련 지표들이다. 연결망 내에서의 행위자/노드의 숫자와 연결의 숫자는 연결망의 다양한 특성에 가장 중요한 역할을 한다. 주어진 연결망 내에 몇명의 행위자 또는 몇개의 노드가 존재하는지에 따라, 연결망의 크기가 정해진다. 연결의 숫자도 마찬가지로 전체 연결망 내에 존재하는 연결의 개수에 해당된다. 여기서 연결의 응집성은 연결망 구성원들이 얼마나 긴밀하게 연결되었는지를 나타내는데, 연결망의 크기와 연결의 개수에 따라서 그 정도가 달라지게 되기에, 연결망 분석에서는 이러한 연결 응집성을 측정하는 다양한 지표가 제안되어 왔다. 예를 들어, 대표적인 지표로는 밀도(density), 평균 연결정도(average degree)와 포괄성(inclusiveness) 등이 있다.

7.1.1 밀도(density)

연결망 밀도란 연결 가능한 총 링크 수와 실제로 맺어진 관계 수의 비율로 정의된다. 방향성이 있는 연결망과 방향성 없는 연결망은 연결 가능한 총 링크 수가 다르다. 많은 경우 연결망에서 자기 자신과의 연결은 연결망의 구조를 이해하는 데 중요하지 않기 때문에 이를 분모 그리고 분자에서 제외하고, 다음 공식으로 밀도를 계산한다.

$$\text{방향성 있는 밀도} = \frac{\text{관찰된 링크의 수}}{\text{최대 가능한 링크의 수}} = \frac{m}{n(n-1)}$$

$$\text{방향성 없는 밀도} = \frac{\text{관찰된 링크의 수}}{\text{최대 가능한 링크의 수}} = \frac{m}{n(n-1)/2}$$

n : 노드의 개수, m : 링크의 수

위의 공식에서 알 수 있듯이, 관찰된 밀도는 연결망의 크기에 반비례한다. 그림 7.1은 4개의 노드가 있을 경우 생길 수 있는 연결망의 형태와 밀도를 활용하여 응집성을 측정하는 요소들을 예시하고 있다(Scott, 2017). *igraph*에서 연결망의 밀도는 edge_density 함수로 쉽게 구할 수 있다.

```
edge_density(g_informal) #loop(자기 자신 연결)를 포함하지 않고 계산
```

```
[1] 0.1452381
```

*R*에서 *igraph*의 패키지에서는 기본적으로 루프(loop: 자기 자신과의 연결, 행렬에서 대각(diagonal) 성분)를 포함하지 않고 계산한다. 하지만, 함수의 옵션에서 다음과 같이 루프를 포함하여 실행하는 것도 가능하다. 이 연결망에서는 자기 자신을 지목하는 경우는 없기 때문에, 밀도가 더 낮게 나타난다.

```
edge_density(g_informal, loops=TRUE) # loop를 포함하고 계산
```

```
[1] 0.138322
```

7.1.2 평균 연결정도(average degree)

각 행위자 또는 노드별로 연결정도를 측정할 수 있는데, 이는 쉽게 말해 각 노드가 다른 노드와 관계 맺고 있는 다른 노드의 개수로 정의된다. 이러한 개인별 연결정도를 활용하여, 연결망 전체의 연결망 지표를 만드는 데 있어서 가장 직관적인 방식은 평균을 내는 것이다. 이에, 평균 연결정도는 모든 노드들의 연결 정도의 평균을 통해서 구할 수도 있고, 수학적으로 연결망 내에 존재하는 총 연결 수를 연결망에 속해 있는 총 노드들의 수로 나눈 값과 동일하다. 다음과 같이 구할 수 있다.

```
# 평균 연결 정도를 구하기 위해 평균(mean)함수를 활용
mean(degree(g_informal))
```
[1] 5.809524

```
# 수학적 평균 연결정도의 계산
ecount(g_informal) / vcount(g_informal)
```
[1] 2.904762

위의 값을 비교해보면은, 방향성이 있는 연결망의 경우 연결중앙성을 계산하는 데 있어서 하나의 연결이 각 노드에 2번씩 중복으로 계산이 되는 문제가 있음을 알 수 있다. 다음과 같이 degree 함수에서 mode를 in/out 으로 지정을 해주면은 평균 연결 정도는 수학적 계산 결과와 동일하게 2.90으로 산출는 것을 확인할 수 있다.

```
mean(degree(g_informal, mode = 'in'))
```
[1] 2.904762

```
mean(degree(g_informal, mode = 'out'))
```
[1] 2.904762

7.1.3 포괄성(inclusiveness)

포괄성은 한 연결망에 포함된 노드의 총 수와 그 수에서 연결되어 있지 않은 노드 (isolate)의 개수를 뺀 수의 비율로 정의된다. 예를 들면, 한 그래프에서 20명 중에 5명 이 어느 누구와도 연결되지 않았다면, 이 그래프의 포괄성은 0.75가 된다. 포괄성을 계 산하는 방법은 총 노드의 수에서 연결되지 않은(degree=0) 노드의 수를 빼주고 이를 총 노드의 수로 나누면 된다. C기업의 연결망은 모든 노드가 연결되어 있기 때문에 포괄 성은 1(100%)이 된다.[1]

```
# 총 노드의 수
n_of_nodes <- vcount(g_informal)
# 연결되지 않은 노드(degree == 0)의 수
n_of_isolated_nodes <- sum(degree(g_informal) == 0)
# 포괄성
(n_of_nodes - n_of_isolated_nodes) / n_of_nodes
```

[1] 1

위 코드처럼 degree(g_informal) == 0을 실행하면, g_informal 그래프의 노드들 중 연결정 도가 0인 경우가 TRUE로 확인된다. 아래 명령어에서 오른쪽 항에 있는 숫자를 바꿔 가 며 연결 정도가 1, 2, 3 인 노드들도 각각 다르게 뽑을 수 있을 것이다.

```
# 연결정도가 0인 노드들을 찾아보기
degree(g_informal) == 0
```

c01	c02	c03	c04	c05	c06	c07	c08	c09	c10	c11
FALSE	FALSE	FALSE	FALSE	FALSE	FALSE	FALSE	FALSE	FALSE	FALSE	FALSE

c12	c13	c14	c15	c16	c17	c18	c19	c20	c21
FALSE	FALSE	FALSE	FALSE	FALSE	FALSE	FALSE	FALSE	FALSE	FALSE

---

[1] R에서 기호 =과 < −, ==의 사용에 대해서 초반에는 많은 혼란이 있을 수 있다. 대부분의 경우 =과 < − 은 변수나 값 또는 객체를 지정(assignment)해주는 의미로 쓰인다. 즉 우변에서 계산한 것이 좌변으로 지정 또는 정의된다고 이해하면 된다. 반면 ==의 경우 논리적으로 좌변과 우변이 동일한지에 대해서 파악할 때 쓰인다.

```
# 노드들의 목록을 뽑아내기
V(g_informal)[degree(g_informal) == 0]
```

+ 0/21 vertices, named, from fa79f96:

위에서 살펴본 밀도, 포괄성, 평균 연결정도를 이해하기 위해서 그림 7.1에서와 같이 4개의 노드로 5가지 형태의 연결망 그래프를 그린 후 주요 지표들을 비교해보자. 밀도와 평균 연결정도는 링크의 수에 영향을 받지만 포괄성은 링크의 수에 직접적인 영향을 받지 않는 것을 알 수 있다. 이러한 지표의 특성을 잘 활용하여, 상황에 적절한 연결망 지표를 사용하는 것이 중요하다.

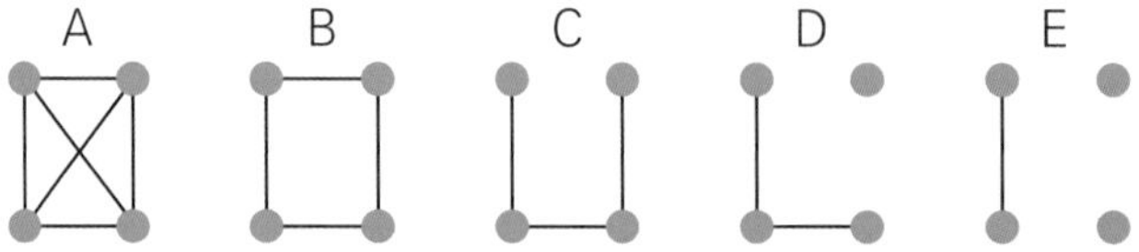

	A	B	C	D	E
연결된 결점 수	4	4	4	3	2
포괄성	1.0	1.0	1.0	0.7	0.5
연결 정도의 합	12	8	6	4	2
링크의 수	6	4	3	2	1
밀도	1.0	0.67	0.5	0.33	0.1

그림 7.1: 4개의 노드가 있을 경우 생길 수 있는 연결망의 형태와 특성

7.2 연결성

앞서, 응집성이 연결이 얼마나 많이 되어 있는지를 측정한 것에 비해, 연결성은 노드들 간에 연결이 얼마나 가깝게 이루어지고 있는지에 대해서 살펴본다. 극단적인 예로, 똑같이 5명의 노드로 이루어진 연결망에서, 하나의 라인의 형태로 쭉 연결이 되어 있는 경우, a-b-c-d-e과 같은 형태로 연결된 경우에는 a와 e의 사이에는 네 단계를 거쳐야 정보가 전달되지만, 똑같은 5개의 노드가 4개의 연결로 이루어졌지만 집중화된 형태로 연결된 경우, a,b,c,d의 노드가 e와 직접적으로 연결된(a-e, b-e, c-e, d-e) 경우에는 a와 e 사이에는 직접적으로 연결되어 한 단계만에 정보가 전달됨을 알 수 있다. 서로 가깝게

연결된 연결망일수록 연결망 내에 정보가 빠르게 전파된다는 면에서 좀 더 효과적인 연결망이 될 수 있지만, 지나치게 서로 가까운 연결망은 정보의 다양성을 제한할 수 있기 때문에 적절한 연결성을 유지하는 것이 중요하다(Uzzi, 1997; Uzzi and Spiro, 2005).

이 절에서는 노드 간에 얼마나 가깝게 연결되어 있는지를 측정하는 다양한 지표들을 살펴볼 것이다. 이를 위해 가장 기본적인 개념은 경로거리이다.

7.2.1 경로 거리(Geodesic Distance)

경로 거리(Geodesic Distance)는 두 노드 쌍 사이에서 가장 빨리 도달할 수 있는 최소 단계 수를 의미한다. 예를 들어 그림 7.2의 연결망에서 노드 a에서 노드 f까지 도달하는 경로는 3가지가 있다. 이 중에서 가장 짧은 경로(Shortest Path)는 a-b-c-f 로 경로 거리는 3이다. 이처럼, 노드들간의 경로거리를 계산할 수 있고, 연결망 그래프 내에서의 노드 간의 경로 거리 행렬의 형태로 표현할 수 있다.

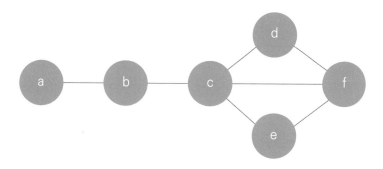

그림 7.2: 연결망 그래프 경로거리 예시

경로거리에 우리가 관심을 갖는 이유는, 예를 들어, 직장 내에 자문을 구하는 연결망에서 누가 누구에게 직접 자문을 구하며, 자문의 내용이 어느 정도 파급력을 갖고 연결망 전체에(멀리까지) 전파되는가 등에 대한 질문에 답을 할 수 있기 때문이다. 이때, 경로 거리(geodesic distance 또는 path distance)를 통해서 정보 전달의 신속성 또는 효율성을 측정할 수 있다.

C기업 내 구성원들의 비공식 연결망의 연결성을 탐색하기 위해서는 distances 함수를 사용하면 다음과 같이 모든 노드-노드 간의 경로 거리 행렬을 얻을 수 있다. 방향성이

	a	b	c	d	e	f
a	0	1	2	3	3	3
b	1	0	1	2	2	2
c	2	1	0	1	1	1
d	3	2	1	0	2	1
e	3	2	1	2	0	1
f	3	2	1	1	1	0

표 7.1: 경로 거리 행렬의 예시

있는 연결망에서 경로 거리를 구할 때는 방향을 지정해주어야 한다. 'in/out/all'을 중에서 mode를 선택할 수 있는데, 'all'을 선택하면 방향성이 없도록 대칭 행렬을 만들어준 것과 동일한 결과를 얻게 된다. 그리고 연결망에서 노드 간에 서로 도달하지 못하는 경우에는 Inf(infinite, 무한대)라고 계산된다(mode를 'in' 또는 'all' 로 변경해서 실행해보길 권장한다).

아래 실습 코드에서는 지면의 한계로 인해서 거리 행렬을 노드 c01-c08로 제한하여 표현하도록 하였다.

```
# g_informal 그래프애서 노드 c01-c08의 out 방향의 경로 거리
distances(g_informal, mode = 'out')[1:8,1:8]
```

```
    c01 c02 c03 c04 c05 c06 c07 c08
c01   0   1 Inf Inf Inf Inf Inf   3
c02   3   0 Inf Inf Inf Inf Inf   2
c03   4   1   0 Inf Inf Inf Inf   3
c04   3   1 Inf   0   1 Inf Inf   2
c05   4   1 Inf   1   0 Inf Inf   3
```

```
c06    4    1    1 Inf Inf    0    1    3
c07    5    2    2 Inf Inf    1    0    4
c08    3    1 Inf Inf Inf Inf Inf    0
```

7.2.2 노드 간 평균 경로 거리(Average Distance)

이때, 각 노드 간의 경로 거리뿐만 아니라, 하나의 연결망 전체에서 노드들이 서로 가깝게 위치해 있고 도달 가능한지를 측정하기 위해서는 다시 한 번 평균의 개념을 활용한다. 이후에, 좁은 세상 원리에 대해서 우리가 살펴볼 것인데, 평균 경로 거리는 얼마나 세상이 서로 좁게 연결되어 있는지를 나타내는 중요한 지표로 활용되고 다. 노드 간 경로 거리의 평균(average distance)을 측정하기 위해서는 각 노드가 자기 자신 간의 거리(행렬에서 대각 성분)를 제외한 행렬의 모든 값들의 평균을 계산하면 된다. 방향성이 없는 연결망의 경우, 노드 간 경로 거리의 평균 값은 다음과 같이 간단히 구할 수 있다.

```
mean_distance(g_informal, directed = FALSE)
```

```
[1] 2.395238
```

노드 간 경로 거리를 구할 때 방향성이 있는 연결망(mode = 'in' / 'out')의 경우, 많은 경우에는 서로 경로가 이어지지 않는 경우가 많이 있을 것이다. 이렇게 연결되지 않는 (unconnected) 노드 간의 평균 경로 거리를 계산할 때는 두 가지 선택이 가능하다. *igraph*에서 기본적으로 선택되어 있는 옵션은 unconnected = TRUE로 연결되지 않는 Inf값을 분모 또는 분자에 포함시키지 않고 계산하는 방법이다. 일반적으로 unconnted = TRUE 라고 가정을 하여 계산을 하지만, 실제로 경로거리가 0이라는 것의 의미에 대해서 곰곰히 생각해볼 필요가 있다. 예를 들어, 그 이유가 다른 모든 노드들과 연결되지 않아 고립되어 생긴 경우라면, 이러한 노드들을 제외하거나 또는 가장 큰 컴포넌트(giant component)로 경로 거리의 계산을 한정지어야 하는 것도 하나의 방법일 것이다. 이때, 연결되지 않은 노드 간의 거리를 연결망에서 관찰된 최대 거리 + 1로 대치하여 계산방법도 있다. 이를 위해서는 먼저, 각 노드 간의 경로 거리를 구한 뒤에, Inf를 최대 경로 거리로 대치시킨 뒤에 평균을 계산하는 절차를 밟아야 한다.

```
# 밖으로 향하는 연결만 고려 (out), 이때 'in' 또는 'all'로 고려도 가능
dist_g <- distances(g_informal, mode = 'out')
#print(dist_g[1:5,1:5])
#      c01 c02 c03 c04 c05
#c01   0    1 Inf Inf Inf
#c02   3    0 Inf Inf Inf
#c03   4    1   0 Inf Inf
#c04   3    1 Inf   0   1
#c05   4    1 Inf   1   0


# Inf를 최대값 + 1으로 대체
max_dist <- max(dist_g[dist_g != Inf])
dist_g[dist_g == Inf] <- max_dist + 1
mean(dist_g)
```

[1] 4.804989

7.2.3 도달 가능성(Reachability)

몇 단계의 경로를 거치는가와 별개로, 노드들 사이에 서로 도달할 수 있는지의 여부를
나타내는 개념이 도달 가능성(reachability)이다. 경로 거리 행렬에서 0이나 빈칸이 아닌
쌍들은 모두 도달 가능한 쌍들이며, 도달 가능성을 1로 표현한 것을 도달 가능성 행렬
이라 부른다. 이 도달 가능성에 대한 측정이 중요한 이유는, 도달 가능한 쌍의 비율이
낮은 연결망의 경우에는, 그 연결망 내에서의 커뮤니케이션 활성화 정도가 구조적으로
낮음을 드러낼 수 있기 때문이다.

도달 가능성은 경로 거리 행렬에서 0또는 Inf 가 아닌 경우로 계산할 수 있으며, 아래와
같이 실행할 경우 도달 가능한 경우에는 TRUE, 그렇지 않은 경우 FALSE로 표시된다. 아래
의 그래프에 대해서 도달가능성의 평균 비율은 51.5% 정도인 것으로 나타난다.

```
# 도달가능성에 대한 계산

reachablitity <- is.finite(distances(g_informal, mode='out')) &
  distances(g_informal, mode = 'out') > 0
# 도달가능성 1:5까지의 노드를 표시

reachablitity[1:5,1:5]
```

```
      c01   c02   c03   c04   c05
c01 FALSE  TRUE FALSE FALSE FALSE
c02  TRUE FALSE FALSE FALSE FALSE
c03  TRUE  TRUE FALSE FALSE FALSE
c04  TRUE  TRUE FALSE FALSE  TRUE
c05  TRUE  TRUE FALSE  TRUE FALSE
```

```
# 평균 도달가능성의 계산
mean(reachablitity)
```

```
[1] 0.5147392
```

도달가능성에 대한 연결망의 거시적 지표로서 활용되는 것이 연결망의 지름(diameter)
이다. 연결망의 지름은 연결망 내에서 가장 멀리 떨어진 노드 쌍 사이의 경로 거리 중
가장 큰 값으로 정의된다. 이는 도달 가능성의 최대값으로 볼 수 있으며, 아래와 같이
diameter 함수를 통해 쉽게 구할 수 있다.

```
# 연결망의 지름을 구하기
diameter(g_informal)
```

```
[1] 7
```

```
max(distances(g_informal))
```

```
[1] 5
```

마지막으로, 이러한 도달가능성은 거시적 수준에서만이 아니라 미시적 수준에서도 살

펴볼 수 있다. 즉, 각각의 노드별로 도달 가능한 다른 노드의 수를 계산할 수 있는데, 연결망 내에서 도달가능한 노드의 숫자가 높은 노드는 연결망 내에서 중요한 역할을 한다고 볼 수 있다. 이러한 지표를 노드별로 계산할 수 있는데, 아래와 같이 ego_size 함수를 활용하여, 경로 거리의 최댓값(연결망 지름)보다 큰 단계까지 도달 가능한 노드의 숫자를 각 노드별로 구하는 것이다. 아래에서는 order의 옵션에 지름의 크기(diameter)를 직접 입력해주었지만, 이를 변수로 지정하여, 이를테면 3단계 안에 도달가능한 노드의 숫자를 구하는 용도로도 이 함수를 활용할 수 있을 것이다.

```
ego_size(g_informal,
         order = diameter(g_informal),
         nodes = V(g_informal),
         mode = 'in')
```

[1] 18 18 4 2 2 2 2 18 18 18 18 18 18 18 18 18 18 6 6 1 7

7.2.4 최대 흐름(Maximum Flow)

최대 흐름은 연결망 노드 간 전달 경로의 다중성(multiplicity)을 측정하는 것이다(Even and Tarjan, 1975; Moody and White, 2003). 가령, 최대 흐름은 내가 A라는 사람에게 정보를 전달할 수 있는 경로가 몇 개인지 측정한다. 각 경로가 몇 단계를 거치는지는 중요하지 않다. 만일 B가 전염병 병균 보유자라면, A에 대한 최대 흐름이 클수록, 다시 말해 A와 닿는 경로가 많을수록 A는 질병에 걸릴 확률이 높을 것이다.

최대 흐름은 다음과 같이 max_flow 함수를 통해 출발점(source), 도착점(target)을 지정해 주면 된다. 이 함수를 활용하였을 때, 값(value)으로 출력되는 숫자가 최대 흐름을 나타낸다. 이 예시에서, c02에서 c16 노드로는 가는 길이 1가지 방법밖에 없다는 것을 알 수 있다. 이때, 이러한 최대 흐름 값만 구하고 싶다면, 아래 스크립트와 같이 실행하면 된다. 단, 아래 스크립트에서 $value를 제외한 상태에서도 실행을 해보기 바란다.

```
max_flow(g_informal, source=V(g_informal)["c02"],
    target=V(g_informal)["c16"])$value
```

[1] 1

위에서 구했던 많은 연결망 수준의 지표와 동일하게, 각 출발점과 도착점을 각 노드로 지정한 뒤에 각 노드들 간에 최대 흐름 행렬을 구할 수 있으며, 이 행렬의 평균 값을 계산하여 평균 최대 흐름의 지표를 만들 수 있다. 동일한 크기의 연결망 내에서는 평균 최대 흐름의 지표를 통하여, 얼마나 노드들 사이에 연결이 다중적으로 연결 또는 중첩적으로 연결되어 있는지를 비교하기에 용이한 지표이다.

7.2.5 k-연결성(*k*-connectivity)

연결망이 얼마나 잘 연결되어 있는지에 대한 질문은, 반대로 얼마나 연결망이 "덜" 취약한가의 관점으로 생각해볼 수 있다. 다시 말해, 서로 끈끈하게 연결되어 있는 연결망은 어떤 노드가 제거되어도 연결망이 끊어지지 않을 것이다. 많은 노드가 제거되어야만 서로 분리가 되는 연결망은 구조적인 관점에서 더욱 견고하고 조밀한 연결을 갖고 있다고 할 수 있다. 이러한 점에 착안해서, 무디와 화이트(Moody and White, 2003)는 그림 7.3 예시와 같이 연결망에 있어서 특정 노드 몇 개가 사라져야 연결망이 끊어지는지를 살펴보는 *k*-연결성(*k*-connectivity) 지표를 제안하였다.

그림 7.3 (a)~(d) 연결망은 노드의 수는 같다. 하지만, *k*-연결성은 다르다. (a)의 경우 이미 노드를 제거할 필요 없이(*k*=0) 연결망이 나뉘어져 있고, (b)의 경우는 하나의 노드(7번)를 제거하면 연결망이 분리된다(*k*=1). (c)의 경우에는 두 개의 노드(6, 13)를 제거하면 연결망이 나누어지고, (d)의 경우에는 3개의 노드(6, 7, 9 또는 10, 11, 13)을 제거하면 연결망이 분리된다.

연결망에서 몇 개의 노드를 제거하면 그래프가 분리되는지를 측정하는 *k*-연결성은 cohesion 함수로 쉽게 계산할 수 있다. 이때, cohesion 함수는 방향성이 없는 연결망에서 활용하는 것이 권장되며, as.undirected 함수로 방향성을 없앤 뒤에 실행하면 된다.

```
# 방향성 없는 연결망으로 변환
g_undirected_informal <- as.undirected(g_informal)
cohesion(g_undirected_informal) # k-연결성 구하기
```

[1] 1

방향성이 없는 C기업의 비공식 연결망에서는 c06노드 한 개를 제거하면, 연결망이 2개로 나뉘는 결과를 확인할 수 있다. 다시 말해, C기업의 비공식 연결망은 전체가 연결성 여부가 c06노드에 의해 좌지우지 되는 구조적 취약성이 있으며, 딱 한 개의 노드에 전체 연결을 기댄다는 측면에서 연결의 구조적 취약성을 드러낸다고 할 수 있다. 이 지표는 앞 장에서 살펴본, 연결망 그래프 내에서 하위 집단을 구분하는 cohesive blocking 방법에 중요하게 활용된다.

7.3 연결망 불평등

연결망 불평등(network inequality)은 연결망 내에서 일종의 노드들 간의 불평등에 대하여 측정하는 지표이다. 대다수의 사회와 대부분의 조직 내에서, 자원과 권력이 소수에

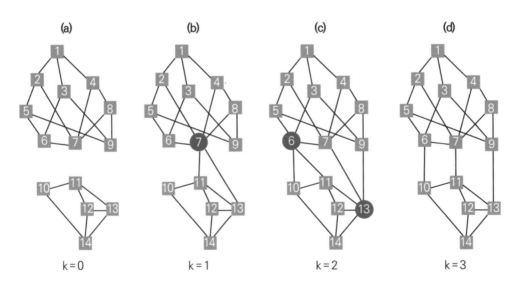

그림 7.3: Connectivity 예제(Moody and White 2003, p.108)

게 집중되어 있어 있고, 이로 인해서 불평등이 발생하는 것과 마찬가지로, 많은 연구에서 연결망 내에서도 소수의 노드가 연결을 독점하거나 중심적인 위치에 차지하고 있음을 밝혀내왔다(Barabási and Albert, 1999; Broido and Clauset, 2018; Gould, 2002). 사회 연결망 학자들은 연결망 불평등에 대한 측정을 통해 불평등이 연결망 내에서 어떻게 발생하고, 어떻게 유지되는지에 대한 이해를 증진시키고 있다. 이 절에서는 사회 연결망에서 불평등을 측정하는 두 가지 기초적인 방법에 살펴보도록 하겠다.

7.3.1 중심화(centralization)

전체 연결망의 속성을 이해하는 방법 중에 하나로, 연결망 그래프 내에서의 연결이 얼마나 중앙에(소수에게) 집중되었는지를 나타내는 개념이 중심화(centralization) 지표이다. 이 지표를 고안한 프리먼(Freeman, 1978a)은 그래프 중앙성(graph centrality)이라고 표현하기도 하였다. 이 책에서는 중앙성이라는 개념과 쉽게 구분하기 위해서 중심화(centralization)라는 표현을 사용한다. 그림 7.4와 같이 A, B, C, D, E 5개의 노드로 구성된 4종류의 연결망 그래프를 살펴보자(Bavelas, 1950). 아래에서는 *igraph* 함수를 활용하여, star, circle, chain, Y Network 4가지 형태의 연결망 그래프를 그려보았다.

```
# 4가지 유형 그래프 생성

star <- graph_from_literal(A - B:C:D:E )

circle <- graph_from_literal(A - B - C - D - E - A)

chain <- graph_from_literal(A - B - C - D - E)

Y_Network <- graph_from_literal(A:B - C - D - E)


# 레이아웃 설정

par(mfrow=c(2,2))

par(mar = c(1, 1, 1, 1))


# 시각화

plot(star, vertex.shape = 'none', edge.arrow.size = 0.5); title('star')
```

```
plot(circle, edge.arrow.size = 0.5, vertex.shape = 'none'); title('circle')

plot(chain, edge.arrow.size = 0.5, vertex.shape = 'none'); title('chain')

plot(Y_Network, edge.arrow.size = 0.5, vertex.shape = 'none',
     layout=layout_as_tree(Y_Network, root=c(1,2))); title('Y Network')
```

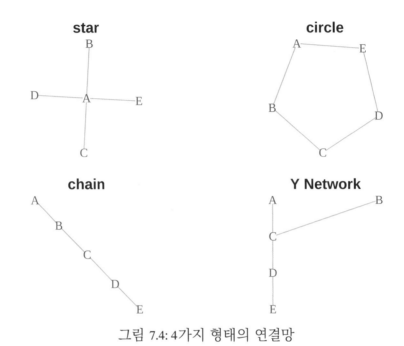

그림 7.4: 4가지 형태의 연결망

한 가지 중요한 사실은, 그림 7.4에 나타난 4가지 형태의 연결망 그래프에서 연결망의 밀도에는 큰 차이가 없다는 것이다. 하지만, 눈으로 보아도 별모양(star) 연결망 그래프는 모든 연결이 A로 수렴되어 있는 중심화가 높은 연결망이라는 것을 쉽게 알 수 있다. 중앙성이 어떤 노드가 연결망 내에서 얼마나 중심적인 위치를 차지하는가에 초점을 둔다면, 중심화는 한 연결망이 전체적으로 얼마나 중앙 집중적인 구조를 가졌는지, 혹은 연결망이 얼마나 한 점을 중심으로 결속되었는가를 측정하는 것이다.

중심화를 측정하는 방법은 가장 중심적인 점과 다른 모든 점들의 중앙성 점수들 간의 차이를 각각 구하여 이를 모두 합한 다음, 이것을 논리적으로 가능한 최댓값으로 나누는 것이다. 이를테면, 연결중앙성에 근거한 중심화 지수는 다음과 같다.

$$연결중앙성\ 중심화\ 지수:\ C_D = \frac{\sum_{i=1}^{n}[C_D(p_*) - C_D(p_i)]}{max \sum_{i=1}^{n}[C_D(p_*) - C_D(p_i)]}$$

$C_D(p_i)$ = 노드 i의 연결중앙성

$C_D(p_*)$ = 연결중앙성 최대값

$max \sum_{i=1}^{n}[C_D(p_*) - C_D(p_i))$ = 한 노드로 연결이 집중되었을 때(star 연결망). 즉 논리적으로 한 노드의 중앙성과 나머지 노드들의 중앙성 차이가 최대가 되는 경우에서 차이의 합

위의 수식은 복잡해 보이지만, 실제 계산은 매우 직관적이다. 간단한 예를 들어 그림 7.4의 별(star) 그래프의 중심화 지표를 구하는 절차를 설명하면 다음과 같다. 이 연결망에서 가장 큰 연결중앙성은 A의 연결중앙성(degree centrality)인 4이다. 가장 변방에 있는 노드의 연결중앙성은 1이다. 수식의 분자는, 최댓값인 4로부터 모든 노드의 중앙성을 뺀 차이를 더한 값으로, (4-1) × 4 = 12이다. 분모는 논리적으로 가장 큰 차이를 합한 값이다. 5개의 노드로 이루어진 연결망에서 한 노드가 논리적으로 가질 수 있는 최댓값은 별모양 연결망에서의 4이다. 이 별모양 연결망에서 변방에 놓인 4개 노드의 중앙성은 1이므로 차이의 합은 (4-1) × 4 = 12이다. 따라서 12 / 12 = 1로 이것이 연결정도 중심화 지수이다.

아래는 *R* 코드를 활용하여 위에서 만들어낸 그래프 모티프들에 대하여 간단히 이러한 중심화 지수를 계산하는 방법을 보여준다. 이때, 이론상 최대 연결 가능한 노드에 자기자신(self loop)이 포함되는지 아닌지(loops = FALSE)에 따라서 값이 달라지니 이를 유의해서 실행하기 바란다.

```
centr_degree(star, loops = FALSE)$centralization
```

[1] 1

```
centr_degree(circle, loops = FALSE)$centralization
```

```
[1] 0
```

```
centr_degree(chain, loops = FALSE)$centralization
```

```
[1] 0.1666667
```

```
centr_degree(Y_Network, loops = FALSE)$centralization
```

```
[1] 0.5833333
```

연결망 중심화를 측정하는 방법은 중앙성을 측정하는 기본적인 세 가지 방법(연결중
앙성, 인접중앙성, 사이중앙성) 각각에 대응해서 존재한다. 따라서, 사이중앙성과 인접
중앙성에 의한 중심화 지수도 마찬가지 절차를 통해 계산된다. 분자는 관찰된 최댓값
과 각 노드 사이의 차이를 합한 것이고 분모는 논리적으로 가능한 최댓값이다.

$$\text{사이중앙성 중심화 지수}: \quad C_B = \frac{\sum_{i=1}^{n}[C_B'(p_*) - C_B'(p_i)]}{n-1}$$

$C_B(p_i)$ = 노드 i의 사이중앙성

$C_B'(p_*)$ = 사이중앙성의 최댓값

$$\text{인접중앙성 중심화 지수}: \quad C_C = \frac{\sum_{i=1}^{n}[C_C'(p_*) - C_C'(p_i))}{(n^2 - 3n = 2)/(2n-3)}$$

$C_C(p_i)$ = 노드 i의 인접중앙성

$C_C'(p_*)$ = 인접중앙성의 최댓값

위의 수식들을 바탕으로 앞에서 살펴본 4개의 연결망 각각 사이중앙성 및 인접중앙성
기준의 중심화 지표를 R로 구해보면 다음과 같다.

```
centr_betw(star)$centralization
```

```
[1] 1
```

```
  centr_betw(circle)$centralization
```

```
[1] 0
```

```
  centr_betw(chain)$centralization
```

```
[1] 0.4166667
```

```
  centr_betw(Y_Network)$centralization
```

```
[1] 0.7083333
```

```
  centr_clo(star, mode = 'all')$centralization
```

```
[1] 1
```

```
  centr_clo(circle, mode = 'all')$centralization
```

```
[1] 0
```

```
  centr_clo(chain, mode = 'all')$centralization
```

```
[1] 0.4222222
```

```
  centr_clo(Y_Network, mode = 'all')$centralization
```

```
[1] 0.6351852
```

7.3.2 멱함수 지수(power law exponent)

지금까지 살펴본 중심화의 지수가, 노드의 다양한 중앙성 지수를 중심으로 중앙성이라
는 연결망의 위치가 특정한 노드에게 쏠려 있는지를 살펴본 것에 비해서, 연결망 연결
정도(degree)에 초점을 맞추지만 이것의 분포 자체의 통계적 특성을 주목하여 연결망의

불평등 정도를 계산할 수 있다. 이러한 관점에서 가장 널리 알려진 지표는 멱함수 지수 (power law exponent)이다. 멱함수 분포는 연결망에서 소수의 허브(hub)가 존재하며 이들 노드가 다른 노드들로부터 기하급수적으로 많은 연결을 받고 있고, 이들로 인하여 연결망이 서로 가깝게 연결될 수 있다는 것을 보여준다. 예를 들어, 사람들의 연결망에서는 수많은 사람들을 소개시켜주고 관계를 확장시켜주는 마당발과 같은 존재가 있다는 것이다.

많은 연결망이 멱함수 분포의 특징을 갖고 있다는 것은 바라바시와 알버트의 연구로부터 밝혀지기 시작했다(Barabási and Albert, 1999). 월드와이드웹(WWW) 웹사이트 간의 연결 관계, 인터넷에서의 노드들의 관계, 전력망, 항공망 등 물리적인 연결뿐만이 아니라 과학자의 협업 관계, 영화에 등장한 배우 간의 연결, 인용 관계 등도 멱함수 분포의 특징을 갖고 있음이 드러났다(Barabási, 2016). 이러한 분포가 존재할 수 있는 까닭은 연결망에서 새로운 노드 또는 링크가 추가될 때 더 많은 링크를 보유한 허브로 연결하고자 하는 선호적 연결 특성(preference attachment)이 작동하기 때문이라는 것이 밝혀져 있다(Yook et al., 2002). 최근의 연구에 따르면, 이들 연결망의 많은 경우에 멱함수 분포가 아니라 로그노말 분포(log-normal distributions)의 형태를 띠고 있다는 반박도 제기되고 있지만(Broido and Clauset, 2018), 멱함수 분포는 여전히 연결망의 구조적 특성을 설명하는 데 있어 중요한 지표로 활용되고 있다.

멱함수 분포의 일반식은 $p_k \sim k^{-\gamma}$이다. γ는 멱함수 분포의 지수이다. 연결정도(degree) k가 지수 함수적으로 증가할 때, 연결망 내에서 해당 연결정도의 발생 비율 p_k가 지수 함수적으로 감소한다. 여기서 따라서 좌/우변에 모두 로그 함수를 씌우면 그림 7.5와 같이 선형 함수 $ln\ p_k \sim \gamma\ ln\ k$로 표현할 수 있다. γ 숫자가 크면 그래프의 기울기가 급격해지는 것으로 소수의 노드에 많은 연결이 집중된다는 것을 의미한다. 로그-로그 그래프의 기울기인 γ 는 로그-로그 변환을 한 뒤 회귀 계수를 구하는 방식 등으로 산출할 수 있다.

이에 대한 계산을 위해서는 *R*의 *igraph* 패키지에 내장된 fit_power_law 함수를 활용할 수 있다. 이 함수는 연결망의 연결정도 분포를 살펴보고, 이를 멱함수 분포로 적합시키는 데 사용된다. 아래의 코드는 fit_power_law 함수를 활용하여, C조직의 연결망 그래프의 멱함수 분포 지수 γ를 산출하는 예시를 보여준다.

```
fit_power_law(degree(g_informal))$alpha
```

```
[1] 10.48025
```

7.3.3 연결망 격리(segregation)

위에서는 연결의 형태에서 비롯된, 구조적 분석 지표들을 다뤘다면, 이 절에서는 행위
자들의 속성을 고려한 연결망 지표를 다룬다. 유유상종(類類相從, homophily), 즉, "끼리끼
리 논다(Birds of a feather flock together)"는 말처럼, 기본적으로 사람들은 자신과 유사한
속성을 가진 이들과 어울리기를 좋아한다. 가령 학생들의 연결망을 살펴보면, 동성(同姓,
same gender)을 지목하거나 같은 인종, 같은 연령/학년대, 심지어 같은 문화 취향을 지
닌 사람들을 친구로 지목하는 경우가 높다는 것을 확인할 수 있다(Moreno, 1934; Moody,
2001; Martin et al., 2013; Bojanowski and Corten, 2014; McFarland et al., 2014; Wimmer and
Lewis, 2010). 친구 연결망을 넘어서, 사회 연결망에 있어서 비슷한 사람들끼리 서로 연
결되는 현상은, 이상과 같은 인구학적 특성뿐만 아니라, 더 나아가 사회 경제적 배경, 종
교, 정치성향, 거주지 등 다양한 속성의 유유상종으로 설명되며(McPherson et al., 2001;

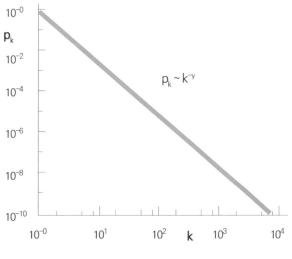

그림 7.5: 가상의 멱함수 분포 예시

Martin et al., 2013; Lee et al., 2023), 그에 따라서 연결망이 얼마나 분절적으로 구조화되어 왔는지를 설명하는 연구들도 지속되어 왔다(Coleman, 1958; Freeman, 1978b; Bojanowski and Corten, 2014).

연결망이 어떤 요인으로 인해 분절적이라는 것은 그 특정 요인에 의해서 관계 맺음이 이뤄졌다는 것이다. 예를 들어, '동성(同姓)'이 학생들의 친구 관계에 많은 영향을 미쳤다는 것은 "남학생은 남학생끼리", "여학생은 여학생끼리" 친구로 지목하는 경우가 많은 경우에 그 이유가 다름 아니라, 남자기 때문에 또는 여자기 때문이라는 것이다. 여기서 동성 간에 연결이 많다는 것이 의미하는 것은 무엇일까? 만약에, 한 학급 내에 또는 학교 내에서 남학생의 숫자가 앞도적으로 많다면, 소수의 여성들의 경우에라도 다수의 남성과의 연결이 더 많아지게 될 것이므로, 우리는 이러한 행위자들의 분포를 고려해야만 한다. 이러한 면에서, 유유상종 현상을 설명하기 위해 실제로 집단내에 관측된 연결(예를 들어 동성 간에 친구로 서로 지목하는지)과 임의적으로 서로 연결될 때를 가정했을때 관측된 집단 내 연결에 비해 얼마나 더 높은 확률로 지목하는지를 고려하여, 이러한 집단의 크기의 영향력을 통제해주어야 한다.

이를 수치적으로 이해하기 위해서 *netseg* 패키지(Bojanowski, 2021)에서 예제로 포함하고 있는 Classroom 데이터의 친구 관계를 다음과 같이 성별 간의 관계 표로 요약해보자.

구분	남학생	여학생
남학생	40	5
여학생	2	41

표 7.2: 성별 간 친구 관계

이 남녀간의 친구관계를 나타내는 행렬을 살펴보면, 대각선, 즉 같은 성별끼리 친구관계가 다수인 것을 눈으로도 확인할 수 있다. 남학생의 경우 친구로 지명한 42개의 관계 중 40개(95.2%]가 남학생을 대상으로 한 것이었고, 여학생이 지목한 46개의 친구 관계 중 41개(89.1%)가 여학생을 성별로 지목하였다. 전체 88개의 관계 중 81개(92%)가 동성을 친구로 지목한 것이다. 이 수치의 비교를 위해서 이 절에서는 콜만이 제시한 고전적인 연결망 격리 지표(segregation index)를 간단히 소개한다 (Coleman, 1958).

7.3.3.1 콜만의 H-Index

먼저, 위의 2 × 2 표로부터, 남학생과 여학생의 친구 선택이 임의적이라고 가정할 경우에 기대되는 연결의 기댓값을 구한다. 카이제곱(Chi-square) 등을 산출할 때와 유사한 방식이지만, 자기는 자기 자신과 친구가 될 수 없고, 한 사람이 여러 선택을 할 수 있기 때문에 열을 기준으로 한 비율보다는, 행을 기준으로 한 비율에 관심을 둔다는 점이 기존의 교차표에서의 기댓값 산출 방식과는 다르다. 단, n이 30보다 커지면 카이제곱에서의 기댓값을 구하는 방식과 크게 다르지는 않다(Coleman, 1958).

아래의 수식을 적용하여 표 7.2에서 관찰된 남학생, 여학생 간의 친구 지목 관계의 임의적인 기댓값을 표 7.3 같이 구할 수 있다. 이 기댓값은 전체적인 남학생/여학생 비율을 반영한다.

$$e_{ii} = \frac{m_i \cdot n_i - 1}{n - 1}$$

$e_{ii} = (i, i)$의 기댓값

$n_i = i$ 속성을 지닌 사람의 수

$m_i = i$ 집단이 지목한 친구 관계 수(sum of outdegrees of group i)

$n =$ 친구 관계의 총 수(total sum of the matrix)

구분	남학생	여학생
남학생	20	22
여학생	22	24

표 7.3: 임의적 기댓값으로 계산된 성별 간 친구 관계

이렇게 기댓값이 산출되면, 이를 기준으로 남학생끼리, 여학생끼리의 친구 지명 관계가 얼마나 분절적 또는 동류적으로 이뤄졌는지를 계산할 수 있다. 즉, 실제로 관측된 값이

집단 간의 분포에 따른 기댓값과 비교하여 얼마나 더 내집단 선호적으로 이뤄졌는지를 계산하자는 것이다. 이때, 친구 관계에서 남학생, 또는 여학생끼리의 내집단 선호가 강해지면 연결망 전체로 볼 때는 성별에 따른 연결망 격리현상이 심해진다는 것을 의미한다.

$$h_i = \frac{a_{ii} - e_{ii}}{m_i - e_{ii}}$$

$h_i = i$ 그룹(남학생 또는 여학생)의 동류성 지수

$a_{ii} = (i, i)$의 관측값, $e_{ii} = (i, i)$의 기댓값

$m_i = i$ 집단이 지목한 친구 관계 수

위의 식을 바탕으로 남자(h_m)와 여자(h_w)의 동류성 지수를 산출하면 다음과 같다.

$$h_m = h_{11} = \frac{40 - 20}{42 - 20} = 0.909, \quad h_w = h_{22} = \frac{41 - 24}{46 - 24} = 0.775$$

h_{ii}는 -1과 1 사이의 값으로 산출된다. 값이 0이면 동일 집단 안/밖의 연결 비율이 확률적으로 같다는 것을 의미하고, 값이 1이면 특정 집단에서 지명되는 모든 관계가 동일 집단의 구성원에게 보내진다는 것을 의미한다. 값이 -1이면 그 반대이다. 위 자료에서는 남학생이 지목한 동성 관계가 여학생이 지목한 동성 관계보다 더 내집단 선호적이라는 것을 알 수 있다.

R에서는 *netseg*라는 패키지를 활용하여 쉽게 콜만의 동류성 지표를 구할 수 있다. 위에서 사용한 남학생, 여학생 연결 데이터는 Classroom이라는 데이터셋으로 저장되어 있어 쉽게 불러올 수 있다.

```
#install.packages('netseg')
library(netseg)
data('Classroom')
coleman(Classroom, 'gender')
```

```
     Boy       Girl
0.9084249 0.7909699
```

이 외에도 연결망 격리 또는 동류성(유유상종의 강도)을 측정할 수 있는 다양한 지표들이 있다. 이와 관련해서는 보야노프스키와 코르텐의 논문(Bojanowski and Corten, 2014)을 참고하길 바란다.

7.4 좁은 세상의 원리와 측정

우리가 세상을 살아가면서 새로운 사람을 만날때, 많은 경우, 서로 중간에 아는 사람들을 발견하고, "아 좁은 세상이구나" 라는 표현을 쓰고는 한다. 연결망 연구에 있어서 이러한 좁은 세상에 대한 연구는 활발하게 진행되어 왔다. 그 중 고전적인 연구로 밀그램은 연결망이 얼마나 좁은지를 연구하기 위해서 미국에서 서쪽의 네브라스카 주로부터 동쪽의 보스턴으로 편지를 전달하는 실험을 통해서, 사람들이 약 6단계만에 평균적으로 연결되는 것을 보여준바 있다(Travers and Milgram, 1969). 연결망에서 이를 연구하기 위해서는 앞에서 살펴본 평균 경로 거리(average path length)를 활용하게 되는데, 사람들의 사회 연결망의 또 다른 특징 중의 하나는 이 평균 경로거리가 짧을 뿐만 아니라, 친구들이 서로 겹치는, 연결이 중첩되는 구조를 가지고 있다는 것이다. 다시 말해, 사람과 사람이 만나는 데 많은 경우, 친구의 친구를 통해서 만나는 경우가 많다는 것이다 (Ingram and Morris, 2007). 이러한 사회 연결망을 구성하는 좁은 세상의 원리를 보다 잘 이해하기 위하여, 이 절에서는 2자 관계와 3자 관계의 근본에 대해서 살펴보고, 마지막으로 좁은 세상의 측정 지표에 대해서 소개한다.

7.4.1 2자 관계(dyad relationship)

2자 관계는 연결망의 구조를 이해하는 데 있어 가장 기초적인 관찰/분석 단위이다. 예를 들어 생각해보자. '친구'는 어떻게 정의할 수 있을까? 설문 조사를 해보면 A는 B를 친구라고 생각할 수 있지만, 반대로 B는 A를 친구라고 응답하지 않는 경우가 존재한다. 즉 상호적인 관계가 아니라 한쪽에서만 생각하는 일방적인 관계가 존재할 수 있는 것이다. 인기 배우와 팬들 간의 관계를 생각해보면, 팬은 배우를 알고 있지만, 배우는 소수의 팬을 제외하면 알지 못할 것이다. 즉 두 사람 사이 관계는 방향성이 존재할 수 있고 이에 대한 분석을 통해서 관계에 대한 다양한 의미를 발견할 수 있다.

2자 관계의 유형은 연결망의 진화, 지위(status), 사회적 자본의 형성 등에 있어서 주요한 연구 질문들을 많이 던져왔다. 예를 들어 소셜 미디어상에서 내가 누군가의 게시물에 댓글을 단다면, 그 댓글에는 원작가가 대댓글을 달 가능성이 높다. 이는 관계에 있어서 상호 호혜성(reciprocity)이 존재하기 때문이다(Gould, 2002). 내가 친구에게 생일 선물을 주면, 상대방도 내 생일에 선물을 줄 가능성이 높다(Blau, 2017). 한국 사회에서 결혼식 축의금의 경우에도 호혜성의 원리가 많이 작용한다. 하지만 관계적 '지위'가 명확하면 호혜성 원리가 작용하지 못할 수 있다. 예를 들어 인기 배우는 팬들에게 많은 선물을 받지만, 팬 개개인에게는 선물을 하지 못할 가능성이 높다. 시간과 자원은 한정적이고 관계의 지위 차이가 크기 때문이다(Park and Kim, 2017).

이러한 호혜성의 원리는 신뢰와 같은 집단 차원에서의 사회적 자본 형성에 영향을 미친다. 공공재를 만들어 내기 위해서는 공유 자원이 만들어지면 개개인들이 혜택을 받을 수 있지만, 만들어지는 과정에 참여하지 않아도 그 혜택을 입을 수 있기 때문에 생기는, "공유지의 비극(tragedy of the commons)"의 문제를 해결해야 한다. 실제 협동 조합과 같은 공유재가 만들어지는 과정을 살펴보면 개개인 사이의 호혜성이 중요한 영향을 미치는 요인임을 확인할 수 있다(Baldassarri, 2015). 또한 만약에 특정 조직에서의 이메일 연결망을 조사할 수 있다면, 얼마나 쌍방적/호혜적인지 여부가 반대로 그 조직의 '위계적' 분위기와 연관될 가능성이 높다.

이와 같이, 2자 관계를 살펴볼 때는 연결이 되지 않은 상태까지 고려한 그림 7.6의 4가지 상태를 가정해 살펴볼 수 있다(Fienberg et al., 1985; Holland and Leinhardt, 1971). 아래에서 첫 번째는 A-B 둘 사이에 아무 관계가 없는 경우이다. 두 번째는 A가 B를 지목한 상태이고, 세 번째는(2)의 역으로 B만 A를 지목한 경우이다. 네 번째는 A-B가 상호 지목한 경우이다.

비슷한 규모의 연결망을 비교할 때, 각 연결망을 2자 관계 단위로 구분해, 그 중 관계가

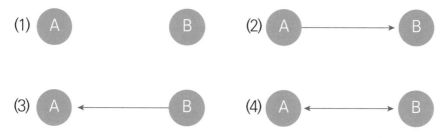

그림 7.6: 2자 관계의 4가지 형태

존재하지 않음(1: **null**),(A)비대칭적 관계(2, 3: **asym**metry), 쌍방 관계(4: **mut**ual) 이렇게 3
가지 유형의 비율을 살펴보는 것은 연결망의 구조적인 특징을 알아낼 수 있는 좋은 방
법 중 하나이다.

연결망에서 연결 가능한 두 노드의 2자 관계는 $\frac{n(n-1)}{2}$ 개이다. 실습으로 분석해 온 C기
업 g_informal 연결망의 경우 노드 수가 21개로 가능한 2자 관계는 $\frac{21 \times (21-1)}{2} = 210$ 개이다.
g_informal 연결망의 경우 상호 연결된 두 노드 쌍(**mut**ual)은 17개, 한 방향으로만 연결
된 노드 쌍(**asym**metry)은 27개, 연결이 되지 않은 노드 쌍(**null**)은 166개이다. 이는 아래
와 같이 dyad_census 함수를 통해 쉽게 구할 수 있다.

```
dyad_census(g_informal)
```

$mut

[1] 17

$asym

[1] 27

$null

[1] 166

7.4.2 3자 관계(triad relationship)

연결망 분석 시에 2자 관계에서 한 단계 더 확장한 이웃 관계는 3자 관계이다. 둘 사이의 관계를 살펴보는 것만으로도 총 4가지의 다른 종류의 유형이 나타나지만, 3자 관계의 유형의 종류를 더욱 다양하다. 보통 2자 관계로 설명할 수 없는 창발적 속성이 3자관계에 존재하기에, 다시 말해서, 3자 관계는 단순히 3가지 다른 형태의 2자 관계의 중첩된 패턴으로는 설명할 수 없기 때문에, 고유한 연결망 분석 단위가 된다. 따라서, 많은 연구들에서 연결망 구조의 특성을 나타내는 데 있어 3자 관계의 유형을 많이 활용하고 살펴보았다(Snijders and Stokman, 1986; Frank, 1988).

방향성이 있는 연결망에서 한 노드(ego)를 기준으로 3개의 노드 사이에 가능한 모든 관계의 경우는 그림 7.7와 같이 36개이다. 3개의 노드가 모두 연결이 안 된 형태(1)에서부터 3개의 노드가 모두 양방향으로 연결된 형태(36)까지 가능한 관계가 존재한다. 홀랜드와 라인하트는 두 노드 간의 2자 관계를 M(the number of Mutual dyads), A(the number of Asymmetric dyads), N(the number of Null dyads)으로 구분하고, 세 형태가 어떤 식으로 조합되는지로 세 노드 간의 정보 전달성을 일반화하였다(Holland and Leinhardt, 1971). 그림 7.8은 그림 7.7 관계에서 ego와 alter A1, A2를 위치와 관계없이 형태로만 일반화시킨 16가지로 표현한 것이다. 각각의 형태 밑에 붙은 세 자리 숫자에서 첫째 자리 숫자는 양방향 관계가 몇 개 있는지(M), 둘째 자리 숫자는 단방향 관계가 몇 개인지(A), 세번째 자리 숫자는 가능하지만 존재하지 않는 관계는 몇 개인지(N) 각각의 개수를 나타낸 것이다.

여기에서, 세 자리 숫자 뒤에 D, U, C, T라는 문자가 추가되어 있는 경우가 있다. 이 역시 3자 관계의 특성을 설명해주는 약어로

- D: 단방향 관계에서 위에 있는 점으로부터 하향 관계(Down)만 존재하는지,
- U: 단방향 관계에서 위에 있는 점으로 상향 관계(Up)만 존재하는지,
- C: 2개 이상의 관계가 존재할 때 순환(Cyclic) 관계가 성립하는지,
- T: 3개의 단방향 관계가 존재할 때, 이전(transitive) 관계가 성립하는지

를 의미한다.

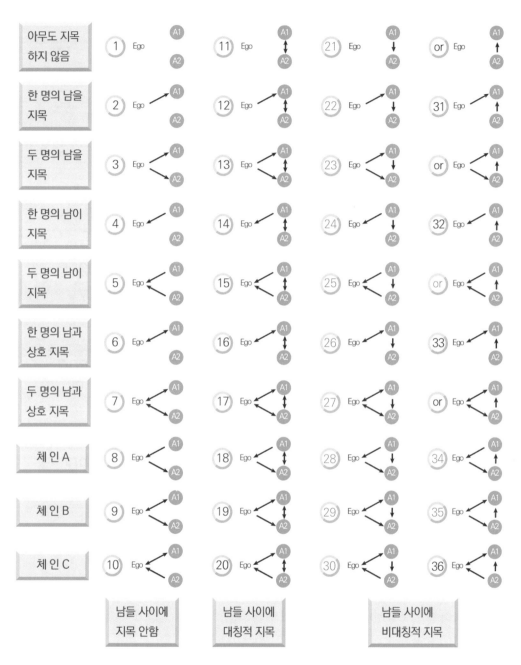

그림 7.7: 가능한 모든 3자 관계의 집합

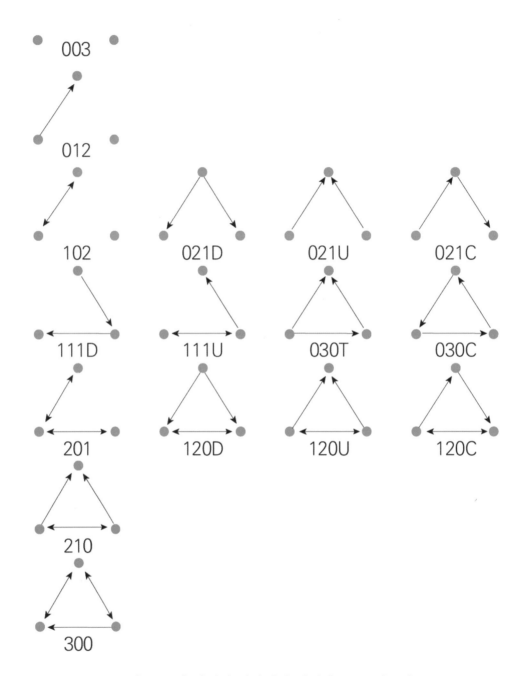

그림 7.8: 3자 관계의 일반화된 형태와 MAN 기호화

*R*igraph에서 3자 관계 분석은 triad_census 함수를 통해 실행할 수 있다. 이때 그림 7.8에 있는 16가지 형태(003, 012, 102, 021D, 021U, 021C, 111D, 111U, 030T, 030C, 201, 120D, 120U, 120C, 210, 300)의 개수가 순서대로 나열된다.

```
triad_census(g_informal)
```

```
[1] 645 324 239  10  31  16  17  15   6   1   4   0   6   0  10   6
```

이러한 3자 관계의 분석이 유용하게 활용되는 대표적인 예시로 이전성(transitivity)에 대한 분석이 있다. 이전성을 설명하는 대표적인 속담으로, "친구의 친구는 나의 친구다(Friends of my friends are my friends)"라는 아랍 속담이 있다. 아랍뿐만 아니라 A→B, B→C의 관계가 존재할 때 A→C의 관계가 존재할 가능성이 높은 것은 사람이 사는 사회에서 일반적으로 나타나는 현상이다. 이전성을 갖춘 3자 관계의 대표적인 예가 그림 7.8에서 030T 형태이다. 여기에서 120D, 120U, 210, 300의 패턴 역시 이전성의 형태를 띠고 있는 3자 관계로 볼 수 있다. 이러한 이전성의 존재는, 노드 간의 이웃 관계를 무작위 연결망(random network)에 비해 더 조밀하고 중첩적으로 만들어주게 된다.

연결망 전체에서 이전성을 갖춘 3자 관계의 비율을 찾아내는 공식은 아래와 같다. 즉 이전성이 가능한 3자 관계 대비 얼마나 많은 이전성을 갖춘 3자 관계가 존재하는지를 계산한 값이 연결망 전체의 이전성을 나타낸다.

$$\text{이전성} = \frac{\text{이전성을 갖춘 3자 관계의 수}}{\text{가능 3자 관계의 수}} = \frac{\sum_{k=1}^{g} \sum_{j=1}^{g} \sum_{i=1}^{g} x_{ij} x_{jk} x_{ik}}{\sum_{k=1}^{g} \sum_{j=1}^{g} \sum_{i=1}^{g} x_{ij} x_{jk}}$$

이를 *R*에서 분석하는 코드는 좁은 세상의 원리를 설명하면서 함께 다룬다.

7.5 좁은 세상의 원리와 군집 계수(clustering coefficient)

와츠와 스트로가츠(Watts and Strogatz, 1998)는 좁은 세상(small world)의 원리를 설명하면서, 좁은 세상 연결망이 가지는 특징을 두 가지로 요약하였다. 첫째, 평균 경로 거리가 짧다는 것이다. 즉 연결망에서 임의의 두 노드 사이의 평균 거리가 짧다는 것이다.

두 번째, 사람들이 서로 친구인 경우, 그들의 친구들도 서로 친구일 가능성이 높은 이전성이 높다는 것이다. 평균 경로거리가 가장 짧은 경우는 그림 7.9의 세 번째 그림과 같이 무작위 연결망인 경우인데, 이러한 무작위 네트워크는 이전성이 높지 않다. 반면에 이전성이 높은 경우는 그림 7.9의 첫 번째 그림과 같이 지역적으로 모든 노드가 서로 연결되어 있는 경우이다. 이 경우에는 이전성이 높지만, 평균 거리가 가장 길다. 하지만 실제로 사람들 간의 사회 연결망을 비롯한 많은 물리 세계의 연결망이 그림 7.9의 가운데 그림과 같이, 세밀하게 들여다볼 때는 이웃 간에 군집화되어 있지만(locally clustered) 군집들 사이를 잇는 소수의 고리(bridge)를 통해 멀리 떨어진 노드들도 짧은 경로 거리로 이어짐을 보였다. 이러한 연결망을 만들어내기 위해서 와츠와 스트로가츠가 한 것은 왼쪽과 같은 분절화된, 이전성이 높은 케이브맨 네트워크로부터 연결에 랜덤성p을 크게 함으로써, 가능하다는 것을 증명해내었다. 이 연구가 학계에 큰 획을 그은 까닭 중의 하나는, 허브(hub)의 역할을 하는 연결이 많은 노드의 존재가 없는 상태에서도, 또한 각 노드가 동일한 연결정도(degree)를 갖고 있는 상황에서도, 모든 노드가 짧게 연결되는 좁은 세상이 되는 조건을 밝혔다는 데 있다. 이때, 사람들이 모여 있는 정도를 뜻하는 측정의 하나로서, 연결망의 구조적 특징을 결정하는 값(parameter)으로 군집 계수(clustering coefficient)를 제시하였다.

좁은 세상 원리가 알려지자 사회과학자들도 군집 계수를 중요한 파라미터로 여기게 되었다. 군집 계수는 비슷한 의미를 가진 두 가지 다른 방식으로 산출된다(분석 프로그램에 따라 계산하는 방식이 다르니 주의가 필요하다). 와츠가 계산한 방식은 개별 노드의 자아 중심 연결망에서 자신을 제외한 연결망의 밀도를 산출하여 이를 평균 내는 방식이다. 즉 개별 노드 입장에서 주변 노드들과 모두 이어진다고 가정했을 때의 연결의 수와 실제 이어져 있는 연결의 수의 비율을 계산한 후 이를 전체 노드에 대해서 평균을 낸 것이다. 평균을 낼 때 각각 노드의 링크 수를 고려하지 않고 평균을 구할 수도 있고, 가능한 링크 수에 가중치를 둔 다음 평균을 구할 수 있다. 개별 노드 중심의 이웃들 간의 군집화 정도를 계산한 후 연결망 전체의 군집화 정도를 살펴본다는 의미에서 이웃 군집 계수(local clustering coefficient)라고 부르기도 한다.

두 번째 방식은 위에서 살펴본 이전성 개념을 이용하는 것이다. 즉 3자 관계에서 3개의

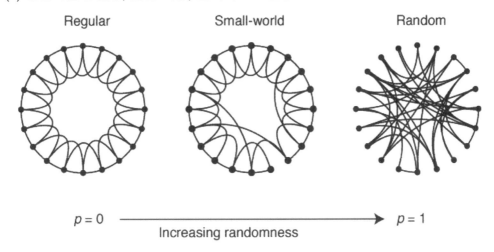

(a) 정형화된 연결망, 좁은 세상, 임의적인 연결망

Regular　　　　　Small-world　　　　　Random

$p = 0$ ⟶ $p = 1$
Increasing randomness

(b) 임의성 정도에 따른 연결망의 평균 경로거리와 군집 계수

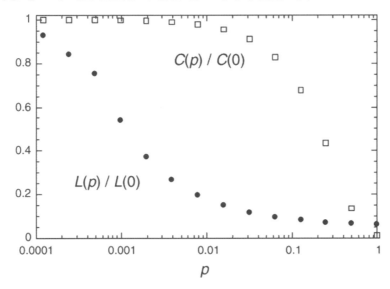

$C(p) / C(0)$

$L(p) / L(0)$

그림 7.9: 좁은 세상 연결망(가운데)의 특징(Watts and Strogatz, 1998)

노드가 2개 이상의 선으로 연결되어 있는 경우 중에 이전성을 갖춘 3자 관계가 얼마나 많은지를 계산한 값이다. 방향성이 없는 연결망을 기준으로 쉽게 설명하자면 닫힌 삼각형의 개수가 많을수록 군집 계수는 증가한다. 이를 이웃 군집 계수와 구분하는 의미에서 연결망 군집 계수(global clustering coefficient)라고 부른다. 두 계수 모두 연결망의 군집화 정도를 표현한다는 점에서 유사한 의미를 가지는 지표이다. 다만 이웃 군집 계

수는 개별 노드 단위에서의 군집화 정도를 먼저 계산한 후 이를 평균을 낸다는 점에서 이웃(local) 수준에서 산출되는 값이고, 연결망 군집 계수는 전체 연결망에 존재하는 3 자 관계를 집계한다는 점에서 연결망 전체(global) 수준에서 산출되는 값이라는 방법상의 차이를 갖는다.

*R igraph*를 비롯한 많은 프로그램에서 군집 계수(clustering coefficient)는 이전성(transitivity)과 동일하게 계산된다. 또한, 많은 경우 개념적 명확성과 계산의 편의성을 위해 방향이 존재하는 연결망을 대칭화하여 방향이 없는 연결망으로 설정하여 계산을 한다. transitivity 함수는 기본적으로는 '연결망 군집 계수'를 산출한다.

```
transitivity(g_informal)
```

```
[1] 0.4833333
```

이웃 군집 계수(local clustering coefficient)를 산출하기 위해서는 아래와 같이 `type = 'local'`을 추가하고, 개별 노드 수준에서 계산되는 군집 계수의 평균을 산출하면 된다.

```
mean(transitivity(g_informal, type = 'local'), na.rm=T)
```

```
[1] 0.5130952
```

7.6 소결

이 장에서는 연결망의 구조적 특성을 이해하고 서로 다른 연결망을 비교하기 위한 다양한 지표와 분석 방법들을 살펴보았다. 주요 내용을 간단히 정리하면 다음과 같다.

- 응집성(cohesion) 관련 지표: 밀도, 평균 연결정도, 포괄성 등을 통해 연결망이 얼마나 잘 연결되어 있는지 파악
- 연결성(connectivity) 관련 지표: 경로 거리, 평균 경로 거리, 도달 가능성, 최대 흐름, k-연결성 등을 통해 연결망의 연결 구조를 분석
- 불평등(inequality) 관련 지표: 중심화, 멱함수 지수 등을 통해 연결망 중심화 정도 및 연결망 불평등 정도 파악

- 이웃 관계 분석: 2자 관계, 3자 관계, 이전성, 연결망 격리 등을 통해 연결망 내 작은 단위의 관계 구조를 이해
- 좁은 세상(small world) 원리와 군집 계수를 통해 연결망의 전반적인 구조적 특성을 파악

연구자들은 연구 목적과 대상에 따라 적절한 지표를 선택하여 연결망의 구조적 특징을 살펴보는 것이 중요하지만 이때, 다양한 지표들을 종합적으로 고려하는 것이 바람직하다. 많은 실증 연구에서는, 다수의 연결망에 대한 지표를 측정하고 비교하는 것으로 그치지 않는다. 다양한 연결망 변수들을 통계모형에 포함시켜서 연결망의 원인과 결과에 대해서 설명하는 것은 중요한 과제이다. 만약에 연구자가 연구하는 연결망이 단 하나만 존재하는 경우, 관찰된 연결망을 관찰된 연결망이 무작위 연결망과 얼마나 다른지를 통계적으로 검증하는 방법을 사용할 수 있다.

8 지위와 역할

앞 장에서는 하나의 연결망을 거시적 차원에서 묘사할 수 있는 다양한 지표에 대해서 살펴보았다. 앞 장에서의 많은 지표들이 연결적 접근(connectivist approach)에 바탕을 두고 있는 것에 비해, 이 장에서는 위치적 접근을 통해서 연결망으로 표현된 사회 구조의 특징을 살펴보고자 한다. 이러한 위치적 접근이 가지는 특징은 사람들의 관계 내에서 발생하는 지위(position)를 연결망의 형태로 표현하고 이를 분석할 수 있다는 것이다. 따라서, 단순히 친구 관계의 교환뿐만 아니라 선물 교환(gift exchange) 등을 분석하는 데에도 중요한 함의를 던져준다(Bearman, 1997). 이 장에서 논의하는 지위는 관계에 따른 위치를 의미하며, 행위자의 지위는 행위자의 개인 속성이 아니라 행위자가 맺고 있는 관계에 따라 규정된다(Podolny, 2001). 이는 계층적인 관점에서 일컫는 사회적 지위(social status)가 행위자가 보유하고 있는 자원, 교육수준, 사회적 영향력 등 개인의 속성을 통해서 측정되고 이해된다는 측면에서 차이가 있다. 이와 달리, 연결망에서의 지위는 관계에 따른 역할(role)과 보다 밀접한 관련이 있다.

다음의 그림은 부모와 자녀라고 하는 역할을 연결망으로 표현될때의 위치적 접근의 강점에 대해서 설명하고 있다. 그림 8.1 왼쪽 그림은 화살표의 방향으로 'OO의 자녀'를 표현한 것으로, a와 b는 c의 자녀로 같은 구조적 위치를 갖고 있는 것을 알 수 있다(Doreian, 1988). 여기서 부모와 자녀는 서로 보살피는 관계에 따라서, 각 행위자의 역할이 부여되고, 이끌고 또한 이끄는 관계의 형태에 따라서 따라 리더와 팔로워의 지위가 부여되는 것을 보여준다.

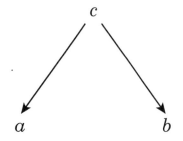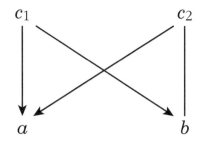

그림 8.1: 'OO의 자녀' 관계의 모형

이를 오른쪽 그림처럼 부/모를 구분하여 일반화하더라도, a, b는 같은 구조적 관계를 갖는(같은 부모의) 자녀이고(OO의 자녀만 표현한 관계이기 때문에), 우리가 c_1과 c_2 사이에 직접적인 관계를 알지 못한다 하더라도 c_1, c_2가 a와 b를 동시에 케어하고 있는 것을 통하여, 이 둘이 구조적으로 동일한 관계 패턴을 가진 사이임을 알 수 있다. 또는, 이러한 관계가 직장에서 업무를 보고하는 관계라고 가정한다면, 이러한 관계의 패턴을 통해서 누가 상사이고 부하인지, 학교에서 가르치는 관계를 나타낸다고 한다면, 누가 선생과 학생인지에 대한 지위를 반영함을 알 수 있다.

이처럼, 연결망을 그려놓고, 그 관계를 해석하다보면, 이를 바탕으로 행위자들의 연결망 내의 지위와 역할을 추론할 수 있다. 예를 들어, 그림 8.2를 살펴보자. 이 연결망 그래프를 어느 기업의 조직도 혹은 조직 구성원 간의 보고 연결망이라고 생각한다면, 어떤 노드들끼리 비슷한 역할을 한다고 생각할 수 있을까? 그림 8.2는 일반적인 조직도 형태처럼 보이도록 노드와 링크를 배치했기 때문에, 위계적 조직도에 대한 상식을 바탕으로 비교적 쉽게 비슷한 역할을 하는 노드들을 탐지할 수 있다. 하지만, 같은 위계를 가지는 것으로 보이는 b, c, d가 동일한 역할을 한다고 말하기 어렵다. c와 d는 다른 노드들과 동일하게 관계를 맺고 있기 때문에 완전히 대체할 수 있는 성격의 위치에 놓여 있고 b의 경우 형태적으로 유사하지만 관계를 주고받는 대상이 완전히 같지는 않다. 이와 같은 연결망의 패턴에 있어서의 미세한 차이를 탐지하고 이러한 패턴의 분석이 어떤 의미를 지니는가에 대해서 배우는 것이 이 장의 주요 목표이다.

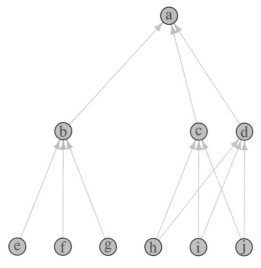

그림 8.2: 가상의 조직도(보고 관계)

8.1 응집성과 등위성

사회 연결망에 있어서 연결적 접근과 위치적 접근의 차이를 이해 하기 위하여, 이 두 가지 입장에서 사회 연결망 내에서의 확산의 메커니즘을 어떻게 다르게 설명하는지에 대해서 살펴보자. 응집성(cohesion)과 등위성(equivalaence)은 연결적 접근과 위치적 접근을 대표하는 개념으로서, 새로운 정보의 '확산(diffusion)'과 같은 연결망에서 발생하는 현상을 이해할 때 주요한 관점을 보여준다. 이해하기가 쉽게, 새로운 기술, 기준의 확산과 관련하여, 다음과 같은 질문을 생각해볼 수 있다. "의사들이 새로 개발된 약품 또는 의료 기기를 수용하게 되는 요인은 무엇일까?" 이에 대해서는 다음과 같은 요인들을 생각해볼 수 있다.

1) 학회를 참석하여 정보를 얻는다.
2) 논문을 통해 알게 된다.
3) 신문이나 잡지의 기사 또는 광고를 통해 정보를 얻는다.
4) 아는 의사들에게 정보를 얻는다.
5) 제약회사의 방문 영업을 통해 정보를 얻는다.
6) 환자들을 통해 알게 된다.

위 1~6의 가설적들 답변은 모두 '접촉'에 기반한 확산을 가정한다. 즉 의사들이 주변의 사회적 연결 관계를 통해서 신약에 대한 정보를 얻고 약의 효과와 부작용에 대해서 알게 되고, 더 나아가 주변에서 빈번하게 접촉하는 의사들이 신약을 사용하게 되면 다른 의사들도 그 신약을 사용하게 된다는 것이다. 이러한 접촉에 기반한 확산의 관점은 연결적 접근이라고 볼 수 있다(Coleman et al., 1957). 이는 일견 타당해 보이지만, 의사들의 의사 결정 과정에서 또 다른 중요한 축을 담아내지 못했다는 비판적 연구가 있다.

이에 대해, 버트는 테트라사이클린(tetracycline)이라는 항생제 확산된 과정을 살펴본 콜만, 카츠 그리고 멘젤의 연구 자료를 등위성이라는 관점으로 다시 살펴보았다(Coleman et al., 1957; Burt, 1978). 그 결과 의사들이 신약을 받아들이는 것과 같은 결정은, 자신과 직접적인 연결이 없더라도 연결망에서 유사한 위치를 갖고 있는 다른 이들의 행동을 더 참고한다는 것이다. 즉 친구가 써서 덩달아 쓰는 전염의 효과보다도, 나와 비슷한 경쟁 위치에 놓여있는 경쟁자의 신약 사용 여부가 더 중요하다는 입장이다. 이처럼 구조적 위치에 기반한 확산의 관점을 위치적 접근이라고 할 수 있다.

연결망 구조 분석에서 위치적 접근에 의한 등위성은 크게 구조적 등위성, 형태 등위성, 그리고 역할 등위성으로 나누어 볼 수 있다. 각각은 나름대로 각기 다른 구조적 위치를 포착해 낸다. 이를 직관적으로 이해하기 위하여, 버츠(Butts)가 만든 *sna*, *network* 패키지를 활용하여 분석 실습을 진행한다(이때, *igraph*와의 연동을 위하여 *intergraph* 패키지의 사용이 필요하다). 먼저 실습에 필요한 패키지들을 설치하고 라이브러리를 불러보자.[1]

```
# install.packages(c('sna', 'network', 'intergraph', 'extrafont'))
library(sna)
library(igraph)
library(network)
library(intergraph)
```

---

[1]패키지를 로드하는 과정에서, 같은 이름의 함수가 다른 패키지들과 중복되는 경우는 "The following objects are masked from 'package:igraph':betweenness, bonpow, closeness, components, degree, dyad.census, evcent, hierarchy, is.connected, neighborhood, triad.census" 이런 메시지를 콘솔 창에서 보게 된다. 즉 위의 명령어들은 *sna* 라이브러리 메시지로 작동하고 *igraph* 패키지로는 동작하지 않는다는 것이다. 이름이 같은 명령어를 특정 패키지(예: *igraph*)에서 동작시키고 싶을 때는 명령어 앞에 'igraph::'를 붙이면 그 패키지를 통해 작동시킬 수 있다.

	제약	의1	의2	의3	간1	간2	간3	환1	환2	환3
제약회사 직원	0	1	1	1	0	0	0	0	0	0
의사1	0	0	0	0	1	1	1	1	1	1
의사2	0	0	0	0	1	1	1	1	1	1
의사3	0	0	0	0	0	1	1	1	1	1
간호사1	0	0	0	0	0	0	0	1	1	1
간호사2	0	0	0	0	0	0	0	1	1	1
간호사3	0	0	0	0	0	0	0	0	1	1
환자1	0	0	0	0	0	0	0	0	1	0
환자2	0	0	0	0	0	0	0	0	0	1
환자3	0	0	0	0	0	0	0	1	0	0

표 8.1: 병원 내의 가상 연결망

```
library(ggplot2)
library(dplyr)
```

8.2 구조적 등위성

구조적 등위성(structural equivalence, 等位性)이란 연결망 내의 행위자들이 서로 같은 유형의 관계를 맺고 있는지를 나타내는 개념이다(Sailer, 1978; Burt, 1978; Friedkin, 1984; Lorrain and White, 1971). 행위자 A와 행위자 B가 서로 직접적으로 연결은 되어 있지 않더라도 동일한 행위자들과 연결되어 있다면 이 둘은 구조적으로 같은 위치(등위)를 차지한다고 개념화된다. 구조적으로 같은 위치를 차지한다는 것의 의미는, 구조적으로 등위에 놓여 있는 두 행위자를 바꾸더라도(swaping), 연결망의 구조는 변하지 않는다는 것이다. 이는 두 행위자가 서로 다른 행위자들과 맺고 있는 관계의 패턴이 유사하다는 것을 의미한다. 따라서, 이 둘은 연결망에서 유사한 역할을 수행한다거나 같은 지위에 있을 가능성이 높다. 이를 이해하기 위해서 개념적으로 보다 이해하기 앞서 2장에서 소개한 가상의 데이터를 살펴보자.

표 8.1의 자료는 어느 병원에서 10명의 행위자들(제약회사 영업직원, 의사 3명, 간호사

3명, 환자 3명) 사이에 정보를 주고받는 관계를 나타내는 것으로 행이 정보를 주는 사람, 열이 정보를 받는 사람이고, 정보를 주는 경우는 1로 표현됐다(앞서 2장의 자료와 다르니 참고 바란다).

행위자들과의 관계로 도출되는 구조적인 위치는 다양한 방식으로 측정될 수 있다. 구조적인 위치는 노드 간의 상대적인 거리 또는 유사성으로 계산된다. 거리는 여러 가지 방법으로 계산할 수 있는데, 많이 쓰이는 해밍 거리와 유클리드 거리 방법들을 살펴볼 것이다. 거리와 유사성을 계산할 때 유의해야 할 것은, 방향이 존재하는 연결망에서는 단순히 행 또는 열만을 추출하여 계산을 하면 안 된다는 것이다. 즉 정보를 제공하는 관계, 정보를 제공받는 관계 모두의 일치도를 살펴야 한다.

8.2.1 거리 기반 구조적 등위성 계산

8.2.1.1 해밍 거리(Hamming Distance)

해밍 거리는 두 노드 사이에 일치하지 않는 경우의 수를 세는 것이다. 그리고 두 노드와 다른 노드들 간의 연결 패턴을 살펴보는 것이기 때문에 두 노드 간의 관계와 노드 자기 자신으로 향하는 관계는 불일치 계산에서 제외해주어야 한다(Wegner, 1960). 두 노드 (i, j)의 해밍 거리를 구하는 방법을 수식으로 표현하면 다음과 같다.

$$\text{해밍거리} = d_{ij} = \sum_q |Z_{iq} - Z_{jq}| + \sum_q |Z_{qi} - Z_{qj}|, \text{ 단 } q \neq i, j$$

d_{ij}: i와 j 사이의 거리

Z_{iq}: i와 q의 관계 여부, Z_{jq}: j와 q의 관계 여부

표 8.1에서 의사 1과 의사 2가 다른 이들과 정보를 주고받는 패턴을 살펴보자. 의사 1과 의사 2의 관계 패턴은 똑같이 제약회사 직원에게 정보를 받고, 간호사1,2,3, 환자 1,2,3 에게 정보를 제공하는 형태로 완전히 동일하다. 즉 의사1과 의사2 사이의 해밍 거리는 0이 된다. 반면 해밍 거리가 가장 먼 두 노드는 (의사1, 환자3), (의사2, 환자3)이다. 의사 1, 환자3 사이의 해밍 거리를 구하는 과정을 살펴보면 그림 8.3과 같다. 의사1과 환자 3

이 자기 자신과 서로를 제외하고 정보를 제공하고 받는 관계를 나란히 비교한 후에 불일치하는 관계의 수를 세어 주면 된다.

	정보 제공							
	제약회사 직원	의사2	의사3	간호사1	간호사2	간호사3	환자1	환자2
의사1	0	0	0	**1**	**1**	**1**	1	1
환자3	0	0	0	**0**	**0**	**0**	1	0

일치   4
불일치 4

	정보 수신							
	제약회사 직원	의사2	의사3	간호사1	간호사2	간호사3	환자1	환자2
의사1	1	0	0	0	0	0	0	0
환자3	0	1	1	1	1	1	0	1

일치   1
불일치 7

해밍 거리
= 4 + 7
= 11

그림 8.3: 해밍 거리 계산 방법

8.2.1.2 유클리드 거리(Euclidean distance)

유클리드 거리는 (i, j)사이의 거리를 그들이 관계를 맺고 있는 대상 q에 중첩되는 정도로 계산된다(Danielsson, 1980). 이는 중고등학교 수학시간에 배웠던 2차원 위의 두 점 사이의 거리를 구하는 공식을 n차원에서 일반화한 것과 같다. 위 공식에서 i와 j가 동일한 강도로 모든 q에 연결되어 있고(행으로부터 열로의 관계), 또 이 q들이 (i, j)에 같은 강도로 연결되어 있다면(열로부터 행으로의 관계), (i, j) 사이의 거리는 0이고 둘은 구조적으로 동일한 위치에 있다고 개념화된다(Burt, 1976).

$$유클리드\ 거리 = d_{ij} = \sqrt{\sum_q (Z_{iq} - Z_{jq})^2 + \sum_q (Z_{qi} - Z_{qj})^2}$$

8.2.2 거리 척도에 기반한 구조적 등위성 계산 실습

다음과 같이 hospital.csv 라는 파일을 읽은 후에 행렬 자료로 먼저 변환한 후, *network* 라이브러리 객체로 변환시킨다.

```
hosp <- read.csv('files/hospital.csv') # 데이터 읽어 들이기

hosp_m <- as.matrix(dplyr::select(hosp, -1)) # row.names을 제거하고 행렬로 변환하기

net1 <- network::network(hosp_m, directed = TRUE) # network 패키지 객체로 변환
```

sna 패키지에서는 equiv.clust라는 함수로 간단하게 구조적 등위성을 구할 수 있다. 이때 구조적 등위성을 계산하기 위해서 sedist라는 함수가 사용되었고, 기본 설정으로는 해밍 거리를 통해서 구조적 등위성에 대한 계산을 한다.

```
eq  <- equiv.clust(net1, 'default')

plot(eq, main = NULL)
```

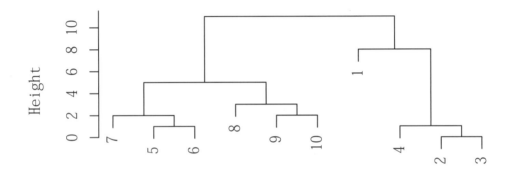

그림 8.4: 구조적 등위성 덴드로그램

아쉽게도 *sna* 패키지에서는 행렬이나 등위성 덴드로그램을 표현할 때, 노드의 라벨이 보이지 않고 행렬 위치로 표현되어있다. 위 덴드로그램을 이해하기 위해서 아래와 같이 sedist라는 함수를 실행해보자.

```
g.se.hamming <- sedist(net1, method = 'hamming') # 해밍 거리 계산

g.se.hamming
```

```
       [,1] [,2] [,3] [,4] [,5] [,6] [,7] [,8] [,9] [,10]
 [1,]    0    8    8    7    8    9    8   10   11   11
 [2,]    8    0    0    1    4    5    6   10   11   11
 [3,]    8    0    0    1    4    5    6   10   11   11
 [4,]    7    1    1    0    5    4    5    9   10   10
 [5,]    8    4    4    5    0    1    2    4    5    5
 [6,]    9    5    5    4    1    0    1    3    4    4
 [7,]    8    6    6    5    2    1    0    4    3    5
 [8,]   10   10   10    9    4    3    4    0    3    3
 [9,]   11   11   11   10    5    4    3    3    0    2
[10,]   11   11   11   10    5    4    5    3    2    0
```

행렬의 대각 성분을 제외하면 노드 쌍(2,3) 사이가 유일하게 0의 거리를 보이고, 가장 거리가 먼 것이 노드 쌍쌍 (1,10), (2,10), (3,10), (1, 9), (2, 9), (3, 9) 사이의 거리인 11인 것을 확인할 수 있다.

구조적 등위성은 유클리드 거리로 계산할 수 있다. 이때, 많은 이들이 *R*에서 기본적으로 제공하는 dist함수와 어떤 차이가 있는지 궁금해 하는데, 앞서 설명한 것과 같이 sedist 함수는 행렬에서 연결이 나가는 것과 들어오는 것을 각기 다르게 계산할 수 있고, 자기 자신과 거리를 계산하는 다른 노드와의 관계는 제외하고, 나머지 다른 노드들과 맺고 있는 거리 관계를 계산한다는 점에서 다르다.

```
g.se.euclidean <- sedist(net1, method = 'euclidean')
round(g.se.euclidean, 2)
```

```
       [,1] [,2] [,3] [,4] [,5] [,6] [,7] [,8] [,9] [,10]
[1,] 0.00 2.83 2.83 2.65 2.83 3.00 2.83 3.16 3.32  3.32
[2,] 2.83 0.00 0.00 1.00 2.00 2.24 2.45 3.16 3.32  3.32
[3,] 2.83 0.00 0.00 1.00 2.00 2.24 2.45 3.16 3.32  3.32
[4,] 2.65 1.00 1.00 0.00 2.24 2.00 2.24 3.00 3.16  3.16
[5,] 2.83 2.00 2.00 2.24 0.00 1.00 1.41 2.00 2.24  2.24
```

```
 [6,]  3.00 2.24 2.24 2.00 1.00 0.00 1.00 1.73 2.00  2.00

 [7,]  2.83 2.45 2.45 2.24 1.41 1.00 0.00 2.00 1.73  2.24

 [8,]  3.16 3.16 3.16 3.00 2.00 1.73 2.00 0.00 1.73  1.73

 [9,]  3.32 3.32 3.32 3.16 2.24 2.00 1.73 1.73 0.00  1.41

[10,]  3.32 3.32 3.32 3.16 2.24 2.00 2.24 1.73 1.41  0.00
```

거리 행렬만 보면 해밍 거리와 패턴이 유사한 것 같지만, 덴드로그램을 그려보면서 어떻게 군집을 형성하는지를 살펴보면 결과가 다른 것을 알 수 있다. equiv.clust 함수에 sedist 함수로 계산된 거리 행렬을 넣으면 이를 덴드로그램을 그릴 수 있는 객체로 변환해주고 다음과 같이 도표를 구할 수 있다. equiv.clust 함수에서는 cluster.method 옵션을 complete 한 방식이 기본으로 설정하지만 이번 분석 실습에서는 cluster.method를 single로 설정하여 진행한다. 독자분들께서도 설정을 바꾸어 결과가 어떻게 달라지는지 살펴보길 권한다.

```r
eq_euclidean <- equiv.clust(g.se.euclidean, cluster.method = 'single')

plot(eq_euclidean, main = NULL)
```

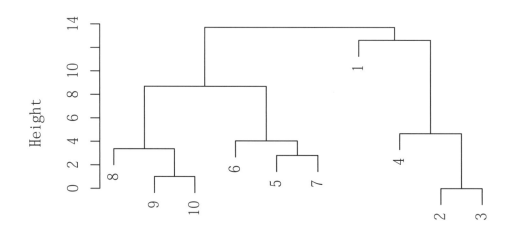

as.dist(equiv.dist)
hclust (*, "single")

그림 8.5: 유클리드 거리에 기반한 구조적 등위성 덴드로그램 (Single 방식)

앞서 해밍 거리로 등위성을 구했을 때와 달리, 간호사 1이 간호사 3과 먼저 군집이 되고 간호사 2와 그 이후에 하나의 군집로 합쳐진다. 그리고 군집이 형성될 때의 거리도 다르다. 하지만 의사 군집, 간호사 군집, 환자 군집이 바로 식별된다는 점에서는 앞선 결과와 유사함을 확인할 수 있다. 이를 다시, 다차원 척도법(Multi Dimensional Scaling)으로 그려 보면 군집과 군집 간의 거리 관계를 보다 쉽게 이해할 수 있다.

```r
# 그래프를 그리기 위한 패키지 설치
#install.packages('ggrepel')
# ggrepel 패키지를 로드하기
library(ggrepel)
# 거리를 다차원 척도법으로 스케일링하기
mds.graph <- data.frame(cmdscale(as.dist(g.se.euclidean)))
# 노드 이름을 추가하고 ggplot을 활용하여 2 차원으로 노드들을 배치하기
names <- 1:10
ggplot(mds.graph, aes(X1, X2, label=names)) + geom_text_repel() +
  theme_bw()
```

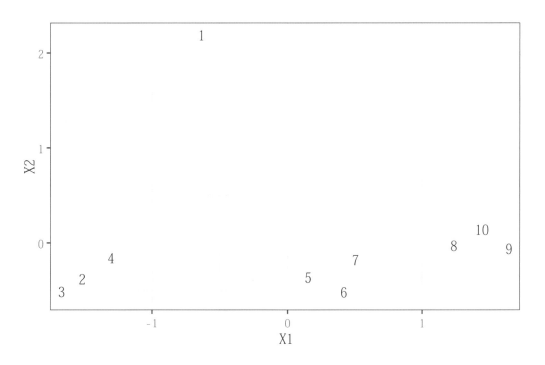

왼쪽 아래 노드 2,3,4(의사 1,2,3)가 가까이 위치하고, 노드 5,6,7(간호사 1,2,3), 그리고 노드 8, 9, 10(환자 1,2,3)이 뭉쳐 있음을 알 수 있다. 간호사들은 정보 관계에서 의사들과 환자들 사이에 위치하고, 덴드로그램에서 의사들 옆에 있었던 제약회사 직원은 노드 1로 먼 거리에 위치하고 있음을 직관적으로 알 수 있다.

8.2.3 유사도 기반 구조적 등위성 측정

앞서 관계 패턴의 등위성을 거리로 계산한 것과, 달리 유사도로 측정할 수 있다. 즉 관계 패턴이 얼마나 유사한지를 측정하여 등위성을 살펴보는 방법이다.

8.2.3.1 상관관계 계수

두 벡터의 유사성을 살펴보는 가장 대표적인 방법은 통계 분석에서도 많이 활용하는 상관관계를 구하는 것이다. 이때, 하나의 벡터는 하나의 노드가 다른 노드들과 맺고 있는 관계의 패턴을 나타내고, 이때 두 벡터 사이의 상관관계가 높은 것이 의미하는 것은 두 개의 노드들이 서로 다른 노드들과 맺고 있는 관계의 패턴이 유사하다는 것이다 (Thompson, 1984; Stone and Coles, 1970). 특히, 관계의 강도를 나타내는 것이 중요할 경우, 노드들 사이의 관계를 거리(distance) 기반으로 측정하는 것보다 상관관계를 측정하는 것이 더 유용하다. 두 벡터 X, Y(두 노드의 관계 패턴) 사이의 상관관계는 다음 수식으로 표현할 수 있다.

$$\text{상관관계} = corr(X, Y) = \frac{cov(X, Y)}{\sigma_X \sigma_Y} = \frac{E((X - \mu_X)(Y - \mu_Y))}{\sigma_X \sigma_Y}$$

이처럼, 상관관계 분석을 통한 두 노드 관계의 유사성의 측정은 블록모델링의 한 유형인 컨커(CONCOR) 방식의 근간을 제공한다(Breiger et al., 1975).

8.2.3.2 코사인 유사도(cosine similarity)

이외에도, 벡터 간의 유사도를 계산하는 데 컴퓨터 공학 등에서 많이 쓰이는 지표 중의 하나인 코사인 유사도(cosine similarity)는 행렬의 규모가 클 때 빠른 속도로 노드 간 유사도를 구하는 방법 중 하나로서 최근 들어 많이 활용되고 있으며, 다음과 같은 방식으로 계산이 된다(Bayardo et al., 2007).

$$\text{코사인 유사도} = cos(\theta) = \frac{X \cdot Y}{\parallel X \parallel \parallel Y \parallel} = \frac{\sum_{i=1}^{n} A_i B_i}{\sqrt{\sum_{i=1}^{n} A_i^2} \sqrt{\sum_{i=1}^{n} B_i^2}}$$

8.2.4 기타 유사도 측정 방법

이외에도 구조적 등위성을 계산하는 데 있어서 다양한 측정의 방식이 활용될 수 있는데, 이에 대한 직관적 이해를 위하여 다음과 같은 표를 만들어볼 수 있다. 아래의 표는 실제 두 개의 노드가, 본인들을 제외한 나머지 노드들과의 관계를 2 x 2의 교차표의 형태로, 다른 노드들과의 관계 유무의 여부에 따라서 나타낸 것이다.

노드 i와의 관계

		있음	없음
노드 j와의 관계	있음	a	c
	없음	b	d

표 8.2: 노드 간 정보 관계 중첩 여부 요약

예를 들어, 병원 내 정보 연결망 행렬인 표 8.1 자료는, 두 노드 간 다른 노드들과의 관계를 요약하는 2x2 교차 표, 즉 표 8.2와 같은 형태로 다음과 같이 변환할 수 있다. 예를 들어 노드 1과 노드 2가 모두 연결을 가지고 있는 경우는 a항목에 집계하고, 노드 1은 연결을 가지고 있는데 노드 2는 연결되지 않은 경우는 b항목에 집계하고, 노드 1은 연결되지 않았는데 노드 2가 연결된 경우를 b항목에 집계하고, 노드 1과 2 모두 연결되지 않은 경우를 d항목에 집계하는 식이다. 이에 따르면 표 8.1 행렬에서 의사 1과 의사 2의 경우에는 $a = 6$, $b = 0$, $c = 0$, $d = 4$가 되고, 간호사 1과 의사 2의 경우에는 $a = 3$, $b = 0$, $c = 3$, $d = 4$가 된다. 이렇게 계산된 a, b, c, d의 값을 바탕으로, 아래와 같이 다양한 방법으로 구조적 등위성 지표로 산출할 수 있다(Jackson et al., 1989).

8.2.4.1 단순 합치율(Simple matching)

단순 합치율은 전체 수에 대하여 일치되는 수의 비로 표현되는 측도이다. 이 측도의 경우, 있음으로 일치하는 경우 a와 없음으로 일치하는 경우 d를 더한 뒤에, 이를 전체의 경우의 수로 나누어주는 형태로 계산된다.

$$단술\ 일치율(X, Y) = \frac{a+d}{a+b+c+d}$$

8.2.4.2 재커드 계수(재커드 유사성)

집단의 규모가 매우 클 경우에는 함께 일치하지 않은 값(d)이 모두 분자와 분모에 포함되는 단순 합치 방법은 올바른 측도가 될 수 없다. 왜냐하면 a의 의미와 d의 의미가 다르기 때문이다. 즉, 둘다 연결되어 있음으로 생겨나는 a는 의도적인 선택에서 서로 연결을 함으로써 발생하는 숫자인데 비해, 연결이 없음으로써 생겨나는 d는 서로 의도적으로 연결을 피해서가 아니라, 단지 집단 내 행위자들의 숫자가 너무 많아져서 서로 모르고 지내는 숫자가 많아지기 때문일 수 있기 때문이다. 이런 경우 d항을 측도에 포함시키는 것은 지표를 왜곡시키기 때문에, 이를 분자와 분모에서 제외하여 계산하는 것을 재커드 방법이라 한다. 행렬이 커질 경우 특히 재커드 유사성 방식이 많이 쓰인다 (Bayardo et al., 2007).

$$재커드\ 계수(X, Y) = \frac{a}{a+b+c}$$

8.2.4.3 러셀과 라오(Russell and Rao)

러셀과 라오의 대응 계수의 경우에는 연결이 없음으로써 생겨나는 d의 경우는 구조적 등위성이 커지는 데 반영되지 않지만, 여전히 분모에서는 계산이 된다는 면에서, 단순 합치나 재커드 방식과 다르다(Russell and Rao, 1940).

$$\text{러셀과 라오의 대응 계수}(X, Y) = \frac{a}{a + b + c + d}$$

8.2.5 구조적 등위성 계산 시 유의할 점

현실의 연결망에서 구조적으로 동일한 위치에 있는 경우는 많지 않다. 따라서 얼마나 두 노드가 구조적으로 등위적인지를 재는 다양한 관점의 척도를 측정해서 비교해야 할 필요가 있다. 위에서 배운 바와 같이, 구조적 등위성을 재는 척도는 유클리드 거리에 국한되지 않고 (i, j) 사이의 상관관계 등 다양한 유사성 혹은 상이성 지표로 측정된다. 어느 지표를 사용할 것인지는 연구자가 처한 이론적인 문맥에 따라 달라져야 한다. 가장 쉬운 예로 그림 8.6은 i와 j가 6명의 상대와 맺고 있는 관계의 강도를 보여준다(예를 들어 i는 1번 사람과 0.4의 강도로, 2번 사람과 0.5의 강도로 관계를 맺고 있다). 이 경우에 (i, j) 사이의 유클리드 거리를 적용한다면 둘이 6명과 맺고 있는 강도의 차이 때문에 등위적이지 않지만, 상관관계로 (i, j) 사이의 거리를 측정하면 둘은 완벽하게 등위적이다($r = 1.0$). 관계의 강도의 차이를 반영하여 등위성을 측정할 것인지 아니면 관계의 강도가 배열된 형태만을 측정할 것인지는, 연구자가 이론적 관점에 따라서 결정해야 할 문제이다.

8.3 형태 등위성(Automorphic Equivalence)

노드 i, j가 타 노드들과 관계를 맺고 있는 형태가 동일하면 두 노드는 구조적 등위성을 갖는다고 개념화된다. 하지만 구체적으로 동일한 노드와 관계를 맺지 않는다고 하더라도, 연결망에서 비슷한 지위와 역할을 수행할 수 있다. 이러한 목적으로 구조적 등위성의 가정을 보다 완화한 개념이 형태 등위성이다(Borgatti and Everett, 1992; Everett, 1985). 구조적 등위성과 달리, 형태 등위성은 연결정도, 도달 가능한 노드의 수, 중앙성 등 연결망 지표에서 모두 동일한 값을 갖는 노드들을 같은 위치로 포착하여 찾아낸다. 따라서 이에 대한 계산은 각 노드가 다른 노드들과의 관계를 맺는 벡터를 대상으로 한 것이 아니라, 연구자가 관심이는 형태적 지표를 대상으로 벡터를 만든 뒤에, 위에서 이

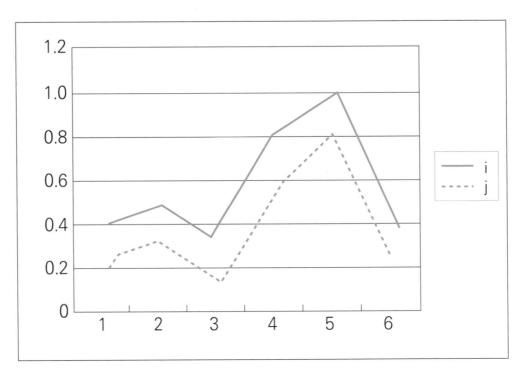

그림 8.6: 상관계수는 등위적이지만 유클리드 거리는 비등위적인 경우 예시

야기한 유사성과 거리의 지표를 통해서 형태적 등위성을 계산해낼 수 있다.

그림 8.7은 똑같은 연결망을 하나는 구조적 등위성에 따라(왼쪽 그래프), 다른 하나는 형태 등위성에 따라(오른쪽 그래프) 같은 등위성을 갖는 노드끼리 하나의 선으로 묶어 표현한 것이다. 왼쪽 그래프의 경우 노드 A, B, C는 각기 다른 구조적 등위성을 가지고 있는 것으로 나타나 있다. 반면 오른쪽 그래프에서는 A와 C가 같은 원 안에 묶여 있다. 만일 연구자가 A와 C는 같은 관계의 패턴을 갖는다고 개념화하고 싶다면, 이때 사용하는 것이 형태 등위성이다. A와 C는 비록 똑같은 사람들과 관계를 맺고 있지는 않지만, 링의 수나 중앙성 정도에서 구조적으로 같은 위치를 차지하고 있다.

8.4 역할 등위성(Role Equivalence)

역할 등위성은 구조적 위치와 개념적으로 유사하나, 위치의 개념을 보다 추상화시켜서, 두 노드가 연결망 내에서 수행하고 이는 "역할"이 얼마나 유사한지를 측정하는 개념이

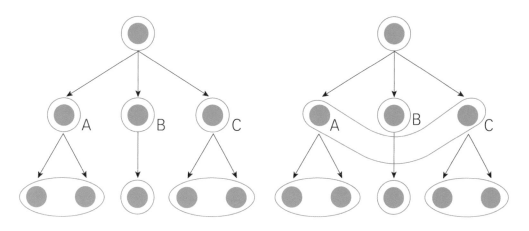

그림 8.7: 구조적 등위성(좌)과 형태 등위성(우)의 비교

다. 구조적 등위성과 역할 등위성은 모두 연결망에서의 위치를 측정한다는 점에서 비슷하지만, 의미심장한 차이가 있다. 그 차이를 쉬운 예로 설명해보면 다음과 같다. 아들을 3명 둔 부부 중 아버지는 장남만을 사랑하고 어머니는 막내만을 사랑한다고 가정하자. 만약 이러한 관계를 대상으로 구조적 등위성을 측정한다면, 서로 사랑하는 "노드"가 다르기 때문에 아버지와 어머니는 동일하지 않을 것이다. 그러나 다른 측면에서 보면, 엄마와 아빠는 모두 특정한 자식 하나만을 사랑한다는 점에서 등위적이라고 볼 수 있다. 즉 관계의 유형에서 보면 구체적인 위치는 다를지라도, 부모가 모두 자식 중 한 명만을 사랑한다는 점에서는 동일한 역할을 수행한다고 볼 수 있다. 역할 등위성은 바로 이러한 역할 관계를 측정한다. 따라서, 역할 등위성은 구조적 등위성보다 더 성긴(crude) 등위집단을 찾아낼 경우에 종종 쓰인다.

역할 등위성을 계산하기 위해서는 먼저, 각 노드들이 어떠한 형태의 3자 관계(triad)를 점유하고 있는지에 대한 분포를 계산해야 한다(Burt, 1990). 버트는 역할 등위성에 대한 측정에 있어서 3명의 행위자가 각각 방향성 있는 관계를 취할 수 있는 총 36가지의 3자 관계를 제안했지만, *igraph* 패키지나 UCINET 등 많은 분석 도구들에서는 3명 중에 자아와 타자 2명의 위치를 다르게 고려하지 않은 일반화된 16가지 패턴(그림 8.8)으로 3자 관계 패턴 분석(triad census)을 한다. 따라서 이 책에서는 버트의 공식을 약간 수정하여 다음과 같은 역할 등위성 수식을 제안한다. 또한, 연구자에 따라서는 단순한 3자 관계 패턴뿐만 아니라, 노드로부터 2단계 또는 3단계 내의 자아 중심 연결망에서의 3자 관

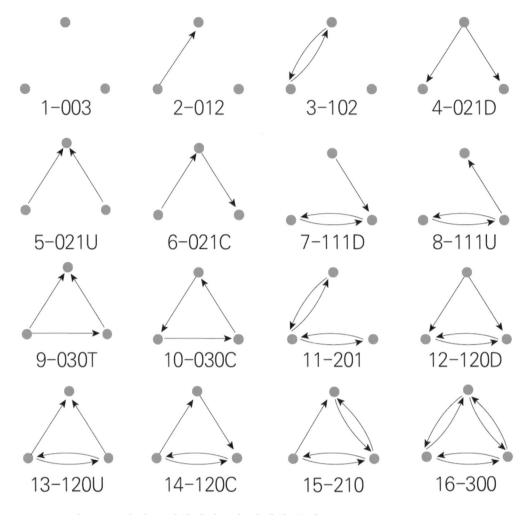

그림 8.8: 16가지로 일반화된 3자 관계의 유형(Davis and Leinhardt, 1967)

계 패턴이나 외향/내향연결정도도 거리 계산 시 포함할 수 있을 것이다.

$$역할\ 등위성 = D_{ij} = \sqrt{\sum_{q=1}^{16}(T_{iq}-T_{jq})^2}$$

이상과 같은 구조적 접근에서의 등위성의 측정은 궁극적으로 각 노드의 구조적 위치를 벡터의 형태로 표현하여, 그 벡터가 다른 노드들의 벡터와 어떻게 같은지 다른지를 측정한다는 면에서 모두 동일하지만, 어떤 것이 같은지 다른지에 따라, 다시 말해, 그게 관계의 패턴을 나타태는지, 구조적 위치를 나타내는지, 3자 관계의 패턴을 나타내는지에 따라서 다른 형태의 구조적 등위성으로 나 나타남을 유념해야 한다.

8.5 블록모델링

블록모델링은 이와 같은 등위성을 통한 노드들의 연결망 내에서 위치와 역할을 구분을 한 단계 더 일반화하여, 이러한 구조적 위치가 사회 연결망의 패턴을 만들어내는지에 대한 모델을 만들어내는 시도를 말한다. 이를 통해서, 연결망 내에서 유사한 위치를 차지하고 있거나, 비슷한 역할을 수행하고 있는 집단에 대해서 이를 하나의 역할 집단으로 추상화하여 이해할 수 있다. 일반적으로 블록모델링은 생성형 모형(generative model)의 일종이지만, 이 절에서는 블록모델링이라는 방법을 통해서 노드들을 유사한 역할 집단으로 추상화하고 그 집단 간의 관계를 요약하는 방법에 초점을 맞추어 살펴본다.

이 절에서는 중세 이탈리아 가문들의 결혼 연결망 데이터(Padgett and Ansell, 1993)를 활용하여 블록모델링을 적용해볼 것이다. 아래의 코드는 머피와 냅이 공개한 튜토리얼(Murphy and Knapp, 2018b)을 참고하여, *R* 패키지들의 업데이트에 따라 일부 수정하였다. *R*에서 *network*, *sna*, *blockmodeling* 패키지를 활용하여 여러 가지 블록모델링을 탐색할 수 있다.

```
g <- graph_from_literal(
    Peruzzi-Bischeri,
    Peruzzi-Strozzi,
    Peruzzi-Castellani,
    Bischeri-Guadagni,
    Bischeri-Strozzi,
    Strozzi-Castellani,
    Strozzi-Ridolfi,
    Castellani-Barbadori,
    Ridolfi-Tornabuori,
```

```
        Ridolfi-Medici,

        Barbadori-Medici,

        Medici-Salviati,

        Medici-Acciaiuoli,

        Medici-Tornabuori,

        Guadagni-Tornabuori,

        Salviati-Pazzi,

        Guadagni-Lamberteschi,

        Guadagni-Albizzi,

        Albizzi-Ginori,

        Medici-Albizzi,

        Pucci-Pucci,

        simplify = FALSE)
# graph_from_literal은 default로 simplify = TRUE가 설정되어 있음
# self -loop가 있을 경우 변경 필요


# igraph 개체를 행렬로 변환하기
mat <- as.matrix(get.adjacency(g))
# mat 을 network package object로 변환하기
net <- network(mat, directed=FALSE)
```

위에서 입력한 내용은 16개 가문(노드) 사이의 21개 결혼 관계를 *network* 패키지 그래프 객체로 변환한 것이다. 이 자료를 기반으로 유클리드 거리, CONCOR 그리고, 최적화 방식의 블록모델링을 각각 실행하여 어떻게 결과가 다르게 나타나는지 비교해볼 것이다.

8.5.1 유클리드 거리 기반 구조적 등위성 산출 및 블록모델링

```
eq <- equiv.clust(net, method = 'euclidean', mode = 'graph')
plot(eq, labels = eq$glabels)
```

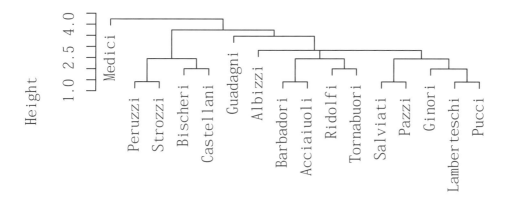

Cluster Dendrogram

as.dist(equiv.dist)
hclust (*, "complete")

입력한 연결망(net)을 유클리드 거리 기반으로 등위성을 산출한 후 각 가문 간 혼인 패턴의 거리를 산출하여 덴드로그램으로 표현한 것이다. 그래프 Y축의 Height는 해당 노드 간의 거리로, 예를 들어 페루찌 가문(Peruzzi)과 스트로찌 가문(Strozzi)은 서로 간의 혼인을 제외하면 같은 2개의 가문과 결혼하고, 스트로찌 가문이 또 다른 1개의 가문과 혼인을 맺어 가장 유사한 패턴의 혼인관계를 보이고 있다. 이들 간 유클리드 거리는 1.414이다(이는 sedist함수로 확인할 수 있다).

이때, 이러한 가문들을 어떤 기준으로 유사한 역할을 차지하고 있는 블록으로 만들수 있을까? 하나의 손 쉬운 방법은 일정 거리 이내의 가문끼리 유사한 혼인 관계를 맺고 있다고 정의하는 것이다. 아래에서는 유클리드 거리가 3 이내(h=3)인 가문끼리 같은 블록으로 묶이도록 blockmodel함수를 실행한 것이다. 아래 코드에서h=의 숫자를 변경해 가면서 실행해보면 다른 결과를 얻을 수 있다.

```
b <- blockmodel(net, eq, h=3, mode = 'graph')

plot(b, cex.axis = 0.5, cex = 0.5)
```

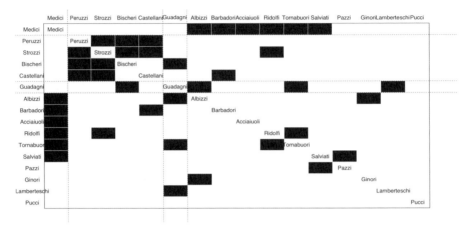

그림 8.9: 중세 이탈리아 가문들의 결혼 연결망 블록모델링 결과

8.5.2 상관관계 기반 블록모델링(CONCOR)

거리 기반의 구조적 등위성 분석으로 깔끔하게 역할 집단이 나뉘지 않는 경우가 종종 있다. 또한, 거리 기반의 구조적 등위성을 활용할 경우에, 특정 기준점을 임의로 지정해야 한다는 단점이 있다. 이러한 이유에서 유용한 분석은 CONCOR 분석이다(Breiger et al., 1975). CONCOR는 CONvergent CORrelation을 줄여 만든 말로서, 상관관계가 수렴할 때까지 반복 실행하여 블록을 만드는 절차를 함축하고 있다. 거리 기반 등위성 분석이 노드 사이에 직접적인 관계가 있는가 없는가에 초점을 두고 집단을 나누었다면, CONCOR는 간접적인 연결 패턴의 상관관계에 근거하여 블록을 나눈다. 이 분석을 위해서는 먼저 다음과 같이 concoR 패키지를 설치해야 한다.

```
devtools::install_Github('aslez/concoR')
```

CONCOR 분석을 위해서는 먼저 혼인 관계 행렬을 기반으로 상관관계 행렬을 만드는 것이 필요하다.

```
m0 <- cor(mat)  # 상관관계 산출
round(m0, 2)[1:7,1:7]   # 행렬 일부(7x7)만 소수점 둘째자리까지 상관관계 살펴보기
```

	Peruzzi	Bischeri	Strozzi	Castellani	Guadagni	Ridolfi	Barbadori
Peruzzi	1.00	0.18	0.46	0.18	0.09	0.18	0.30
Bischeri	0.18	1.00	0.09	0.59	-0.28	0.18	-0.18
Strozzi	0.46	0.09	1.00	0.09	0.00	-0.28	0.22
Castellani	0.18	0.59	0.09	1.00	-0.28	0.18	-0.18
Guadagni	0.09	-0.28	0.00	-0.28	1.00	0.09	-0.22
Ridolfi	0.18	0.18	-0.28	0.18	0.09	1.00	0.30
Barbadori	0.30	-0.18	0.22	-0.18	-0.22	0.30	1.00

유클리드 거리 기반 등위성 행렬과 달리, 혼인관계의 상관관계로 보면 아치아이올리 (Acciaiuoli) 가문과 바르바도리(Barbadori), 살비아티(Salviati) 가문이 상관관계 0.68로 가장 유사한 모습을 보인다. 아치아이올리 가문은 메디치(Medici) 가문과만 혼인을 맺었고, 바르바도리, 살비아티 가문은 메디치 가문 그리고 다른 1개의 가문과 혼인을 맺어 패턴이 가장 유사한 것이다. 앞서 거리 기반으로 유사도를 계산할 때와는 달리 상관관계 행렬에서는 숫자가 클수록 유사도가 높다는 점을 명심해야 한다.

-1과 1 사이의 값을 갖는 상관관계 행렬 결과를 가지고 다시 상관관계를 도출하는 과정을 반복하면 1 또는 -1로 수렴을 하게 되는 특징이 있다. 이런 방식을 이용하여 집단을 2, 4, 8개 등으로 쪼개나갈 수 있다. 상관관계를 반복하여 산출하는 과정은 *concoR* 패키지의 concor_hca 함수를 활용하여 아래와 같이 쉽게 집단을 구분할 수 있다. 아래 코드에서 p = 2가 의미하는 것은 구획(partition)을 2번 나눈다는 의미이다. 즉 가문들을 등위성에 따라 4개의 집단으로 나눌 수 있게 된다. 이렇게 얻어진 결과를 blockmodel 함수를 통해 원 연결망 자료와 함께 넣으면 아래와 같은 블록모델링 결과를 얻을 수 있다.

```
library(concoR)
blks <- concor_hca(list(mat), p = 2)
(blk_mod <- blockmodel(net, blks$block))
```

Network Blockmodel:

```
Block membership:


1  2  3  4  5  6  7  8  9 10 11 12 13 14 15 16

1  3  1  1  2  4  4  3  2  4  4  2  3  3  2  1


Reduced form blockmodel:


     1 2 3 4 5 6 7 8 9 10 11 12 13 14 15 16

       Block 1 Block 2 Block 3 Block 4

Block 1   0.500   0.0000   0.1250   0.1250

Block 2   0.000   0.0000   0.4375   0.3125

Block 3   0.125   0.4375   0.0000   0.0625

Block 4   0.125   0.3125   0.0625   0.0000
```

plot(blk_mod, labels=blks$vertex)

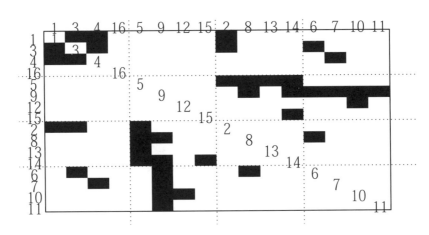

그림 8.10: 중세 이탈리아 가문 결혼 연결망 CONCOR 블록모델링 결과

블록모델링 결과를 살펴보면, 각 가문(위 행렬의 순서)이 어떤 등위적인 집단으로 포함
되었는지를 보여준다. 페루찌(Peruzzi), 스트로찌, 카스텔라니(Castellani), 푸치(Pucci)(1,

3, 4, 16)가 1번 등위집단, 과다니(Guadagni), 메디치(Medici), 파찌(Pazzi), 지노리(Ginori) (5, 9, 12, 15) 가문이 2번 등위집단, 비스케리(Bischeri), 토르나부오니(Tornabuori), 람베르 테쉬(amberteschi), 알비찌(Albizzi)(2, 8, 13, 14)가 3번 등위집단, 리돌피(Ridolfi), 바르바 도리(Barbadori), 살비아티(Salviati), 아치아이올리(Acciaiuoli)(6, 7, 10, 11)가 4번 등위집 단으로 구분된 것을 확인할 수 있다. 그림 8.10은 위 블록모델링 결과를 그림으로 표현 한 것이다. 등위집단 내에 속해 있는 가문끼리 집단 수준에서의 결혼 패턴이 유사한 것 을 확인할 수 있다.

8.5.3 블록모델 결과 최적화 방법

유클리드 거리를 기반으로 블록모델링 결과를 산출하는 것과 상관관계를 기반으로 블 록모델링 결과를 얻어낸 결과가 다름을 확인하였다. 그렇다면 어떤 결과가 좋은 결과 일까? 이를 답하는 것은 쉽지 않은 문제이다. 한편으로는, 어떤 모델이 좀 더 현실에 적 합한지에 대한, 맥락적 해석을 포함한 연구자의 주관적인 해석이 중요한 역할을 차지 하기 때문이다. 다른 한편으로는, 블록모델링 결과가 얼마나 안정적인지, 즉 블록모델 링 결과가 블록모델링을 반복하여 얻어낸 결과가 얼마나 일관성 있는지를 살펴보는 것 도 중요하다. 이를 위해서는 블록모델링 결과를 최적화하는 방법을 사용할 수 있다. 아 래에서는 optRandomParC 함수를 통해서, 최적화 과정을 통해 네트워크를 여러 클러스터 로 분할하여 가장 적합한 블록 모델을 찾는 방법을 예시로 보여준다. 보다 구체적으로 이 함수는 로컬 최적화를 통해 각 클러스터 내의 노드를 이동하거나 교환하여 최적의 분할을 찾아내는 방식으로, 클러스터 수와 초기 분할 수를 사용자가 설정할 수 있다.

```
#install.packages('blockmodeling')

library(blockmodeling)

# 2개 블록모델링 시도

class2 <- optRandomParC(M=mat, k=2, rep=10, approach = 'ss', blocks = 'com')


# 4개 블록모델링 시도

class4 <- optRandomParC(M=mat, k=4, rep=10, approach = 'ss', blocks = 'com')
```

```
par(mfrow=c(1,2)) # 한 화면에 2개의 그래프가 출력되도록 layout 설정

plot(class2, main = '')

  title('2 블록 결과')

plot(class4, main = '')

  title('4 블록 결과')
```

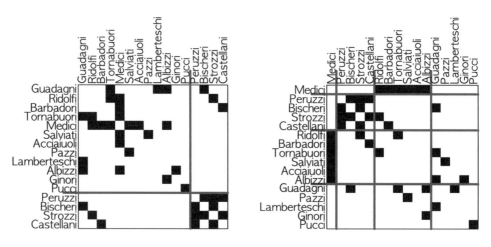

그림 8.11: 블록모델링 결과 비교(2블록 : 4블록)

이렇게 등위집단을 구분한 후 이를 토대로 채색을 하여 그림 8.12와 같이 그래프를 표현할 수 있다.

```
V(g)$opt.blocks <- class4$best$best1$clu

plot.igraph(g, vertex.color=V(g)$opt.blocks) # igrpah에서 그래프 그리기
```

8.6   중심부 – 주변부(Core–Periphery)

연결망 내에서 비슷한 지위와 역할을 찾는데 유용한 방식의 블록모델링은 중심부와 주변부의 구분에 있어서 종종 활용된다(Borgatti and Everett, 2000). 사람들은 일상 생활에서 누가 사회적 '관계'의 중심부에 있는지 또는 주변부에 있는지에 대한 해석을 하며, 인

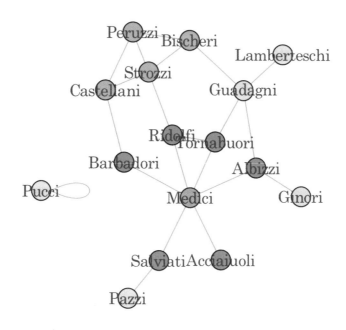

그림 8.12: 블록모델링 결과를 노드 색상 반영하여 시각화

싸(인사이더(insider)의 약자)와 아싸(아웃사이더(outsider)의 약자)라는 표현이 공영방송에서도 종종 표출될 정도로 이러한 중심부-주변부에 대한 관점은 대중화되어 있다.

중심부-주변부라는 구분은 세계 체계론을 통해서 널리 알려진 개념이다(Wallerstein, 1974). 세계의 무역 구조를 살펴보면 주변부 저개발국가 또는 반주변부 개발도상국가의 자원(원자재)들이 중심부 선진국가들로 이동하고, 선진국의 완성품이 주변부 저개발국가 또는 반주변부 개발도상국가들로 수출되기 때문에, 이러한 구조에서는 세계 경제 구조가 변화하지 못한다는 것이다. 스나이더와 킥은 국제 무역 관계, 군대 파견(military intervention), 외교 관계 및 공동 조약 가입이라는 1965년의 실제 국제 관계 데이터를 기반으로 세계 체계론의 주장을 경험적으로 입증하였다(Snyder and Kick, 1979b).

그림 8.13은 Pajek이라는 연결망 분석 프로그램으로 스나이더와 킥의 세계 무역 데이터를 재정렬하여 시각화한 것이다(Batagelj and Mrvar, 1998). 이 그림을 잘 살펴보면 중심부에 속한 소수의 국가들은 전 세계 국가들과 수출입 관계를 갖지만, 주변부에 위치한

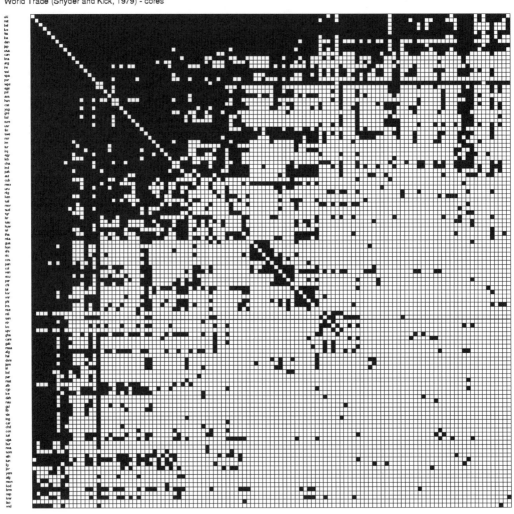

그림 8.13: 스나이더와 킥의 세계 무역 데이터 재정렬 시각화

국가들은 인접 국가가 아닌 중심부에 속한 국가들과 주로 교역 관계를 갖는 것을 알 수 있다.

이후 연결망 연구에서 중심부-주변부 개념은 다양한 분야와 여러 관점에서 널리 발전 되어 왔다(Smith and White, 1992; Laumann et al., 1989; Borgatti and Everett, 2000; Gallagher et al., 2021). 연결망 관점에서 살펴보았을 때에, 중심부라고 하는 것은 끈끈하게 연결된, 즉 밀도가 높게 연결된 노드들을 일컫고, 주변부는 주변부 노드들과는 연결 관계가 없이 중심부 노드들과 주로 갖는 경우를 일컫는다. 중심부-주변부는 개념적으로는 정의하기 쉽지만, 실제 연결망 데이터에서 두 집단을 구분해내는 것은 쉬운 일이 아니다. 중심부-주변부를 구분하기 위해 널리 사용해온 방법은 k-core 분해(decomposition)와 2블록 모델을 들 수 있다. k-core 분해는 다층적인 중심부 층위를 구분해낼 수 있는 반면(Kitsak et al., 2010), 일반적으로 사람들이 관심을 갖고 있는 형태의 중심부와 주변부를 구분해내기에는 한계가 있다. 반면에, 2블록 모델은 이분적인 분리를 한다는 면에서 매우 직관적인 결과를 만들어내지만, 많은 경우에 블록모델의 결과가 안정적이지 않고 일관적이지 않다. 최근에는 확률적 블록모델링 방법을 활용하여 위 두 가지 방법에서 비롯한 분석 결과의 차이를 이해하고 통합하려는 연구도 진행되고 있다(Gallagher et al., 2021).

8.7 소결

이 장에서는 지위와 역할이라는 사회학의 개념을 연결망 분석에서 어떻게 실증적으로 분석할 수 있을지에 대해서 살펴보았다. 연결적 접근과 달리, 구조적 접근을 통해서 연결망 내에서 개인이나 집단의 구조적 위치를 파악하고, 이를 통해 유사한 지위와 역할을 하는 집단들을 구분해내는 방법들을 살펴보았다.

몇 가지 당부의 이야기를 하자면, 먼저 구조적 위치의 측정에 있어서, 구조적 등위성, 형태 등위성, 역할 등위성 등 지위와 역할을 산출하는 여러 개념과 접근 방법 중에서 연구자들은 분석 목적에 부합하는 개념을 선택해야 한다. 이때, 분석 자료의 특성, 예를 들어 연결망의 방향성(directed/undirected)과 가중치를 고려하는지의 여부에 따라 분석 방법이 달라질 수 있음을 명심해야 한다. 또한 등위성을 계산하는 데 있어서 거리 기반 지표(해밍, 유클리드 등)와 유사도 기반 지표(상관계수, 코사인 등)의 차이를 이해하고, 각 지표가 관계 패턴의 어떤 측면을 포착하는지 파악해야 한다(강도 차이 반영 여부 등). 그리고 덴드로그램, MDS 시각화 방식 등을 활용하여 결과 패턴을 파악하고, 거리/유사도 기준에 따라 군집 수준을 어떻게 달리할 것인지에 대한 판단을 잘 해야 한다.

앞서 연결망 집단 분석에서 이야기한 바와 같이, 이러한 구조적 접근에 있어서의 구조적 지위와 역할 등위성과 블록모델링을 통해서 연결망에 대한 이해를 한 뒤에는, 이러한 집단의 연결 패턴을 이해하기 위한 추가적인 분석이 필요하다. 예를 들어, 블록모델링을 한 뒤에 각 집단들의 행위자들의 속성과 분포를 통해 각 집단의 특성을 파악하고, 각 집단 간의 관계를 살펴보는 것이다. 한편, 구조적 등위성의 지표 등은 확산 과정, 연결망 내의 행위자들이 서로에게 영향을 주는지에 대한 분석, 동료 효과(peer effects) 분석으로의 확장에 유용하게 활용할 수 있다. 따라서, 이러한 지표들을 연결망 내의 행위자들의 지위와 역할을 파악하는 데 그치지 말고, 다양한 추가분석을 통해 연결망 구조에 대한 이해를 높일 것을 적극 권장한다.

9   이원 연결망 분석

이 장에서는 이원 연결망(two-mode network) 또는 이분 그래프(bi-partite graph)라고 불리는 연결망 자료에 대해서 살펴보도록 하겠다. 이원 연결망 자료는 연결망 분석에서 일원 연결망(one-mode network) 또는 완전 연결망(complete network) 자료 못지 않게 자주 쓰인다. 이는 직접적인 관계의 로그가 남는 DB 자료를 제외하고 생각할 때, 완전 연결망 자료는 구하기도, 관찰하기도 쉽지 않기 때문이다. 핵심적인 차이는, 일원 연결망 자료가 사람과 사람 사이의 연결처럼 한 종류의 행위자(모드) 간에 연결을 가정하는 것과 달리, 이원 연결망 자료는 사람과 책, 배우와 영화 사이의 연결처럼 서로 다른 종류의 행위자(모드) 간의 연결을 가정한다는 점이다(Borgatti and Everett, 1997; Newman et al., 2002). 이원 연결망은 사람들 간의 연결을 직접 관찰하기 어려운 경우에, 사람들이 동시에 참여한 조직이나 행사가 많을수록 그 사람들 사이에 관계가 더욱 강할 것이라는 가정하에 관계를 유추한다는 면에서 '준 연결망(quasi network)'이라고 불리기도 한다.

브라이거는 1974년 "The Duality of Persons and Groups" 논문에서, 이원 연결망의 이론적 근거를 제공하였다(Breiger, 1974). 사람들이 집단에 참여하는 사람과 집단 사이의 관계(association)를 이용하여 곧 사람들의 개인의 속성(individuality)과 집단의 속성(groupness)을 정의할 수 있는데, 이는 집단의 성격은 곧 그 집단에 참여하는 개인들의 특성의 총합이며, 개인들의 특성은 그 개인이 참여하는 다양한 집단의 형태에 따라서 표현될 수 있기 때문이다. 더 나아가, 집단들 사이의 관계는 그 집단들에 공통으로 참여하는 개인들 간의 관계로 나타낼 수 있고, 개인들 사이의 관계는 그 개인들이 참여했던 집단들의 관계로 나타낼 수 있다는 면에서, 개인과 집단의 연결에 있어서 이론적 양면

217

성(duality)이 존재함을 뜻한다(Breiger, 1974). 여러 집단에 동시에 참여하고 있는 개인들은 비슷한 성향을 지녔을 뿐만 아니라 집단 동시 참여로부터 오는 의사소통과 관찰을 통해 직접적 또는 간접적인 관계를 형성할 수 있다(Goldberg and Stein, 2018). 반대로 많은 구성원을 공유한 두 집단 사이에 더욱 많은 정보가 공유되거나 다양한 전파가 이뤄질 가능성이 높을 수 있고, 그에 따라 비슷한 집단적 속성을 유지할 수 있다.

이러한 이원 연결망의 대표적인 예로는 개인들의 모임 참여[사람 - 모임](Davis et al., 2009), 이사회 연결망[사외이사 - 회사](Gulati and Westphal, 1999; Robins and Alexander, 2004), 국가들의 국제기구 가입[국가 - 국제기구](한신갑, 2013), 조직의 집회 동시 참여 [조직 - 집회](은수미, 2005), 국회의원의 법안 공동 발의[국회의원 - 법안](이병규·염유식, 2012) 등이 있다. 이들의 공통점은 행위자들(노드) 사이의 관계에 대해서 직접적인 관찰과 자료 수집 없이, 주어진 기록을 통해 이들 관계를 간접적으로 추정하고 있다는 점이다.

최근에 들어서는, 이원 연결망 분석을 단순히 행위자와 모임, 집단 또는 조직과의 관계로 한정짓지 않고, 보다 다양한 행위자로 적용시키고 있다. 이를테면, 문서 혹은 문장에서 함께 포함된 단어의 연계성을 바탕으로 문서의 의미를 파악하는, 의미 연결망(semantic network) 분석에 쓰이거나 또는 논문에서의 키워드 동시 출현 [논문 - 키워드] (김용학·김영진·김영석, 2008; Su and Lee, 2010) 등에도 활용되고 있다. 문화적인 차원에 있어서는 개인마다의 다양한 문화 소비를 분석하는 데 있어서 이원 연결망 [개인 - 영화 또는 개인 - 음악]도 활용되고 있으며, 이원 연결망을 활용하여 문화적 공백(cultural holes)에 대해서 분석하는 연구들도 늘고 있다(Pachucki and Breiger, 2010; Lizardo, 2018).

이원 연결망에 대한 분석은 크게 이원 연결망 자료에 대한 직접적인 분석을 하는 경우와, 일원 연결망으로 변환(projection)한 뒤에 기존에 배운 연결망 분석을 그대로 활용하는 경우로 나누어진다. 하지만 분석에 앞서서 가장 중요한 과제는, 주어진 자료를 이원 연결망 자료로 변환하는 것이고, 구축된 이원 연결망 자료를 그 자체로 분석을 할지, 아니면 일원 연결망으로 분석을 할지 결정하는 것이다. 이원 연결망을 그 자체로 분석할 때에도 이원 연결망을 일원 연결망처럼 가정하고 분석을 할 수도 있고, 또는 이원 연결망에 특화된 방법론을 사용할 수 있다. 한편 일원 연결망으로 변환하는 과정에 있어서도 다양한 방식으로 연결에 대한 가중치를 정의내릴 수 있고, 더 나아가 그러한 가중치를 있는 그대로 분석할지 아니면 이분화하여 연결이 있는지 없는지 여부를 바탕으로 한 단순 연결망으로 분석을 할지에 대해서도 결정해야 한다. 이 장에서는 먼저 간단한 예제를 통해 이원 연결망 자료 구축과 연결망 모드 변환 과정에 대해서 살펴보고, 추후에는 간단한 코드와 함께 대표적인 이원 연결망 분석에 대해서 살펴보겠다.

9.1 이원 연결망 자료

지금까지 살펴본 연결망의 경우, 행렬의 행과 열이 동일한 노드로 구성되어 있는 완전 연결망이었다. 응답자 i가 친구 j를 지목한다고 할 때, i와 j는 모두 사람이며, 이때 행렬에 등장하는 사람들의 리스트는 동일하다. 또한 조직 i와 조직 j 사이의 투자 관계의 행렬에서 i, j 모두 조직이며, 마찬가지로 조직의 리스트는 동일해야 한다. 이러한 완전 연결망 행렬의 각 요소는 두 행위자의 상호작용 여부를 나타내는 게 일반적이다. 이처럼 행과 열에 같은 노드가 배열될 때, 이러한 행렬을 일원 자료라고 부른다. 그러나 행과 열에 다른 수준의 노드가 배열될 경우가 있는데, 이를 이원(two-mode) 자료라고 부른다(Borgatti and Everett, 1997). 수학에서는 이렇게 행과 열에 속한 노드들이 서로 다른 두 집합이지만 관계가 형성될 때 이를 결합 행렬(incidence matrix)이라고 정의한다.

Davis 와 동료들은 이원 연결망 자료 분석의 대표적인 사례를 제시하였다(Davis et al., 1941). 이들은 미시시피 주의 나체즈(Natchez)라는 마을에서 여성 18명의 활동을 관찰한 결과, 이들이 14개의 서로 다른 모임에 참여한다는 것이었는데, Davis는 각각의 여성이 특정 모임에 참여했는지의 출석부를 다음과 같이 표로 정리하였다.

이때, 사람들(P)과 모임(Event)으로 구성된 이원 연결망을 $M = P \times E$ 행렬로 정의해보자. 이때, 간단한 행렬 연산을 통해서 우리는 같은 모임에 참여한 사람과 사람 간의 관계를 도출할 수 있다. M 행렬에 M의 전치행렬인 $M' = E \times P$ 행렬을 곱할 경우에 ($Q = M \times M' = (P \times E) \times (E \times P)$), 이 행렬 Q_{ij} 의 값은 여성 i와 j가 몇 번의 모임에 함께 참여했는지를 나타낸다. 반대로 M의 전치행렬인 $M' = E \times P$ 에 원행렬인 M을 곱하면 $R = E \times E$ 행렬을 구할 수 있고, 이 때 R_{xy} 의 값은 모임 x, y에 동시에 참여한 사람의 수

NAMES OF PARTICIPANTS OF GROUP I	CODE NUMBERS AND DATES OF SOCIAL EVENTS REPORTED IN *Old City Herald*													
	(1) 6/27	(2) 3/2	(3) 4/12	(4) 9/26	(5) 2/25	(6) 5/19	(7) 3/15	(8) 9/16	(9) 4/8	(10) 6/10	(11) 2/23	(12) 4/7	(13) 11/21	(14) 8/3
1. Mrs. Evelyn Jefferson	×	×	×	×	×	×		×	×					
2. Miss Laura Mandeville	×	×	×		×	×	×	×						
3. Miss Theresa Anderson		×	×	×	×	×	×	×	×					
4. Miss Brenda Rogers	×		×	×	×	×	×	×						
5. Miss Charlotte McDowd			×	×	×		×							
6. Miss Frances Anderson			×		×	×		×						
7. Miss Eleanor Nye					×	×	×	×						
8. Miss Pearl Oglethorpe						×		×	×					
9. Miss Ruth DeSand					×		×	×	×					
10. Miss Verne Sanderson							×	×	×			×		
11. Miss Myra Liddell								×	×	×		×		
12. Miss Katherine Rogers								×	×	×		×	×	×
13. Mrs. Sylvia Avondale							×	×	×	×		×	×	×
14. Mrs. Nora Fayette						×	×		×	×	×	×	×	×
15. Mrs. Helen Lloyd								×		×	×	×		
16. Mrs. Dorothy Murchison									×			×		
17. Mrs. Olivia Carleton									×		×			
18. Mrs. Flora Price									×		×			

표 9.1: 미국 남부 여성들의 모임 참여 기록(Davis and others 1941)

를 나타낸다. 이렇게 구해진 행렬은 표 9.2와 같다.

이 행렬 연산에 대하여 직관적으로 이해하자면, 두 행렬의 곱의 각 행열은 각각의 행렬의 행과 열의 내적을 구하는 것과 같다는 걸 이해하면 된다. 이를테면, Q_{ij}는 M의 i번째 행과 M'의 j번째 열의 내적을 구하는 것과 같다. M의 i번째 행은 i가 참여한 모임을 나타내는 벡터이고, M'의 j번째 열은 j가 참여한 모임을 나타내는 벡터이다. 따라서 Q_{ij}는 i와 j가 동시에 참여한 모임의 수를 나타낸다. 예를 들어, Evelyn은 참여한 모임의 패턴은 (1, 1, 1, 1, 1, 1, 0, 1, 1, 0, 0, 0, 0, 0)이고, Flora가 참여한 모임의 패턴은 (0, 0, 0, 0, 0, 0, 0, 0, 0, 1, 0, 1, 0, 0, 0)인데, 두 백터의 내적은 $1*0 + 1*0 + ... + 0*0$ 으로, 4/8에 있었던 9번째 모임에만 중복해서 활동하였으므로 $Q_{1,18}$은 1이 될 것이다. 이러한 방식으로, 이원 연결망 자료를 일원 연결망으로 변환할 수 있다.

이러한 모드의 전환은, 사람×모임뿐만 아니라, 사람×책과 같은 관계에도 적용할 수 있다. 가령 i라는 사람이 k라는 책을 구입하면 $B_{ik} = 1$로, 구입하지 않았으면 $B_{ik} = 0$ 으로 표현한 행렬 B는 이원(사람×책) 자료가 된다. 이때, 행은 사람이고, 열은 책이 된다. 이로부터 책 사이의 관계를 표현한 준연결망(quasi network)을 도출할 수 있다. 이를 바탕으로 "이 책을 산 사람들이 산 다른 책"의 목록도 추천이 가능하다. 그림 9.1의 연결

	EVE	LAU	THE	BRE	CHA	FRA	ELE	PEA	RUT	VER	MYR	KAT	SYL	NOR	HEL	DOR	OLI	FLO
EVELYN	8	6	7	6	3	4	3	3	3	2	2	2	2	2	1	2	1	1
LAURA	6	7	6	6	3	4	4	2	3	2	1	1	2	2	2	1	0	0
THERESA	7	6	8	6	4	4	4	3	4	3	2	3	3	3	2	2	1	1
BRENDA	6	6	6	7	4	4	4	2	3	2	1	1	2	2	2	1	0	0
CHARLOTTE	3	3	4	4	4	2	2	0	2	1	0	0	1	1	1	0	0	0
FRANCES	4	4	4	4	2	4	3	2	2	1	1	1	1	1	1	1	0	0
ELEANOR	3	4	4	4	2	3	4	2	3	2	1	1	2	2	2	1	0	0
PEARL	3	2	3	2	0	2	2	3	2	2	2	2	2	2	1	2	1	1
RUTH	3	3	4	3	2	2	3	2	4	3	2	2	3	2	2	2	1	1
VERNE	2	2	3	2	1	1	2	2	3	4	3	3	4	3	3	2	1	1
MYRNA	2	1	2	1	0	1	1	2	2	3	4	4	4	3	3	2	1	1
KATHERINE	2	1	2	1	0	1	1	2	2	3	4	6	6	5	3	2	1	1
SYLVIA	2	2	3	2	1	1	2	2	3	4	4	6	7	6	4	2	1	1
NORA	2	2	3	2	1	1	2	2	2	3	3	5	6	8	4	1	2	2
HELEN	1	2	2	2	1	1	2	1	2	3	3	3	4	4	5	1	1	1
DOROTHY	2	1	2	1	0	1	1	2	2	2	2	2	2	1	1	2	1	1
OLIVIA	1	0	1	0	0	0	0	1	1	1	1	1	1	2	1	1	2	2
FLORA	1	0	1	0	0	0	0	1	1	1	1	1	1	2	1	1	2	2

표 9.2: 모임 참여 기록으로 재구성된 여성들 간의 연결망

망은 아마존에서 책을 구입한 사람들을 연결 고리로 구성한 책과 책 사이의 '고객 구매로 연결된 서적 간의 연결망'이다. 연결망 제일 가운데 있는 『새로운 선구자들(New Pioneers)』을 중심으로 함께 팔린 책들을 보여 준다(Krebs, 1999). 그림 9.1에는 상자로 표시된 군집(cluster)이 있고, 또 군집 내에서는 소수와 연결된 외톨이와 다수와 연결된 중심부가 있음을 확인할 수 있다. 만일 프라이버시 문제만 없다면 내가 산 책을 똑같이 구입한 사람들까지 소개해 줄 수도 있을 것이다(사람 사이의 연결이나 구매자 직업들 사이의 연결도 계산 가능하다).

여기에서 중요한 점은 책과 책 사이에는 직접적인 관계가 없지만, 책을 구매한 사람들에 의해서 간접적으로 관계가 설정되었다는 점이다. 이렇게 직접적인 상호작용 관계가 없더라도 관계를 인위적으로 설정한 연결망이 앞서 설명한 준연결망의 한 예이다. 준연결망도 연결망 분석의 대상이 되며, 사회과학에서는 기존의 다양한 자료를 연결망 자료로 재구성하여 활용할 수 있다는 장점 때문에 널리 쓰인다.

이원 연결망은 쓰이는 맥락에 따라서 다음과 같이 다양한 방식으로 일컬어진다.

- 이원 연결망(two-mode network) : 행과 열의 노드 집합이 다른 연결망을 의미.

- 이분 연결망(bipartite network) : 사람(P)들이 모임(E)에 참여할 때

- 참여 연결망(affiliation network) : 사람들이 어떠한 집단에 소속되어 있을 때

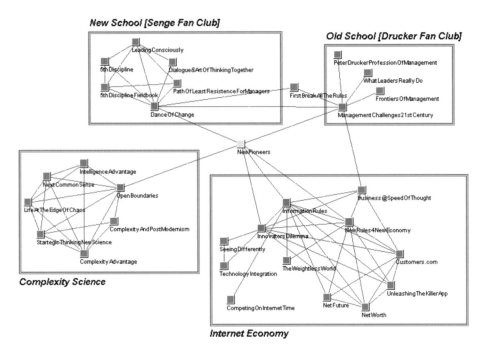

그림 9.1: 고객 구매로 연결된 서적 간의 연결망(Krebs, 1999)

- 준연결망(quasi network) : 직접적인 관계가 아닌, 소속과 같은 2차적인 자료를 통해서 개인들 간의 연결을 추론한다는 의미

9.1.1 결합 행렬 자료 입력 및 이원 연결망 변환 방법

이원 연결망 자료의 속성에 대한 이해를 돕기 위해, 다음과 같이 10명의 대학생들이 다양한 동아리에 속한 가상의 상황을 자료를 만들어 보았다. 아래 스크립트 예시에서 읽어들인 후 출력한 행렬 twomode와 같이 행은 사람, 열은 이들이 속한 동아리로 이루어진 (10×14)의 X행렬을 정의할 수 있다. 이 행렬의 값 X_{ik}은, i가 k라는 동아리에 가입했으면 1, 아니면 0의 값을 갖는다. 이렇게 노드 집합의 속성이 서로 다른 결합 행렬(incidence matrix)의 경우도 *igraph*를 활용하여 연결망 그래프로 표시할 수 있다.

아래의 코드를 이용하여 이미 기록된 자료를 읽고, *igraph*를 활용하여 이원 연결망으로 변환한 뒤, 2개의 서로 다른 모드가 다른 색상으로 나타나도록 손쉽게 그래프를 그리는 방법에 대해서 배워보자.

```
library(igraph)

library(dplyr)

twomode <- read.csv('files/2mode_en.csv')

print(twomode)
```

	node	E1	E2	E3	E4	E5	E6	E7	E8	E9	E10	E11	E12	E13	E14
1	Sarah	1	1	1	1	1	1	0	1	1	0	0	0	0	0
2	Michael	1	0	1	1	1	1	1	1	0	0	0	0	0	0
3	Emily	0	0	1	1	1	0	1	0	0	0	0	0	0	0
4	David	0	0	0	0	0	1	0	1	1	0	0	0	0	0
5	Jessica	0	0	0	0	1	0	1	1	1	0	0	0	0	0
6	Thomas	0	0	0	0	0	0	1	1	1	0	0	1	0	0
7	Amanda	0	0	0	0	0	0	1	1	1	1	0	1	1	1
8	Chris	0	0	0	0	0	1	1	0	1	1	1	1	1	1
9	Ashley	0	0	0	0	0	0	0	0	1	0	1	0	0	0
10	Daniel	0	0	0	0	0	0	0	0	1	0	1	0	0	0

```
# csv 자료에 첫째 열 node가 문자형 변수로 이뤄져 있으므로 이를 제외해서

# 행렬(matrix) 자료로 구축

X <- as.matrix(select(twomode, -node))

# 행렬의 이름을 열로 지정하기

rownames(X) <- twomode$node

# 행렬로부터 igraph object를 만들 것.

twomodenetwork <- graph_from_incidence_matrix(X)

# 사람 이름(twmode$node)여부로 two-mode를 각각 true/false로 규정

V(twomodenetwork)$type <-

    V(twomodenetwork)$name %in% twomode$node

# 아래에서는 사람인 경우에 파란색, 그렇지 않을 경우에 보라색으로 색을 지정

V(twomodenetwork)$color <- ifelse(V(twomodenetwork)$name

            %in% twomode$node, 'blue', 'purple')
```

```
# igraph를 활용하여 그래프 그리기
plot(twomodenetwork,
    vertex.shape = 'none',
    vertex.label.color= V(twomodenetwork)$color)
```

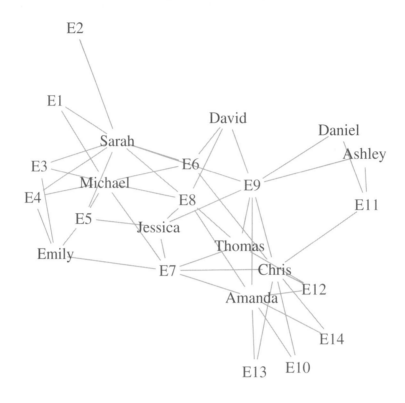

이 그래프는 학생과 모임 사이의 관계를 나타내지만, 이 그래프를 살펴보는 것으로는
학생들 사이의 관계가 어떠한지를 파악하는 것이 쉽지가 않다. 위에서 논의한 것과 같
이 우리는 대학생들이 동시에 속한 모임이 많을수록 더 관계가 강하다고 가정을 할
수 있으며, 이러한 관계를 추론하기 위해서는, 앞에서 설명한 대로 이원 연결망을 일
원 연결망으로 변환하는 과정이 필요하다. 여기에서, 행렬 X와 X의 전치 행렬을 곱한
$P(= X \times X')$ 행렬은 대학생 간 관계를 나타낸 준연결망이다. P의 (i, j) 성분은 대학생 i와
대학생 j가 공통으로 속한 동아리의 수를 뜻한다(P행렬의 대각선에 해당하는 값들은
각 개인이 속한 집단의 개수를 나타낸다). (i, j) 값이 클수록, 두 사람 사이의 거리가 가
깝거나 상호작용의 빈도가 높다고 개념화할 수 있다.

```
P = X %*% t(X)

P
```

	Sarah	Michael	Emily	David	Jessica	Thomas	Amanda	Chris	Ashley	Daniel
Sarah	8	6	3	3	3	2	2	2	1	1
Michael	6	7	4	2	3	2	2	2	0	0
Emily	3	4	4	0	2	1	1	1	0	0
David	3	2	0	3	2	2	2	2	1	1
Jessica	3	3	2	2	4	3	3	2	1	1
Thomas	2	2	1	2	3	4	4	3	1	1
Amanda	2	2	1	2	3	4	7	6	1	1
Chris	2	2	1	2	2	3	6	8	2	2
Ashley	1	0	0	1	1	1	1	2	2	2
Daniel	1	0	0	1	1	1	1	2	2	2

한편, X의 전치 행렬과 X를 곱한 G행렬$(X' \times X)$은 모임 사이의 관계를 나타낸다. G의 $(1,2)$ 항은 E1 동아리와 E2 동아리에 공통으로 속한 사람의 수를, 대각선은 각 동아리에 속한 구성원의 숫자를 나타낸다. 행렬 P와 G는 각각 대학생 간, 동아리 간의 연결망으로서 '공동참여(joint affiliation)'를 통해서 형성된 연결망을 나타낸다. 이러한 공동참여 연결망이 유용한 이유 중의 한 가지를 꼽자면 다음과 같다. 만일 시간적 비용 때문에 사교 모임 중 2개만을 골라 가입해야 한다면, 집단 간의 거리가 가장 먼 두 동아리, 즉 공통의 멤버를 갖지 않는 동아리을 고르는 것이 중첩적인 관계를 피하고 넓은 관계를 갖는 효율적인 방법일 것이다.

```
G = t(X) %*% X

G
```

	E1	E2	E3	E4	E5	E6	E7	E8	E9	E10	E11	E12	E13	E14
E1	2	1	2	2	2	2	1	1	2	1	0	0	0	0
E2	1	1	1	1	1	1	1	0	1	1	0	0	0	0
E3	2	1	3	3	3	2	2	2	1	0	0	0	0	0

```
E4   2  1  3  3  3  2  2  2  1  0  0  0  0  0
E5   2  1  3  3  4  2  3  3  2  0  0  0  0  0
E6   2  1  2  2  2  4  2  3  3  1  1  1  1  1
E7   1  0  2  2  3  2  6  4  4  2  1  3  2  2
E8   2  1  2  2  3  4  6  5  1  0  2  1  1
E9   1  1  1  1  2  3  4  5  8  2  3  3  2  2
E10  0  0  0  0  0  1  2  1  2  2  1  2  2  2
E11  0  0  0  0  0  1  1  0  3  1  3  1  1  1
E12  0  0  0  0  0  1  3  2  3  2  1  3  2  2
E13  0  0  0  0  0  1  2  1  2  2  1  2  2  2
E14  0  0  0  0  0  1  2  1  2  2  1  2  2  2
```

위에서 서술한 바와 같이, 두 가지 다른 형태의 모드에 위치한 객체들이 서로 연관이 되어 있는 또는 소속이 되어 있는 자료라면 어떤 것이든 이원 연결망으로 취급할 수 있다는 면에서는, 정말 다양한 형태의 이원 연결망 자료가 존재할 수 있다. 한 사람이 살면서 머물렀던 국가들을 일종의 이원 연결망으로 분석을 한다고 했을 때, 동시에 머문 국가가 많을수록 사람들 사이의 관계가 형성되고 또는 국가 간에 동일한 사람들이 더 많이 머물수록 국가 간에 관계가 강하게 형성되는 연결망을 구축하고 이를 통해 다양한 연결망 분석을 실행할 수 있다. 예를 들어, 어떠한 국가들 사이의 같은 커뮤니티를 구성하는지를 통해서, 사람들이 유사하게 방문하는 국가들을 묶어볼 수 있다. 하지만, 한 국가에 함께 머물었다는 사실만으로도 과연 그 사람들이 모두 하나로 연결된다고 가정하는 게 타당한가에 대한 질문을 던져볼 수 있을 것이다. 이처럼, 구축된 이원 연결망이 타당한가에 대한 답은, 연구자의 연구질문에 따라 달라질 것이며, 이때 연결망 형성 메커니즘을 무엇으로 규정하였는지를 적극 고민해보아야 할 필요가 있다.

9.1.2 관계목록(edgelist)을 활용한 이원 연결망 자료 입력 및 변환 방법

배우와 영화 이름이 주어진 행렬이 존재한다고 하자. 사람들은 행렬의 내용을 보면서 어떤 칼럼이 배우를 뜻하고 어떤 행이 영화 이름을 뜻하는지, 인지적으로 구분할 수 있지만, 컴퓨터는 그렇지 못하다. 따라서 입력하는 행렬의 데이터의 모드가 다르다는 것을 알려줘야 *R*에서 쉽게 이원 연결망 자료로 변환/분석이 가능하다.

관계목록(*edgelist*) 방식으로 아래와 같이 1. 23년 11월까지 한국에서 1,000만 관객을 달성한 영화 21편에서 주연 배우가 겹치는 영화 20편과 주연 배우 15명의 관계를 입력하고, 2. 이를 graph_from_data_frame 함수를 통해 그래프 객체로 변환시킨 후, 3. 모드별로 노드의 색깔이 다르게 시각화를 할 수 있다(한글의 경우 독자들이 재현 시 글자 깨짐 현상이 나타나고 이를 해결하기 어려울 수 있어, 배우 이름을 영문명으로 입력하였다).

```
edgelist <- read.csv('./files/mainactor_movie_en.csv')

twomodenetwork <- graph_from_data_frame(edgelist, directed = FALSE)

plot(twomodenetwork, vertex.shape = 'none', vertex.label.color =
    ifelse(V(twomodenetwork)$name %in% edgelist[,1], 'blue', 'black'),
    vertex.label.cex = 0.8)
```

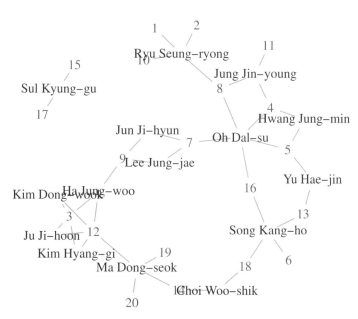

앞 절에서 다뤘던 일원 연결망과 다를 바 없이 자료가 입력되는 것을 확인할 수 있다. 아래와 같이 twomodenetwork의 노드 타입을 설정해주고, bipartite.projection()을 통해 이원 연결망을 일원 연결망(one-mode network)으로 변환할 수 있다. 이처럼 손쉽게 같은 영화에 출연한 배우 사이의 연결을 살펴볼 수 있다.

```
# 위에서 입력한 edgelist에서 첫 번째 열(person)에 속한 name이면 TRUE,
# 그렇지 않으면 FALSE
V(twomodenetwork)$type <- V(twomodenetwork)$name %in% edgelist[,1]


# 이원 연결망을, 일원 연결망으로 전환
# bg는 배우-배우[1], 영화-영화[2] 2개의 연결망을 포함하는 object로 생성됨
bg <- bipartite_projection(twomodenetwork)


# bg의 1번째 연결망 시각화하기
plot(bg[[1]], layout=layout_with_fr,

     vertex.shape = 'none', vertex.label.cex= 0.8)
```

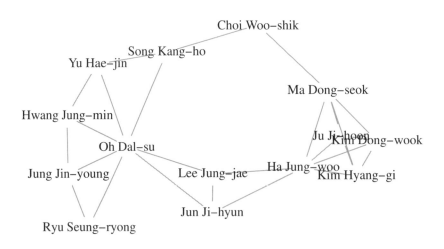

이 변환을 통해 한국 1,000만 관객 영화에서 오달수의 영향력을 확인할 수 있다. 오달수는 네이버 검색 기준으로 5차례 1,000만 관객 영화에 주연급으로 출연하였다. 이는 주연급으로 4차례 출연한 류승룡, 송강호, 마동석과 큰 차이가 나지 않지만, 배우 간 연결 형성에 있어서는 핵심적인 역할을 하는 것을 알 수 있다. 영화의 중심 인물은 아니어도

다양한 캐릭터를 잘 소화해내어 영화의 맛을 살려내는 '천만 요정'의 역할을 해낸 것이다.

각 영화에 출현한 배우 정보를 토대로 구성된 영화 간 연결망은 bipartite_projection에서 생성한 *bg* 객체를 통해 추출이 가능하다. 이 영화간 연결망을 살펴보면, 15번과 17번 영화가 따로 동떨어져 있는 것을 확인할 수 있는데, 이 영화들에 출연한 주연 배우(설경구)는 다른 1,000만 관객 영화 주연 배우들과 함께 연기하지 않았다는 것이 드러난다. 반면에, 영화 8번(7번방의 선물)이 다른 영화의 중심에 위치해 있는데 이를 통해, 이 영화의 주연 배우들은 다른 1,000만 관객 영화에 겹치도록 출연하였다는 것을 알 수 있다.

```
# bg의 2번째 연결망(영화 연결망) 시각화하기
plot(bg[[2]], layout=layout_with_fr,
     vertex.shape = 'none', vertex.label.cex = 0.8)
```

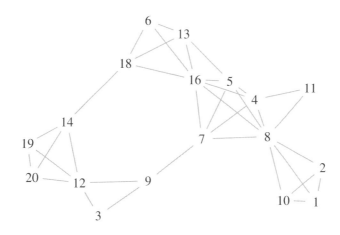

이원 연결망에서도 완전 연결망과 마찬가지로 중앙성 분석 등을 수행할 수 있다. 다만, 이원 연결망 자료를 분석할 때는 완전 연결망으로 변경하여 분석을 수행하여 의미를 발견할 것인지, 또는 이원 연결망 자체로 분석을 수행하고 의미를 찾을 것인지를 잘 결정해야 한다.

측정	공식	목적
동시등장 빈도	a	기회 구조
재커드 유사성	$\frac{a}{a+b+c}$	기회 구조 (참여도로 가중됨)
단순 일치율	$\frac{a+d}{a+b+c+d}$	행동 모사 (가중된 값)
피어슨 상관관계	$\frac{a+d}{\sqrt{(a+b)(c+d)}}$	유사성 (가중치가 있는 연결에 최적)
Yule's Q	$\frac{ad-bc}{ad+bc}$	유사성 (이분화되어 있는 연결에 최적)

표 9.3: 이원 연결망의 일원 연결망 변환 방법

9.2 이원 연결망의 일원 연결망 변환

위에서 설명한 것과 같이 행렬 연산 또는 *igraph*의 `bipartite_projection`함수를 통해서 이원 연결망 자료를 동시등장 빈도를 반영한 일원 연결망으로 전환할 수도 있지만, 이외에도 이원 데이터를 일원 데이터로 변환하는 방법들이 있다. 앞서 8장에서 공부했던 노드 간의 유사성을 계산했던 방법들을 이원 연결망의 행 또는 열의 노드들에 적용하는 것이다. 대표적인 방식들은 표 9.3과 같다(Murphy and Knapp, 2018a). [1]

위와 같이 다양한 유사성 지표들을 계산하기 위해서는, 먼저 주어진 연결망의 크기와 동일한 크기의 0행렬(모든 행렬값이 0인 행렬)을 만들고, 반복문(for loop)을 통하여 주어진 조건에 해당되는 경우에 타이의 개수를 하나씩 증가하는 형태로 유사도 행렬을 만들 수 있다. 이 절에서는 4개의 지표를 계산할 것이기 때문에 `sm`, `jc`, `yq`, `pc` 4개의 영행렬을 만든다. 이때 0행렬의 행과 열의 크기는 X행렬에서 대학생 수에 해당하는 `nrow(X)`를 취하여 만든다. 단, 이 예제에서 `nrow(X)`는 10이다.

```
# nrow(X) X nrow(X) 0 행렬 만들기
pc = yq = jc = sm <- matrix(0, nrow(X), nrow(X))
```

---

[1] Murphy와 Knapp은 *ade4* 패키지를 활용하여 유사성을 계산하고자 했는데, 이들이 사용한 *ade4*의 dist.binary 함수는 유사성이 아닌 거리를 계산하는 함수로 적용 및 해석이 잘못될 수 있어 저자들이 직접 유사도를 계산하는 코드를 작성하였다.

노드 i와 j 사이의 유사도를 구하기 위해서는 앞에서 설명한 표 8.2에 해당하는 a, b, c, d를 계산해내는 것이 필요하다. 이를 위해, 아래와 같이 for loop를 통해서 a, b, c, d를 반복적으로 구하여 10개의 노드 간 유사성을 각각 sm, jc, pc, yq 행렬로 저장할 수 있다.

```
# 유사성 지표 계산하기
for(i in 1:nrow(X)) {
  for(j in 1:nrow(X)) {
    a = sum(X[i, ]==1 & X[j, ]==1) # i, j 노드가 모두 1인 경우
    b = sum(X[i, ]==1 & X[j, ]==0) # i = 1, j = 0 인 경우
    c = sum(X[i, ]==0 & X[j, ]==1) # i = 0, j = 1인 경우
    d = sum(X[i, ]==0 & X[j, ]==0) # i, j 노드가 모두 0인 경우


    sm[i, j] = (a + d) / (a + b + c + d) # simple matching
    jc[i, j] = (a) / (a + b + c) # 재커드 유사성
    pc[i, j] = cor(X[i,], X[j,]) # Pearson correlation coefficient
    yq[i, j] = (a*d - b*c) / (a*d + b*c) # Yule's Q
  }
}
```

위에서 본, 대학생 × 동아리의 이원 데이터에서 단순 일치율은 애슐리(Ashley)와 다니엘(Daniel) 사이가 1로 가장 높다. 이 둘은 2개의 모임을 함께 참여한다. 재커드 유사성도 애슐리와 다니엘 사이가 1로 가장 높다. 유사도 산출의 차이점을 이해하기 위해서 8번째 위치한 크리스(Chris) X[8,]와 9번째 위치한 애슐리 X[9,] 사이의 유사도 값들이 지표들에 따라 어떻게 다른지 살펴보자. 위의 for loop 문 내의 계산 식에서 i와 j를 8과 9로 입력해주면 된다.

```
# 크리스 X[8, ]와 애슐리 X[9, ] 유사성 지표 계산하기
  i = 8; j = 9;

  a = sum(X[i, ]==1 & X[j, ]==1) # i, j 노드가 모두 1인 경우
```

```
b = sum(X[i, ]==1 & X[j, ]==0) # i = 1, j = 0 인 경우

c = sum(X[i, ]==0 & X[j, ]==1) # i = 0, j = 1인 경우

d = sum(X[i, ]==0 & X[j, ]==0) # i, j 노드가 모두 0인 경우


simple_matching = (a + d) / (a + b + c + d) # 단순 일치율

jaccard_coefficient = (a) / (a + b + c) # 재커드 유사성

pearson_correlation = cor(X[i,], X[j,]) # 상관관계

yule_q = (a*d - b*c) / (a*d + b*c) # Yule's Q   #율스 큐

# a,b,c,d와 다양한 지표들을 출력하기

a; b; c; d
```

[1] 2
[1] 6
[1] 0
[1] 6


```
simple_matching
```

[1] 0.5714286


```
jaccard_coefficient
```

[1] 0.25


```
pearson_correlation
```

[1] 0.3535534


```
yule_q
```

9.2.1 일원 연결망으로 변환된 이원 연결망의 분석

이상과 같이 이원 연결망을 일원 연결망으로 변환한 후에는, 앞서 배운 모든 분석을 그대로 활용이 가능하다. 하지만 주의해야 할 것이 있다. 첫째, 이원 연결망을 일원 연결망으로 변환하면, 많은 경우 가중치가 있는 연결망(weighted network)이 만들어진다는 것이다. 가중치는 노드 간 연결의 강도를 나타낸다. 따라서 가중치가 있는 연결망의 경우 가중치 정보를 유지한 채로 분석을 진행할지, 이분 연결망(binary network)으로 변환하여 분석을 할지 결정해야 한다. 이를 결정한 후에 각각의 분석 방법을 시행할 때 있어서도 적합한 지표를 선택해야 한다.

예를 들어 coauthorship.csv과 같이 저자 – 논문으로 구성된 이원 연결망이 있다고 생각해보자. 가상의 저자 11명이 20개의 공저 논문을 썼다. 편의상 저자는 A~K 알파벳으로, 논문은 1~20의 숫자로 입력이 되어 있다. 저자 간의 공저 관계는 저자와 논문이라는 서로 다른 집합(set)과의 연결을 통해서 1차적인 관계를 파악할 수 있고, 이를 변환하여 논문을 통해 공저자 관계, 저자들을 통해 논문 간의 연결 관계를 파악할 수 있다.

```
#1 저자 - 논문 이원 자료 입력 하기

coauthorship <- read.csv('files/coauthorship.csv', header=TRUE)


#2 igraph 객체로 변환하기

coauthorship_2mode <- graph.data.frame(coauthorship)

# 위에서 입력한 edgelist에서 첫 번째 열(person)에 속한 name이면 TRUE,

# 그렇지 않으면 FALSE

V(coauthorship_2mode)$type <- V(coauthorship_2mode)$name %in% coauthorship[,1]


# 이원 연결망을, 일원 연결망으로 전환

# coauthorship_bipartite는 논문-논문[1], 저자-저자[2] 2개의 연결망 object로 생성됨

coauthorship_bipartite <- bipartite_projection(coauthorship_2mode)
```

```
coauthorship_network <- coauthorship_bipartite[[2]]


# 저자-저자 연결망 시각화하기

plot(coauthorship_network, edge.width = E(coauthorship_network)$weight,

    layout = layout.kamada.kawai(coauthorship_network), vertex.label.cex= 0.7)
```

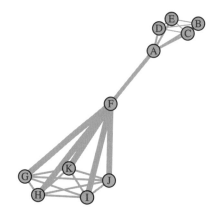

그림 9.2: 공저자(가중치) 관계 연결망(예시)

이 그래프를 살펴보면, A와 F는 학과의 교수로 서로 4차례 공저가 있고, 각각의 지도학생들과도 공저 논문이 있다. 학생들과의 공저 논문은 개별 학생들과의 2인 공저로 되어 있고, A의 경우 한 차례 4명의 학생 모두와, F의 경우 2차례 5명 학생 모두와 함께 쓴 논문이 있다.

11명 저자 간의 공저 연결 강도를 파악하기 위해서는 연결망 그래프를 아래와 같이 인접 행렬로 변환하여 살펴보면 된다.

```
W <- as_adjacency_matrix(coauthorship_network, attr= 'weight')
W
```

```
11 x 11 sparse Matrix of class "dgCMatrix"
  [[ suppressing 11 column names 'A', 'B', 'C' ... ]]
```

```
A . 2 2 2 2 4 . . . . .
B 2 . 1 1 1 . . . . . .
C 2 1 . 1 1 . . . . . .
D 2 1 1 . 1 . . . . . .
E 2 1 1 1 . . . . . . .
F 4 . . . . . 6 6 6 6 6
G . . . . . 6 . 2 2 2 2
H . . . . . 6 2 . 2 2 2
I . . . . . 6 2 2 . 2 2
J . . . . . 6 2 2 2 . 2
K . . . . . 6 2 2 2 2 .
```

이와 같이 이원 연결망의 일원 연결망으로 변환 후 가중치가 있는 상태에서 분석할 수 있다. 하지만 살펴보고자 하는 지표가 가중치가 없는 상태에서 계산이 필요한 경우 또는 보다 간결한 상태에서의 연결망을 분석하고자 하는 경우 이를 연결망에서 연결의 존재 유무 여부로 표현시켜야 한다. 가중 연결망을 이분 연결망으로 변환하는 방법으로는 여러 가지가 있는데, 그 중에는 첫째, 0을 초과하는 링크들을 1로 변환하는 방법, 둘째, 평균 이상인 링크들을 1로 변환하는 방법, 그리고 마지막으로 불균등 추출법을 활용하는 방법, 이렇게 세 가지를 고려할 수 있다. 이상의 과정을 손쉽게 수행하기 위해서 backbone 패키지를 활용하는 방법을 소개한다(Neal, 2022).

```
install.packages('backbone')
```

9.2.1.1 0 기준 변환

위에서 생성한 가중 연결망 w의 값이 0을 초과하는 경우 1로 변환하기 위해서는 global 함수를 활용하면 쉽게 가능하다. global 함수는 global(행렬명, upper = '초과' 기준 임계값, class = 반환되는 결과 객체(예제는 igraph))의 내용으로 입력하면 된다. 이렇게 생성된 객체가 실제 0과 1로만 구성된 이분 행렬로 변환되었는지를 확인하고 싶으면 아래와 같이 bn1을 생성 후 as_adjacency_matrix(bn1)를 실행해보자.

```
library(backbone)
# 이분 연결망으로 변환 후 시각화하기
bn1 <- global(W, upper = 0, class = 'igraph')
plot(bn1, edge.width = E(bn1)$weight,
         layout = layout.kamada.kawai(bn1), vertex.label.cex= 0.7)
```

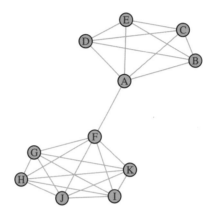

그림 9.3: 공저자 연결망 0 기준 변환

이렇게 변형된 연결망은 링크의 가중치가 없다. 가중치가 없다는 것의 의미는, 6번을 공
저했거나, 1번을 공저했거나 똑같이 '연결된 상태'로 바라본다는 것이다. 당연히, 이렇
게 변한 한뒤에 각 노드들이 지닌 연결 강도(strength), 인접중앙성(closeness centrality)
등을 계산 할 경우, 원래의 가중치 있는 연결망과 그 값이 달라진다.

```
# 공저(가중치) 연결망 노드들의 연결 강도
strength(coauthorship_network)
```

```
A  B  C  D  E  F  G  H  I  J  K
12 5  5  5  5  34 14 14 14 14 14
```

```
# 공저(이분) 연결망 노드들의 연결 강도
strength(bn1)
```

```
A B C D E F G H I J K
5 4 4 4 4 6 5 5 5 5 5
```

> # 공저(가중치) 연결망 노드들의 인접중앙성
> closeness(coauthorship_network)

```
         A          B          C          D          E          F          G
0.01612903 0.01408451 0.01408451 0.01408451 0.01408451 0.01724138 0.01388889
         H          I          J          K
0.01388889 0.01388889 0.01388889 0.01388889
```

> # 공저(이분) 연결망 노드들의 인접중앙성
> closeness(bn1)

```
         A          B          C          D          E          F          G
0.06666667 0.04761905 0.04761905 0.04761905 0.04761905 0.07142857 0.05263158
         H          I          J          K
0.05263158 0.05263158 0.05263158 0.05263158
```

9.2.1.2 평균 기준 변환

0을 초과하는 경우와 아닌 경우로 연결을 구분하여 이분 연결망을 만들 경우, 대부분의 경우에는 0이상으로 연결되는 경우가 많다. 이 경우에는, 연결이 너무 많아지고, 그에 따라서, 연결 자체에 대한 유의미성이 떨어져 연결망의 구조를 이해하거나 해석하기 어려울 수 있다. 연결망을 보다 단순하게 이해하기 위해서는 유의미한 연결로 연결망을 나타내야 하는데 이 경우 많이 쓰는 방법이 '평균'을 기준으로 이보다 작은 경우 관계가 없음(=0)으로 간주하고 연결을 이분화하는 것이다.

이 예제에서, 가중 행렬 w의 요소(element)들의 평균은 1.12이다. 따라서, 이를 기준으로 가중 연결망의 링크들을 0, 1로 변환하면, 공저가 1회인 관계들(B-C, B-D, B-E, C-D, C-E, D-E)은 없어지고 나머지 링크들은 1로 변환된다. 결과적으로 A와 연결된 노드들은 그래프에서 방사형으로 형태가 변환되는 것을 알 수 있다.

```
# 평균을 기준으로
bn2 <- global(W, upper = mean(matrix(W)), class = 'igraph')
plot(bn2, edge.width = E(bn2)$weight,
     layout = layout.kamada.kawai(bn2), vertex.label.cex= 0.7)
```

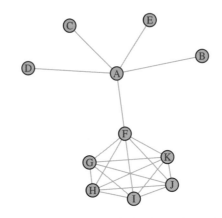

그림 9.4: 공저자 연결망 평균 기준 변환

9.2.1.3 불균등 추출법

앞서 0이나 평균을 기준으로 가중치가 있는 연결망을 이분 연결망으로 변환하면서, 이분(binarize)을 결정짓는 임계값(cut-off point)에 따라서 이분 연결망의 모양이 달라지는 것을 보았다. 하지만 임계값 하나에 의해서 전체의 연결망이 영향을 받는 것은 우리가 살펴보고자 하는 연결망의 핵심 모습과는 다를 수 있다. 왜냐하면 연결망 전체적으로 볼 때는 연결의 강도가 평균 미만이지만, 하위 집단이나 특정 노드 입장에서는 연결의 강도는 낮더라도 중요한 링크들이 존재할 수 있기 때문이다.

이러한 관점에서 연결망의 특징을 살려 중추적 연결망을 추출하고자 하는 방법이 제안되었다. 각 노드에 대해서 관찰된 k개의 연결에 대해서, 균등 분포(uniform distribution)에서 벗어나 통계적으로 불균등한 특징을 가진 링크들을 찾아 남기는 것(disparity filter)이다(Serrano et al., 2009). 이 불균등 필터의 방법은 전체 링크에 대하여 똑같은 임계값을 주는 것이 아니기 때문에 부분적인(local) 특징과 전체적인(global) 특징을 모두 잘 살려낸다. 마치 우리 몸을 지탱하는 중추 뼈대(backbone)를 통해서 신체 구조를 살펴보고자 하는 것과 동일하기에 이를 중추적 연결망 추출(backbone filtering method)이라고 부르기도 한다.

이 방법을 사용할 때 유의해야 할 것이 있다. 얼마만큼 통계적으로 불균등한 것만을 남길 것이냐는 것이다. 중추적 연결망 추출(backbone filtering method) 방법에서의 영가설은 "특정 노드의 연결들이 균등한 분포로 이뤄져 있다"는 것이다. backbone 패키지의 disparity 함수를 통해서 유의 수준을 설정하여 노드별로 차등적인 중추적 연결망을 추출할 수 있다. disparity 함수는 disparity(행렬명, alpha = '유의 수준', class = 반환되는 결과 객체(예제는 igraph))의 내용으로 입력하면 된다.

```
b03 <- disparity(W, alpha = 0.3, class = 'igraph')
plot(b03, vertex.label.cex= 0.7)
```

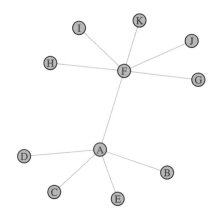

그림 9.5: 공저자 연결망 불균등 기준 변환

위 공저자 연결망 W 행렬의 경우 0.3 수준의 alpha 값에서 A와 F를 중심으로 한 방사형의 연결망만 남는 것을 확인할 수 있다. A-B, A-C, A-D, A-E, G-H-I-J-K 간에는 모두 두 차례의 공저 관계가 존재하지만, A와, B, C, D, E 간의 연결은 남아있고, G-H-I-J-K 간의 연결은 제외된 것을 확인할 수 있다. 위에서 설명한 것처럼 연결 강도의 절대값이 아닌 각 노드에게 있어서 상대적으로 더 중요한 연결을 기준으로 링크가 추출된 것을 알 수 있다.

또한 유의 수준을 결정하는 alpha 값이 작아지면, 가설 검증이 엄격해져서 남게 되는 링크의 수가 더 적어진다. 이 부분에 있어서는, 다음의 명령어를 통해서 확인해볼 수 있다.

```
b02 <- disparity(W, alpha = 0.2, narrative = TRUE, class = 'igraph')
b01 <- disparity(W, alpha = 0.1, narrative = TRUE, class = 'igraph')
print(c(gsize(b03), gsize(b02), gsize(b01)))
```

```
[1] 10  6  0
```

이처럼 이원 연결망을 일원 연결망으로 변환할 시에는 다양한 방법을 통해서 분석을
진행할 수 있다.

9.2.2   이원 연결망을 일원 연결망으로 변환 시 유의사항

이원 연결망을 일원 연결망으로 변환 시 유의사항은 다음과 같다. 첫째, 한 모드의 집단
크기가 몹시 클 경우, 우리가 그 집단에 속한 모든 사람들 사이에 연결이 되었다고 가
정하는 것이 타당한지를 물을 수 있다. 이를테면, 다섯 명으로 된 소규모 집단에서 활동
할 경우에 모두가 서로를 알고 인지하고 있다고 가정하는 것은 타당하지만, 오천 명으
로 구성된 대규모 집단에서 함께 활동하였다고 해서 모두를 연결시키는 것이 타당한지
에 대해서는 의문이 생길 수 있기 때문이다. 집단의 크기가 얼마나 적정한지에 대해서
는 특별히 정해진 규정은 없다. 하지만 예를 들어 던바의 숫자(즉 사람들은 평균적으로
150여 명 정도와 유의미한 관계를 맺는다)를 기준으로 고려한다면, 집단의 크기가 150
명 또는 그 이상인 경우에는 그 집단 내에 소규모 집단을 구분한다든지(이를테면 연령
대에 따라 소집단을 구분), 또는 대규모 집단에서 활동한 경우에 관계의 강도를 약하게
설정한다든지 등의 방법을 활용하여 이 문제를 다룰 수 있다.

둘째, 설문 혹은 다른 방식으로 직접 얻은 완전 연결망에 비해서 이원 연결망의 밀도가
높다는 점을 주의해야 한다. 예를 들어 정치인 간에 같은 사교 모임에 속해 있지만, 개
인적인 친분은 존재하지 않는 관계가 있을 수 있다. 가령 경기도 지역 국회의원 모임
에 여러 당의 의원들이 함께 큰 모임을 형성할 수 있지만, 이를 직접적인 개인 간의 관
계로 해석하는 것은 비약이 있을 수 있다. 이를 해결하기 위해서는 가벼운 연결 관계
를 제외하고, 이원 연결망에서 중추적 구조(backbone structure)를 뽑아내는 것이 중요

하다. 이 과정에서는 사람들은 블록 모델링 기법을 활용하여, 무작위 상호작용 기초 모델(random interaction null model)을 바탕으로 이보다 더 유의미하게 많은 관계를 형성하고 있을 경우에 주요한 관계로 규정한다. 이보다 좀 더 쉬운 방식은 연구자가 연결 형성의 절단값(cut-off value)을 정하는 것이다. 많은 경우 연결망의 평균 연결정도를 절단값으로 활용한다. 예를 들어, 14개의 모임이 존재하는 상황에서 7개의 모임을 함께 한다면 이들은 직접적인 관계가 존재할 가능성이 높다고 볼 수 있다.

마지막으로 집단의 크기를 고려하거나 연결 형성의 기준이 되는 절단값을 정하는 데 있어서, 연구자로서 어떤 메커니즘을 가정하고 연구하려고 하는지를 명확히 해야 한다. 만약에 연구자가 보다 광범위한 형태의 메커니즘, 예를 들어, 남들의 행동을 관찰하거나 집단의 규범을 공유하는 것에 관심이 있다면 보다 큰 집단을 가정하거나 가중치의 절단값을 낮게 설정하는 것이 더 나을 수 있다. 반면 연구자가 연결망 안에서 보다 직접적인 사회적 상호작용을 탐구한다면, 작은 크기의 집단을 가정하거나 가중치의 절단값을 높게 설정하는 것이 필요할 것이다.

9.3 이원 연결망 자체 분석 : 일원 연결망 분석의 응용

9.3.1 중앙성

이원 연결망도 일원 연결망과 마찬가지로 중앙성 분석 등을 수행할 수 있다. 사이중앙성, 인접중앙성 등 다양한 중앙성 지표도 이원 연결망에서 산출 가능하지만, 여기에서는 가장 단순한 연결중앙성을 중심으로 예시를 들겠다. 아래에서는 연결중앙성을 계산하여 이 값을 노드 또는 라벨의 크기로 지정하고 있다. 단, 이 경우 그래프 출력 시 글자 겹침을 고려하여 가중치를 조정하는 것이 필요할 수 있다.

```
deg2 <- degree(twomodenetwork)
plot(twomodenetwork, vertex.shape = 'none', vertex.label.cex= deg2 / 5)
```

그림 9.6: 연결 중앙성으로 노드 라벨 크기를 표현한 배우-영화 이원 연결망

하지만 이때 해석에 있어서 주의가 필요하다. 예를 들어 오달수(Oh Dal-su)의 연결중앙성(degree)이 5라는 것은 5명의 다른 이들과 연결되어 있다는 것이 아니고, 5번 1,000만 영화에 출현했다는 것이다. 다시 말해 1,000만 관객 영화에 다른 배우들과 5번 함께 주연 배우로 출연했다는 것을 의미한다. 다른 사람과의 연결 관계로 이해하기 위해서는 반드시 일원 연결망으로 변환 후 분석해야 한다. 또한 많은 영화에 출연한다고 하여 일원 연결망으로 변환할 경우 반드시 다른 이들과 많은 연결을 갖는다고 가정할 수 없다. 하나의 영화에 출연했더라도 그 영화의 주연 배우들이 많은 1,000만 관객 영화에 출연한 경우 여러 중앙성 값들이 높게 나타날 수 있다.

9.3.2 커뮤니티 탐색

이원 연결망의 두 가지 모드를 동시에 고려한 커뮤니티 탐색(community detection) 분석도 이원 연결망 자체 분석에서 중요하다. 많은 커뮤니티 탐색 알고리즘들은 연결 여부(connected or not)에만 관심을 갖고 커뮤니티를 찾는다. 하지만, 위에서 논의했다시피 이원 연결망을 일원 연결망으로 변환할 경우 가중치가 반영이 되므로, 이를 잘 염두하고 커뮤니티를 찾아야 한다. 또한 일원 연결망으로 전환할 경우 중앙성 분석 관련하여 언급한 것과 유사하게, 1번 참여한 큰 이벤트(저자 수가 많은 논문)로 인하여 큰 커뮤니티가 만들어질 수도 있다. 하지만 약한 강도의 큰 커뮤니티는 노드들 입장에서는 실질적인 커뮤니티/집단이라고 인식되기 어려울 수 있기에, 주의를 기울여야 한다.

이러한 문제점을 해결하기 위해서는 두 가지 방법이 가능하다. 한 가지는 일원 연결망으로 변환한 연결망의 가중치를 고려한 커뮤니티를 탐색하는 것이다. 또 다른 방법은 이원 연결망에서 직접 두 유형의 노드 집합을 묶는 커뮤니티 탐색 방법을 활용하는 것이다(Barber, 2007; Dormann and Strauss, 2014; Beckett, 2016). 예를 들어, 영화와 영화의 연결은 출연 배우들을 통해 만들어질 수 있고, 특정 장르의 영화에 주로 함께 출연한 배우들을 통해서 영화의 장르를 묶을 수도 있지만, 반면에 출연하는 배우와 영화가 동시에 존재하는 연결망에서 커뮤니티 탐색을 함으로써, 영화의 장르와 배우들의 상호의존적 커뮤니티를 찾아낼 수도 있다.

R bipartite 패키지에서는 computeModules 명령어로 베켓(Beckett)이 제안한 커뮤니티 탐색 알고리즘을 쉽게 적용하여 살펴볼 수 있다. 위 영화-배우 이원 연결망에서와 같이 한 배우는 여러 영화에 출연하더라도 커뮤니티를 형성할 때는 확률적으로 더 빈번하게 함께 출연하는 배우와 묶이는 것을 알 수 있다.

```
devtools::install_Github('biometry/bipartite/bipartite')
library(bipartite)
actor_movie_mat <- as_incidence_matrix(twomodenetwork)
mod <- computeModules(actor_movie_mat)
plotModuleWeb(mod)
```

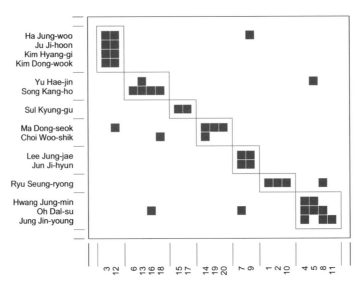

그림 9.7: 배우-영화 이원 연결망 커뮤니티 탐색 결과

9.3.3 이원 연결망의 구조적 특성: 군집 계수

이원 연결망에서도 7장에서 공부했던 연결망의 구조적 특성에서 살펴봤던 지표들을
이용하여, 연결망 밀도(network density), 군집 계수(clustering coefficient) 등을 산출할 수
있다. 하지만, 이러한 지표를 산출 시에는 각별한 주의가 필요하다. 이원 연결망 자체에
서는 "친구의 친구는 나의 친구다(Friends of my friends are my friends)"인지를 측정하는
이전성(transitivity)을 측정하지 못한다. 친구를 매개로 새로운 친구와의 관계가 이어지
는 삼각 연결 고리 패턴을 발견할 수 없기 때문이다. 한편 일원 연결망으로 전환하여
분석할 때는 연결을 얼마나 남기는지 결정하는 기준 임계치에 따라서 밀도나 군집 계
수가 크게 달라진다. 0 기준 변환을 하는 경우에는 군집 계수 등이 일반적인 일원 연결
망에 비하여 350배나 높게 나타나기도 한다(Opsahl, 2013). 이러한 특성으로 인해, 이원
연결망 자체에서 밀도나 군집 계수 등을 산출하고 해석할 때에는 주의가 필요하다.

9.4 이원 연결망 분석의 응용 사례

전통적으로 쓰이던 방법 외에, 최근에는 기계 학습이나 컴퓨터 공학 관점에서 이원 연결망을 분석하는 방법이 개발되고 있다. 대표적인 예로 협업 필터링의 방법에 대해서 간단히 소개하겠다.

9.4.1 협업 필터링(Collaborative Filtering)

협업 필터링(Collaborative Filtering: CF)은 아마존(Amazon.com) 등의 상품 추천시스템에서 주로 사용되는 이원 연결망 분석 지표이다(Linden et al., 2003). 협업 필터링이란 다른 많은 사람들이 복수의 항목들을 선택한 데이터에 근거하여, 한 사람이 각 대상들을 선택할 개연성을 예측하는 점수를 계산하여 순위를 매기는 방법이다. 연결망 분석의 시각에서 보면, 한 종류(예컨대 사람)의 노드들이 한 편에 있고, 또 다른 종류(예컨대 상품)의 노드들이 다른 편에 있으며(two-mode), 이 두 종류의 노드 간에 링크(예컨대 구매행위)가 있는 상황에서, 어느 사람들이 어떤 비슷한 상품을 구매하는가 혹은 어떤 유사한 평가를 내렸는가에 의해 노드(사람 혹은 아이템)들 간의 유사성을 측정한다. 이를 가중치로 이용하여 모든 노드 쌍(사람-상품)에 대해 링크의 값을 추정하는 것이다.

협업 필터링은 크게 상품 중심 협업 필터링(item-based CF)과 사용자 기반 협업 필터링(user-based CF)으로 구분할 수 있다. 상품 기반 추천은 내가 구매했거나 좋아하는 상품과 유사한 상품을 추천하는 방식이다. 사람×책 이원 행렬에서 사용자를 기반으로 책 간의 유사도를 구하고, 현재 고객의 취향이 드러난 경우(책 소개 페이지를 보는 경우, 영화 시청 후) 유사한 상품을 추천하는 방식이다(Sarwar et al., 2001).

반면, 사용자 기반 협업 필터링은 사용자 간의 유사도 또는 거리를 측정하여, 유사한 특성을 갖는 이가 선호할 만한 미경험 상품을 추천하는 방식으로 작동한다(Goldberg et al., 2001). 즉 김OO 씨가 A라는 상품을 구매한 정도가 나에 대해 미치는 영향은, ① 나와 김OO 씨의 전반적인 구매패턴의 유사성, ② 김OO 씨가 A라는 상품을 구매한 정도에 의해 결정된다. 따라서 내가 A라는 상품을 아직 구매하지 않았더라도 나와 구매패턴이 비슷한(즉 나와 같은 상품들을 많이 구매한) 사람들이 대개 A라는 상품을 구매했다면 나와 A 간의 링크 값(구매 예상치)은 높게 추정된다.

실질적인 서비스에서 협업 필터링을 활용할 때 발생하는 두 가지 대표적인 문제가 있다. 하나는 새로운 상품 혹은 사용자를 대상으로 어떻게 추천할 수 있을까라는 것이다 (cold start/평가 데이터 희소성 문제). 정보가 존재하지 않거나 빈약한 경우 추천이 어렵고 예측력이 떨어진다. 또 다른 문제는 실시간으로 최신 정보가 유입되고 시간이 지나면서 정보의 가치가 떨어지는 뉴스와 같은 영역은 추천이 어렵다는 것이다. 이 경우 최신성에 가중치를 주어 모델링을 하거나, 뉴스나 아이템의 내용 유사도를 분석하여 추천하기도 한다(Ding et al., 2006; Hristakeva et al., 2017).

9.5 소결

이 장에서는 이원 연결망(two-mode network) 자료의 특성과 변환 방법 그리고 이원 연결망에 특화된 분석 방법에 대하여 살펴보았다. 이원 연결망은 행위자와 행위자 사이의 직접적인 관계가 아닌, 사람과 책, 배우와 영화, 국가와 국제기구 등 서로 다른 종류의 행위자 사이의 연결 관계를 나타낸다. 이원 연결망을 그 자체로 분석하는 방법이 존재하지만, 많은 경우 같은 종류의 행위자 간의 연결망, 즉 일원 연결망으로 변환한 뒤에, 기존의 연결망 분석의 툴을 활용하는 경우가 일반적이다.

따라서, 이원 연결망 자체 분석과 일원 연결망으로 변환하여 분석하는 방법 중에 어떤 것이 연구 목적에 더 부합하는지를 결정하는 것이 중요하다. 이원 연결망을 일원 연결망으로 변환할 때는 집단 크기와 연결 강도에 대해서 고려해야 한다. 동시등장 빈도, 유사성 기반 변환, 중추적 연결망 추출 등 여러 방법 중 연구자의 관점에 따라 필요한 방법을 잘 선택해야 한다. 반면에, 이원 연결망을 자체적으로 분석하는 방법이 최근에 많이 개발되었지만, 이원 연결망 분석 결과가 일원 연결망 분석과는 어떻게 다른 결과를 도출해내는지에 대해서 항상 고민하고 생각해볼 필요가 있다. 마지막으로, 이원 연결망 분석은 협업 필터링 뿐만 아니라, 최근에 들어서는 단어 연결망 또는 토픽 연결망 등의 다양한 방식으로 응용되고 있어(Hoffman et al., 2018; Rule et al., 2015), 이원 연결망 자료를 활용한 다양한 새로운 방법론을 찾아서 적용해볼 것을 권장한다.

10 자아 중심 연결망 분석

그동안 우리가 배운 연결망 분석 방법들은 대부분 사회 중심 연결망 분석(socio-centric network analysis)이라고 하는 관점에 기반해 있다. 다시 말해, 그동안 우리는 특정한 연결망의 경계(network boundary) 안에 위치한 모든 행위자들의 관계를 파악하고, 그 연결망 안에서 행위자들의 중앙성을 측정하고(5장), 행위자들이 어떻게 집단 또는 연결망 공동체를 이루고 있는지를 파악하고(6장), 연결망의 특성을 묘사하고(7장), 행위자들의 관계 패턴을 바탕으로 연결망 내에서의 역할과 지위를 파악하는 방법에 대해서 알아보았다(8장). 이러한 분석 틀은 기본적으로 정보의 흐름이 연결망 경계 내에서 주어진 행위자들과 그들 사이의 특정한 관계 안에서만 발생한다고 가정한다. 예를 들어, 학급 내에서 교우들 간에 가장 친한 친구들의 관계를 나타내는 친구 연결망을 조사한다고 했을 때, 많은 경우에 우리는 정보 공유와 의사소통, 정서적 지지 등이 친한 친구 연결망 안에서 이루어진다고 가정할 수 있다. 하지만, 학급 외에서 발생하는 (이를테면 학원 등에서) 친구 관계를 통해서 더 중요한 정보를 공유할 수도 있고, 또는 같은 학급 안에서도 서로 친한 친구로 지목하지는 않았지만 부모들이 서로 친한 관계가 특정한 종류의 정보 공유를 활성화시킬 수 있다. 사회 중심 연결망 분석은 이러한 연결망 경계 문제(boundary specification problem)뿐만 아니라(Laumann et al., 1983), 전체 모집단에 대한 추론에 있어서 한계를 지닌다(Perry et al., 2018).

자아 중심 연결망(ego-centric network) 분석은 이러한 문제점들을 극복하면서, 동시에 개인의 관점에서 다층적인(multiplex) 연결망 특성을 연구하기 위해 개발되어 왔다(Perry et al., 2018).[1] 자아 중심 연결망 자료를 모으는 것은 주로 설문을 통해서 이루어진다. 많은 사회과학 연구자들은 다양한 설문조사에 자아 중심 연결망 자료를 모으는 데 필요한 설문도구를 포함하여 연결망이 개인의 다양한 태도나 행동 변화와 어떻게 영향을 주고받는지에 대해서 연구해왔다(Marsden, 1990). 대표적인 예시로 미국종합사회조사(General Social Survey)에서는 1985년과 2004년에 각각 사람들이 삶의 중요한 문제에 대한 이야기를 누구와 나누는지에 대해서 조사하고, 이러한 핵심 의사소통 연결망(core discussion network)의 크기가 1985년에 3명이었던 게 2004년에 2명 이하로 그 크기가 크게 줄었음을 밝혀, 미국 사회에서의 사회 자본 감소에 대한 경종을 울린 바 있다(McPherson et al., 2006). 단 이 결과가 실제로 여러 가지 방법론적인 오류에 기인했을 가능성에 대해서 많은 후속 연구들이 제언하고 있으며(Fischer, 2009; Paik and Sanchagrin, 2013; Brashears, 2011), 최근에는 2004년의 GSS 서베이가 정치양극화가 커지는 선거기간에 실행된 이유에 주목하여, 중요한 문제가 정치적인 되었기 때문에 연결망의 크기가 줄어들었을 가능성도 제기되었다(Lee and Bearman, 2017, 2020).

자아 중심 연결망 분석은 크게 두 가지 목표를 지닌다. 하나는, 한 자아(ego)를 둘러싼 타자(alter)들 사이의 관계를 나타내는 자아 중심 연결망과 자아의 다양한 속성이 어떻게 연관되는지를 살펴보는 것이다. 이때, 연구자는 자아 중심 연결망 분석을 통해 개인 수준에서의 연결망 변수를 만들고, 개인 수준의 다른 변수들(예: 성별, 소득 수준 등)과의 관계를 회귀 분석을 통해서 살펴보는 경우가 많다 (Burt, 1992; Lin et al., 2001; Lee, 2021). 이러한 개인 수준에서의 변수 중심 접근법의 경우는 크게 두 가지로 나뉠 수 있다. 첫째는 자아 중심 연결망의 특성이 자아의 다양한 행동과 태도에 미치는 영향을 살펴보는 것이고, 둘째는 반대로 자아 중심 연결망이 어떻게, 어떤 조건에서 구축되는지를 살펴보는 것이다. 전자의 경우는 일종의 연결망 효과를 파악하는 목적이 있지만, 많은 경우에 인과 관계를 밝혀내는 데에는 어려움이 있다. 그 이유는 잠재적 유사성(latent homophily)과 내생적 선택 문제(endogenous selection issue)에 있다(Cohen-Cole and Fletcher, 2008; Lee and Lee, 2020). 후자의 경우에는 주로 인구통계학적 특징에 따라

---

[1] 원칙적으로는 사회 중심 연결망 자료가 주어졌을 때 이 장에서 논의하는 다양한 자아 중심 연결망 분석을 그대로 활용할 수 있다. 그럼에도 불구하고 자아 중심 연결망을 별도로 다루는 핵심적인 이유는 단순히 특정한 지표를 개인의 관점에서 측정할 수 있다는 것을 넘어서, 우리가 어떻게 자료를 모으고 어떠한 연결망을 구축할 것인지에 있다.

서 어떻게 연결망이 달라지는지, 또는 특정한 구조적 맥락에 따라 어떻게 연결망 형성이 달라지는지를 주로 살펴보며, 연결망 형성 원리를 통계적으로 모델링 하기에 앞서 상세하게 특성을 기술하는 데 주 목적이 있다.

둘째, 자아 중심 연결망을 조사하면 개인들의 미시적인 관계를 파악하여 사회 구조적인 특성을 유추해낼 수 있다. 예를 들어, 개인들 혹은 개인들 가족에 대한 결혼 기피 지역을 묻는 방식을 통해 특정 지역에 대한 개인의 심리적 거리로부터 지역 간 상대적 거리를 계산할 수 있다(김용학, 2010). 또한 개인들이 중요한 일에 대하여 고민을 나누는 조언 관계 안에서 성별, 인종별, 교육 수준별로 사회적 거리(social distance)를 측정하거나 유유상종(homophily)의 정도를 측정함으로써, 사회 연결망 내 분화 현상과 사회적 격리 현상에 대해 연구할 수 있다(Smith et al., 2014; McPherson et al., 2001). 더 나아가, 최근에는 개인 수준의 자아 중심 연결망 자료를 토대로 모형을 만들고, 반복적으로 모의실험(simulation)을 하여 전체 연결망을 구성하는 ERGM(exponential-family random graph model) 등의 방법이 개발되어 연구에 활용되고 있다(예: EpiModel)(Jenness et al., 2018; Smith, 2012).

자아 중심 연결망 조사에는 다양한 장점이 있다(Perry et al., 2018). 첫째, 설문을 통해서 개인들의 연결망 특성을 알아보는 분석 방식은 '한국 사회'와 같이 모집단 전체를 분석하기 어려워서 표본을 추출하여 조사를 시행하는 경우에 용이하다. 사회 중심 연결망 자료는 연구자가 설정한 경계 내에 존재하는 행위자들이 특정 관계를 맺고 있는지를 조사하기 때문에, 표본 추출 방식이 기본적으로 군집 추출(cluster sampling)이라고 볼 수 있다. 이때 각 군집이 하나의 연결망을 구성하여 연결망의 크기와 상관없이 표본의 크기는 1이다. 각 연결망에 속한 개인들은 임의로, 독립적으로 추출된 것이 아니기 때문에, iid(independent and identically distributed)를 가정하는 일반적인 통계 분석을 활용할 수 없으며, 관측값들의 의존성(dependence)을 고려한 통계 방법을 활용해야 한다(Leenders, 2002; Robins et al., 2007). 이와 달리, 자아 중심 연결망 자료는 각 개인의 연결망이 하나의 표본으로 구성이 되며, 일반적으로 대규모 사회 설문 조사에 연결망 조사 도구가 포함되어 임의 추출(random sampling) 방식으로 자료를 모을 수 있다. 자아 중심 연결망의 경우에 표본의 크기는 추출된 자아들의 숫자와 같고, 큰 표본을 바탕으로 임의 추출(random sampling)에 기반한 다양한 통계 기법을 활용할 수 있어 분석이 용이하다.

둘째, 자아 중심 연결망 조사는 한 개인을 둘러싼 다층적(multiplex) 관계와 다양한 맥락 속에 위치한 다양한 행위자들(alters)과의 관계를 종합적으로 조사할 수 있다는 장점이 있다(Fischer, 1982). 일반적으로 사회 중심 연결망 조사에서는 연결망 경계 내에 포함되지 않은 행위자들을 따로 조사할 수 없기 때문에, 경계 바깥의 행위자들은 무시될 수밖에 없다. 예를 들어, 학급 내 친구 연결망을 조사할 경우 학원 친구처럼 학급 밖의 친구들이나 부모, 친척과의 관계는 고려되지 않는다. 반면에 자아 중심 연결망 조사의 경우에는 다양한 관계의 맥락을 넘나들며 한 개인이 누구와 어떤 종류의 관계를 맺고 있는지 다층적인 고려가 가능하다(Perry et al., 2018). 예를 들어, 한 고등학생이 정서적으로 힘들 때 의지하는 사람들을 조사할 때, 학급 내의 친구가 그 대상일 수도 있지만 자신의 가족 또는 친척들로부터 정서적인 지지를 받는 관계의 양상을 파악할 수도 있다. 연구에서 보다 실제적인 장점은 응답자(ego)와 연결망 내 타자(alter)의 익명성이 보장되기 때문에, 사생활 침해의 가능성을 줄이고 응답자로부터 보다 정직한 응답을 기대할 수 있다는 것이다. 반면에, 사회 중심 조사의 경우에는 비밀(confidentiality)을 유지할 수는 있지만 서로 다른 행위자들을 연결시켜야하기 때문에, 궁극적으로 익명성을 보장하기 힘들다(Kadushin, 2005). 이는 연구 윤리 심의 과정에 있어서 큰 차이를 만들어낸다.

한편, 자아 중심 연결망 조사도 여러 단점을 지니고 있다. 가장 먼저, 응답자에게 큰 부담이 된다. 완전 연결망 자료 수집에서 타자(alter)에 대한 정보를 따로 수집할 필요가 없는 것과 달리, 응답자가 연결망의 다른 구성원에 대한 상세한 정보를 제공해야 하기 때문이다. 이처럼 관계의 특성, 강도, 지속 시간 등을 포함한 타자에 대한 정보를 제공하는 것은 단순한 설문조사보다 많은 시간과 노력을 요구한다. 두 번째로, 자아 중심 연결망은 "인식"만을 측정할 수 있어 정확성에 문제가 있을 수 있다(Marineau et al., 2018). 즉, 응답자의 관점에서 제공된 정보는 해당 응답자의 개인적인 인식과 해석에 따라 다르게 보일 수 있고, 이는 다른 사람들이 또는 외부 관찰자가 보는 것과 다를 수 있다. 이는 실제 연결망 구조와 응답자의 인식 사이에 오차가 있을 수 있음을 의미하며, 이로 인해 연구 결과의 신뢰성이 떨어질 수 있다. 마지막으로, 자아 중심 연결망은 전체 연결망 특성을 도식화하는 데 제한이 있다. 이 말은, 친구의 친구의 친구와 같은 '친구의 친구' 연결망을 포함한 전체 사회구조를 파악하기 어렵다는 것을 의미한다(Christakis and Fowler, 2007). 이는 직접적인 관계에 있지 않은 연결이나 더 넓은 사회적 맥락을 이해하는 데 제한적이라는 문제점을 내포하고 있다. 이러한 정보는 특히 연결망의 동적 변화를 이해하거나 사회적 영향력을 평가하는 데 중요한 역할을 하는데, 이를 제대로 파악하기 어렵다면 연구의 정확성과 유용성이 크게 떨어질 수 있다.

그럼에도 불구하고 자아 중심 연결망 조사는 연구자의 목적에 맞게 손쉽게 설문도구의 변형이 가능하며 온라인상에서도 조사가 쉽고, 다양한 조사 도구가 개발됨에 따라 점점 더 많이 활용되고 있다. 이를테면, 개인이 지니고 있는 관계적 특성과 기존의 사회과학에서 관심을 갖고 있는 요인들을 함께 조사하여 종합적으로 분석할 수 있다. 예를 들어 "교육 수준이 높을수록 인간관계의 크기가 큰가?" (Marsden, 1987), "자아 중심 연결망의 밀도가 높은 이들이 어려운 상황에 처해있을 때 주변 사람들로부터 도움을 받을 가능성이 높은가?" (Martí et al., 2017), "승진을 빨리 하는 사람들이 구조적 공백에 위치하고 있는가?" (Burt, 1992) 등의 질문을 검증하는 연구를 수행할 수 있다. 패널 조사를 실시하여 이전 조사연도에 비해서 최신 조사연도에 관계의 크기가 변화했는지 어떤 특징을 가진 사람의 연결망의 크기가 커졌는지 등을 살펴볼 수 있고(Cornwell et al., 2014), 연결망 크기의 변화와 건강 상태의 변화에 상관관계가 존재하는지(Cornwell, 2014), 어떤 이유로 핵심 주변 관계에서 사라지게 되는지 (Fischer and Offer, 2020) 등도 조사하여 연구할 수 있다.

10.1 자아 중심 연결망 자료 구축

일반적으로 자아 중심 연결망은 두 개의 조사도구로 구성되어 있다. 먼저 연구자는 연구의 목적에 맞는 연결망 이름 제조기(network name generator)를 개발하여, 연결망 내에 타자(alter)들의 명단을 만든다. 이를테면, 각 응답자들에게 "당신이 지난 한 해 동안 중요한 문제를 상의한 사람 5명에 대해 물어보겠다"라는 설정 아래 응답자가 지목한 5명 각각의 인적 사항에 대한 정보를 얻는 것이다. 이러한 설문을 할 때 유의할 점은 많은 수의 응답자들이 가능한 비슷하게 생각할 수 있는 형태로 질문을 구성해야 한다는 것이다. 예를 들어 "당신의 친한 친구를 5명 이내로 기입해 주세요"라고 질문하면, 응답자들마다 '친함'의 정도와 친구의 기준이 상이할 것이다(Lim et al., 2024; Kitts and Leal, 2021). 예를 들어, 어렸을 적부터 친한 친구로 지내왔지만 최근 1년 간은 연락 한 번 안 해본 이를 친구로 떠올릴 수도 있다. 따라서 최대한 관계에 있어서 구체적으로 조작적으로 정의를 하여 질문하는 것이 필요하다. 만약에 하나 이상의 연결망 이름 제조기를 활용할 경우에는 각각에 맞는 연결망 이름 제조기를 활용하여 타자들의 명단을 파악한 뒤에, 중복을 제외하고 하나의 포괄적인 명단을 만들어야 한다.

두 번째 단계에서는 연결망 이름 해석기(network name interpreter)를 활용하여, 파악된 명단에 있는 타자들 각각에 대해서 질문을 한다. 연결망 타자들의 나이나 성별 등과 같이 타자들의 개별 속성(individual attribute)을 조사할 수도 있고, 또는 얼마나 자주 연락하는지, 얼마나 좋아하는지 등과 같은 자아와 연결망 타자들 사이의 관계 속성(relational attribute)을 조사할 수 있다. 마지막으로는 연결망 타자들 사이의 관계 속성(alter-alter attributes), 즉 타자들끼리는 어떻게 알고 지내는지를 조사해 볼 수 있다. 다음으로 중요 문제상의 연결망 이름 제조기(important matters network name generator)라는, 가장 흔히 활용되는 조사 도구를 예시로 어떻게 자료를 수집할 수 있는지, 그림 10.2의 예시로 하여, 알아보겠다.

우선, 중요한 문제에 대해서 상의한 사람들을 최대 N명까지 서로 구별 가능하도록 적어달라고 요청한다(1번 설문문항). 이때 이름, 이니셜, 관계의 이름, 또는 별명을 적어도 좋다. 적어도 식별이 가능한 형태의 정보를 적는 것이 중요하다. 미국종합사회조사의 경우에는 최대 5명까지 물어보지만, 경우에 따라서 이 숫자는 달라질 수 있다. 면접원이 대면 설문을 할 경우, 한 명씩 정보를 파악한 뒤 "(다른 사람은) 또 없나요?"라는 질문을 통해서 추가적으로 이름을 늘려나가는 방식으로 하지만, 자기기입방식 또는 온라인에서의 설문조사가 이뤄지는 경우에는 주어진 응답칸(box)의 개수에 따라서 연결망의 크기가 달라지는 응답칸 효과(box effect)가 존재하는 것으로 나타나 있다(Vehovar et al., 2008). 따라서, 가급적 온라인을 통해서 조사할 경우에 한 명씩 사람들의 이름을 물어보는 방향으로 조사가 수행되어야 하며, 그렇지 않을 경우에는 박스의 개수를 5개보다는 다음은 귀하가 중요한 문제를 함께 상의하는 분들에 대하여 몇 가지 여쭈어 보고자 합니다.

1. 지난 1년간을 돌아보실 때, 중요한 문제에 대해 마음을 터놓고 상의한 분이 있습니까? 가족을 포함한 가까운 주위 사람들 중에서 중요한 순서대로 5명까지 그 이름을 다음의 네모칸에 적으시되, 이름을 밝히기 곤란하시면 성(姓)만 써 주셔도 됩니다. 다만, 다른 이름과 구별이 될 수 있도록 적어 주십시오(예: 홍길동 씨, 이갑분 씨, 김 씨1, 김 씨2 등).

	이름 1	이름 2	이름 3	이름 4	이름 5
이름쓰는 곳 →	철수	영희	민재	수진	길동

4. 이 분들의 학력은 어떻게 됩니까? (재학 및 중퇴 포함) 오른쪽의 보기에서 골라 해당되는 항목의 번호에 ○표하여 주십시오.

	이름 1	이름 2	이름 3	이름 4	이름 5
1. 무학	1	1	1	1	1
2. 초졸	2	2	2	②	2
3. 중졸	3	③	3	3	3
4. 고졸	4	4	4	4	④
5. 전문대졸	⑤	5	5	5	5
6. 대졸	6	6	⑥	6	6
7. 대학원졸	7	7	7	7	7
9. 모른다	9	9	9	9	9

9. 위의 연1번 질문에 적으신 이름(사람)수는 모두 몇 명입니까?

_____ 0명 ┐
_____ 1명 ┘
_____ 2명
(☞ 〈9-1번〉으로 가시오)
_____ 3명
(☞ 〈9-1번〉으로 가시오)
_____ 4명
(☞ 〈9-1번〉으로 가시오)
_____ 5명
(☞ 〈9-1번〉으로 가시오)

9-1. 다음에 짝지은 두 사람은 서로 친한 사이입니까? 서로 친한 사이면 ○표해 주십시오.

___ ○ 이름2와 이름1

3명 이상은 9-2번으로 가시오→

9-2. 다음에 짝지은 사람끼리 서로 친한 사이입니까? 서로 친한 사이에 대해서만 ○표해 주십시오.

___ 이름3과 이름2
___ ○ 이름3과 이름1

4명 이상은 9-3번으로 가시오→

9-3. 다음에 짝지은 사람끼리 서로 친한 사이입니까? 서로 친한 사이에 대해서만 ○표해 주십시오.

___ 이름4와 이름3
___ ○ 이름4와 이름2
___ ○ 이름4와 이름1

5명은 9-4번으로 가시오→

9-4. 다음에 짝지은 사람끼리 서로 친한 사이입니까? 서로 친한 사이에 대해서만 ○표해 주십시오.

___ ○ 이름5와 이름4
___ 이름5와 이름3
___ ○ 이름5와 이름2
___ ○ 이름5와 이름1

끝내십시오 ↓

그림 10.1: 자아 중심 연결망 설문 예시

7개 또는 10개로 늘려서 조사하는 것도 하나의 방안이 될 수 있다.

단일 문항으로 연결망을 조사하는 기존 방식에 대해서 비판이 대두됨에 따라, 최근에는 하나가 아니라 다양한 이름 제조기를 활용하는 것이 권장된다(Perry et al., 2018; Hampton, 2022). 다양한 이름 제조기를 활용한 조사는 다층적 관계(multiplex ties)를 보다 효과적으로 수집할 수 있다는 장점이 있지만, 다양한 이름 제조기에 같은 이름이 등장하는지를 확인하는 절차를 꼭 거쳐서, 최종적으로 모든 이름 제조기를 통해서 고유한 집합의 이름들을 정리하고, 이를 이후 조사에서 활용하는 것이 중요하다.[2]

이렇게 연결망 내에서 타자들의 이름을 알아낸 뒤에는, 각 타자에 대해서 질문을 한다(4번 설문문항). 이를테면, 각 타자의 성별이나 연령 등의 인구통계학적 특성에 대해서 물어볼 수도 있고, 각 타자와 응답자 간의 관계에 대해서 물어볼 수도 있다. 예를 들어, 4번 문항의 경우에는 각 타자의 학력을 물어보고 있다. 그리고 나서, 9번 문항에서는 1번에서 지목한 이들 간에 친한 관계가 존재하는지를 묻는다.[3] 만약에 응답자가 5명을 모두 적었다면, 타자들 간에 형성될 수 있는 관계의 최대 숫자는 10개다(이름 1-이름 2, 이름 1-이름 3, 이름 1-이름 4, 이름 1-이름 5, 이름 2-이름 3, 이름 2-이름 4, 이름 2-이름 5, 이름 3-이름 4, 이름 3-이름 5, 이름 4-이름 5). 가상의 응답에서는 다음과 같은 7개의 관계가 보고되었다(철수-영희, 철수-민재, 철수-수진, 철수-길동, 영희-수진, 영희-길동, 수진-길동). 이러한 관계에 대한 정보를 연결망 그래프로 표현하면, 그림 10.2와 같다.

이후 2절에서는 이상과 같이 모아진 자료들을 어떻게 우리가 엑셀 등의 도구를 활용하여 입력하고, 입력된 자료를 어떻게 *R*로 불러들일 수 있을지에 대해서 예시를 통해서 소개한다.

---

[2]면접원이 대면 설문을 할 경우, 서로 다른 이름 제조기에 언급된 사람들의 목록을 비교하며 중복으로 등장하는 사람이 있는지 확인하는 절차를 취할 수 있지만, 온라인 또는 자기기입 방식으로 설문조사가 진행될 경우 응답 내용을 재차 확인하기가 어렵기 때문에 처음부터 보다 면밀하게 확인 절차를 구축하는 것이 필요하다.

[3]이상적으로는 연결망 이름 제조기에서 사용한 것과 동일한 관계에 대해서 물어보는 것이 중요하지만, 어떠한 관계가 중요한지에 대해서는 상황과 연구 질문에 따라서 달라질 수 있다.

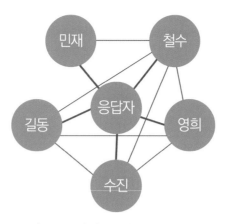

그림 10.2: 자아 중심 연결망 예시

10.2　자아 중심 연결망 자료 입력

자아 중심 연결망 분석을 위해서는 먼저 주어진 설문 자료를 분석 가능한 자아 중심 연결망 자료의 형태로 변환을 하여 입력을 해야 한다. 크게 세 가지 형태의 자료를 입력해야 한다. 첫째, 각 자아에 대한 자료를 입력해야 한다. 이는 일반적인 설문 자료를 입력하는 형태와 유사하며, 각 응답자는 자아의 역할을 하고, 고유 식별자(unique ID)를 기록해놓아야 한다. 둘째, 각 자아가 언급한 타자(alter)에 대한 정보를 입력해야 한다. 자아-타자의 관계는 다음과 그림과 같은 관계목록(edgelist)의 형태로 입력을 해야 하며, 마찬가지로 각 자아별로 다른 타자들과 구별되는 타자 고유 식별자(alter's unique ID)를 기록해야 한다. 자아와 타자의 2자 관계(ego-alter dyad relations)는 타자의 속성과 함께 입력을 하는 것이 보다 효율적이므로, 각 타자가 누구인지, 그리고 자아와 타자는 어떠한 관계인지에 대해서 각각 입력한다. 셋째, 각 자아가 언급한 타자와 타자 사이의 관계(alter-alter relations)에 대한 정보는 그림 10.3 B의 예시처럼 세로 형태(long-form) 관계목록(edgelist)으로 입력을 해도 좋고, 또는 가로 형태(wide-form)로 자료를 입력해도 좋다. 일반적으로 설문 자료는 각 응답자가 하나의 행(row)을 구성하기 때문에 가로 형태로 자료가 제공되는 경우가 많지만, 궁극적으로 우리는 세로 형태(long-form)의 형태로 변환하여 자료를 입력하게 된다.

이렇게 입력된 자료를 어떻게 *R*에서 분석할 수 있을까? 자아 중심 연결망 자료를 분석

A. 자아(Ego) 자료 입력			
id ego	sex	age	education
1	여자	32	고졸
2	남자	22	대졸
3	여자	38	대졸
4	남자	57	전문대졸

B. 타아(Ego-Alter) 자료 입력					
ego_id	alter_id	alter_name	alter_sex	alter_age	alter_edu
1	1	민재	남	70	대졸
1	2	철수	남	75	대졸
1	3	영희	여	48	고졸
1	4	수진	여	60	무학
1	5	길동a	남	28	대졸
2	1	길동b	남	60	전문대졸
2	2	병재	남	26	고졸
3					
4	1	ㄱㄹ	여	29	대졸
4	2	ㅈㅅ	여	75	대졸
4	3	ㅅㅎ	여	35	대졸

C. 타자-타자(alter-alter) 자료 입력			
ego_id	alter_id1	alter_id2	relationship
1	1	2	친함
1	1	3	친함
1	1	4	서로 모름
1	2	3	매우 친함
1	2	4	매우 친함
1	3	4	서로 모름
2	1	2	친함
4	1	2	서로 모름
4	1	3	매우 친함
4	2	3	친함

그림 10.3: 자아 중심 연결망 입력 예시

하는 방법은 다양하게 있지만, 가장 기본적으로는 각 자아의 연결망 k를 하나의 연결망으로 간주하고, 기존에 사용한 *igraph* 또는 다른 연결망 분석 관련 패키지와 *R* 함수를 활용하여 분석할 수 있다. 이 경우에 우리는 주로 하나의 함수를 여러 개의 연결망 자료에 동시에 적용하기 위한 방법으로 for loop 또는 lapply의 반복문을 활용할 수 있다. 이 장에서는 *egor* 패키지를 기반으로, 자아 중심 연결망 분석을 효과적으로 반복하는 방법을 소개한다. 이를 위하여, 먼저 위에서 예시로 입력한 한 명의 연결망 자료를 이용하여 앞으로 각종 그래프를 그리고 각종 지표를 산출하는 방법에 대해서 논의한다.

```
#install.packages('data.table')
library(data.table)
library(readxl)
dt_ego <- read_xlsx('files/ego_net_example.xlsx', sheet = 'ego')
dt_alter <- read_xlsx('files/ego_net_example.xlsx', sheet = 'ego_alter')
dt_aaties <- read_xlsx('files/ego_net_example.xlsx', sheet = 'alter_alter')
# 입력한 자료를 factor 함수를 이용해서 변수의 label을 지정하기
dt_ego$sex <- factor(dt_ego$sex, levels = c('여', '남'),
                 labels = c('female','male'))
dt_ego$educ <- factor(dt_ego$educ,
                 levels = c('고졸', '전문대졸', '대졸'),
                 labels = c('hs','some_college','college'))
dt_alter$alter_sex <- factor(dt_alter$alter_sex, levels = c('여','남'),
                 labels = c('female','male'))
```

```
dt_alter$alter_educ <- factor(dt_alter$alter_educ,
                              levels = c('무학', '고졸','전문대졸','대졸'),
                              labels = c('no educ', 'hs','some_college','college'))
```

자아 중심 연결망 분석을 위해서 위의 코드로 불러들인 자료를 다시 자아 중심 연결망 자료를 변환하는 데 있어서, *egor* 패키지를 활용하여 자료를 *egor* 객체로 변환한다. 이 *egor* 패키지의 경우에 자아 중심 연결망(ego network)을 리스트(list) 형태로 변환하여 저장한뒤, 다양한 지표를 계산하는 데 유용한 함수를 제공하기에, 같은 지표를 반복하는 방식으로 연결망 분석을 하기에 용이하다.

```
#install.packages('egor')
# egoR을 이용해서 자아 중심 연결망 객체로 변환하기
library(egor)
# egor 함수로 변환하기
egor_g <- egor(
    # alter_id가 missing인 경우는 제외하고 alter의 정보를 저장
    alters =  subset(dt_alter, !is.na(alter_id)),
    # 현재 모든 ego의 정보를 저장(isolate들도 포함하여)
    # 추후에 subset명령어를 활용하여 특정한 집단(white)만 따로 뽑아서 저장할 수 있다.
    egos = dt_ego,
    # alter-alter tie (aaties)에서 "친함"과 "매우 친함"의 경우에만 연결망 정보를 저장
    aaties = subset(dt_aaties, relationship %in% c('친함','매우 친함')),
    # ID의 정확한 이름을 지정해주는 것이 중요하다.
    # 만약에 aaties가 없는 경우에는 aaties = NULL로 지정하고
    # source와 target ID는 마찬가지로 지정하지 않아도 무방하다.
    ID.vars = list(
        ego = 'ego_id', alter = 'alter_id',
        source = 'alter_id1', target = 'alter_id2')
)
```

```
# 간단히 요약해보기

summary(egor_g)
```

```
4 Egos/ Ego Networks
10 Alters
Min. Netsize 2
Average Netsize 3.33333333333333
Max. Netsize 5
Average Density 0.688888888888889
Alter survey design:
  Maximum nominations: Inf
```

이렇게 ego network을 구축한 뒤에는 기존에 우리가 배운 *igraph* 객체로 변환한 뒤 기존에 활용한 함수들을 활용하여 다양한 지표들을 계산할 수 있다(아래의 절들을 참조).

10.3 자아 중심 연결망 그래프 그리기

연결망 지표를 계산하기 이전에, 연결망 자료를 시각화하는 것은 연결망 분석에서 항상 좋은 출발점이다. 아래의 코드는 자아 중심 연결망 그래프를 그리는 방법과 여러 개의 자아 중심 연결망을 동시에 그래프로 출력하는 전략에 대해서 각각 소개한다.

```
# ego-gram으로 나타내기

plot_egograms(
    x = egor_g,
    ego_no = c(1, 2, 3, 4),
    x_dim = 2,
    y_dim = 3,
    vertex_color_var = 'alter_sex',
    vertex_size_var = 'alter_age'
    )
```

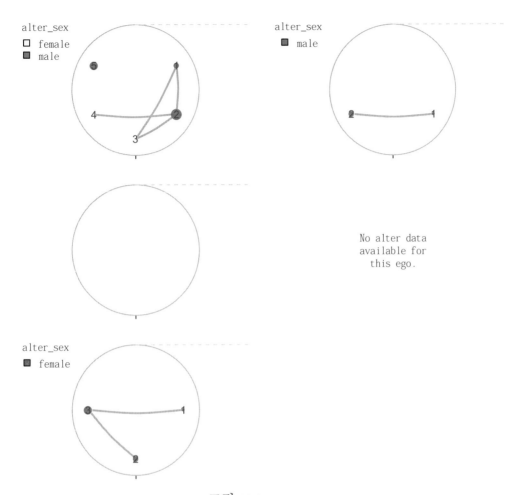

그림 10.4: ego-gram

```
# ego-graph로 나타내기

plot_ego_graphs(

    x = egor_g,

    ego_no = c(1, 2, 3, 4),

    x_dim = 2,

    y_dim = 2,

    vertex_color_var = 'alter_sex',

    vertex_size_var = 'alter_age'

    )
```

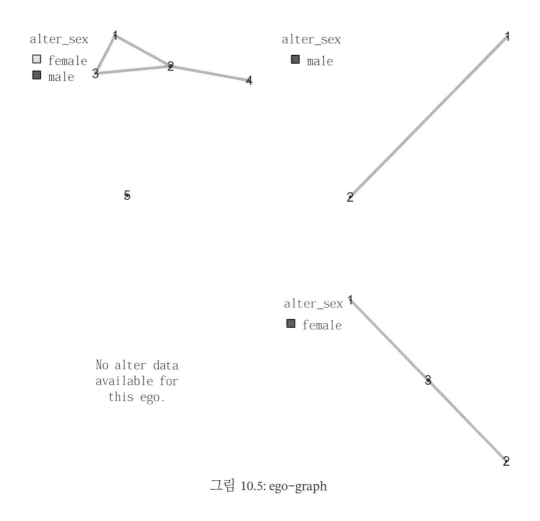

그림 10.5: ego-graph

10.4 자아 중심 연결망 지표 소개

이 절에서는 이렇게 입력된 자료를 바탕으로, 몇 가지 주요 지표들을 어떻게 측정할 것인가에 대해서 소개한다. 자아 중심 연결망 지표는 크게 세 가지의 형태로 나뉜다. 먼저 자아와 타자 간 관계의 속성과 패턴을 바탕으로 자아 중심 연결망의 구조적 특성을 파악할 수 있다(예: 연결망 크기, 연결망 평균 친밀도). 둘째, 타자들의 속성(attribute)을 고려하여, 자아 중심 연결망이 얼마나 다양한 사람들로 구성되어 있는지(heterogeneity) 또는 특정한 종류의 사람들로 구성되어 있는지에 대해서 살펴볼 수 있다. 셋째, 혼합 행렬(mixing matrix)을 도출하여 자아의 속성과 타자의 속성이 어떻게 연관되어 있는지를 살펴봄으로써 연결망을 통하여 사회적 분화의 양상을 파악할 수 있다. 마지막으로, 타자들의 속성뿐만 아니라 타자들 사이의 관계까지 고려하여, 자아 중심 연결망의 구조를 살펴볼 수 있다(예: 연결망 밀도, 구조적 공백, 굴드의 다섯 가지 중개자 유형).

이후에 각각의 지표를 소개하는 데 있어서, 먼저 각각의 지표들에 대해 정의를 내리고, 이를 통해서 어떠한 연구들을 할 수 있는지에 대해서 예시를 소개한 뒤, 실제로 *R* 코드를 활용하여서 이에 대해서 측정하는 방법을 제시하고, 마지막으로 각 지표를 어떻게 해석할지에 대해서 설명한다.

10.4.1 자아-타자 2자 관계 기반 지표

10.4.1.1 연결망 크기(연결정도)

자아 연결망 크기는 자아와 연결되어 있는 타자들의 숫자로 정의된다. 이는 완전 연결망(global network)의 관점에서 살펴볼 경우에 연결 중앙성(degree centrality)과 그 정의가 같다. 참고로 완전 연결망에서 지칭하는 연결망 크기는 전체 노드의 숫자를 의미한다. 자아 중심 연결망에서 연결망 크기는 중요한 역할을 차지한다. 기존의 연구에 따르면 연결망의 크기는 각 개인이 사회에 관계적으로 적응하는 정도를 나타내며(social integration), 일반적으로 연결망 크기가 클수록 사회 자본이 풍부함을 나타내는 것으로 알려져 있다(Burt, 2000; Coleman, 1988). 하지만, 연결망 크기가 나타내는 바는 연결망의 내용(network content)에 따라서 달라짐을 유의해야 한다(Burt, 1997; Bearman and Parigi, 2004). 이를테면, 연결망이 싫어하는 관계라고 한다면, 큰 연결망이 반드시 사회 자본의 풍부함을 뜻하지는 않을 것이다.

실제로 연결망의 크기를 측정하는 것은 여러 방법으로 가능하며, 여기에서는 *igraph*를 활용하여 계산하는 방식을 소개한다. 여기서 하나 유의할 것은 자아 중심 연결망에서의 연결망 크기를 계산시에 보통 자아를 제외한다는 점이다. 즉 자아 혼자만 자아 중심 연결망에 있는 경우에는 연결망 크기를 1이 아니라 0으로 간주한다. 따라서, 자아를 제외한 연결망을 만들고 거기에 대한 계산을 해야 한다.

```
library(igraph)
# 자아연결망 크기 계산을 위해 먼저 igraph 객체로 변환할 것
igraph_g <- as_igraph(egor_g, include.ego = FALSE)
# 이렇게 변환된 igraph object는 list형태로 저장되어 있으므로
# lapply 라고 하는 함수를 활용하여 반복연산을 할 수 있다.
# for loop를 활용할 수도 있으나, lapply를 활용하는 것이 낫다.
network_size <- lapply(igraph_g, vcount)
# 계산된 list object를 vector의 형태로 변환하기
network_size <- unlist(network_size)
print(network_size)
```

```
1 2 3 4
5 2 0 3
```

연결망 크기를 재는 데 있어서, 단순히 전체 연결망의 크기뿐만 아니라, 특정한 속성만
을 뽑아서 연결망 크기를 재거나(예: 대졸 이상인 사람들의 숫자) 또는 다층적 연결망의
크기를 각각 다르게 계산하여 변수화할 수 있다. 이를테면 중요한 문제를 이야기하는
동시에 친한 사람들의 수를 세거나, 아니면 중요한 문제를 이야기하는 사람과 친한 사
람 각각의 수를 따로 세고 두 목록에서 중복을 제외한 총 인원수를 크기로 잴 수도 있
다. 여기에서는 관계의 속성을 기준으로 연결망을 추출하는 방법과 타자의 속성을 기
준으로 연결망을 추출하는 방법을 각각 알아본다.

```
# 먼저 하나의 network를 뽑아서 계산을 해보자.
g1 <- egor_g[1]
# 다시 igraph의 형태로 변환
g1 <- as_igraph(g1, include.ego = F)[[1]]

# 교육 수준이 전문대졸이상인 경우만 뽑아보자.
new_g1 <- induced.subgraph(g1,
        V(g1)[V(g1)$alter_educ %in% c('some_college', 'college')])
```

```
# 연결망 크기 계산
vcount(new_g1)
```

[1] 3

```
# egor object를 igraph object로 변환
igraph_g <- as_igraph(egor_g, include.ego = FALSE)
# lapply를 활용하여 전체를 반복해서 계산하기
vcount_higheduc <- lapply(1:length(igraph_g), function(i){
    # i 번째 객체 (연결망 그래프)를 추출
    g1 <- igraph_g[[i]]
    # 만약에 network에 아무도 없는 경우는 연결망 크기를 0으로 정의
    if (vcount(g1) ==  0) return(0)
    # 교육 수준이 전문대졸이상인 경우만 뽑아보자.
    new_g1 <- induced.subgraph(g1,
              V(g1)[V(g1)$alter_educ %in% c('some_college', 'college')])
    # 연결망 크기 계산
    return(vcount(new_g1))
})
# 계산된 list object를 vector의 형태로 변환하기
vcount_higheduc <- unlist(vcount_higheduc)
vcount_higheduc
```

[1] 3 1 0 3

```
# 이번에는 둘 사이의 관계 속성을 활용하여 강한 연결만을 추려내보자.
new_g1 <- induced.subgraph(g1, V(g1)[V(g1)$alter_freq %in% c('매일')])

# 연결망 크기 계산
vcount(new_g1)
```

> \# 위에서 이용한 lapply를 활용하여 반복적인 계산할 수 있을 것이다.

10.4.1.2 연결 강도

연결 강도는 관계의 강도, 지속 기간, 감정의 질적 속성(예: 친근감), 연결의 빈도, 관계의 종류 등으로 측정할 수 있다. 이러한 연결 강도의 측정을 통해 일반적으로 강한 연결과 약한 연결을 구분할 수 있다. 그라노베터가 처음 이론화한 이후로 많은 경험적 연구들이 진행되었고(Granovetter, 1973), 이 연구들에 따르면 약한 연결과 강한 연결 관계는 서로 다른 사회적 배태 관계를 보여준다(Burt et al., 2005). 강한 연결은 주로 통합과 조절에 큰 역할을 한다. 강한 연결은 보통 친밀한 관계와 오랜 시간 동안 지속되는 관계를 포함한다. 이들 연결은 대개 높은 수준의 신뢰와 상호작용을 통해 사회적 통합을 촉진하며, 개인이 집단이나 사회에 더 잘 적응하도록 돕는다. 또한 강한 연결은 사회적 행동의 규제에도 중요한 역할을 한다(Coleman, 1988). 반면 약한 연결은 연결의 다리 역할을 하고, 새로운 리소스에 접근할 수 있는 가능성을 제공한다(Burt, 1992). 약한 연결은 일반적으로 개인이 속하지 않는 다른 사회적 집단이나 연결망과의 연결을 나타낸다. 이는 혁신과 변화를 촉진하는 데 중요한 역할을 한다. 그라노베터는 이를 "약한 연결의 강점(the strength of weak ties)"이라고 불렀으며, 이는 약한 연결이 새로운 기회와 다양성을 가져올 수 있는 경로를 제공함을 의미한다(Granovetter, 1973).

위에서 설명한 연결 강도와 같은 개념을 측정하는 데 있어서 다음과 같은 지표들을 활용할 수 있다.

1. 연결 강도의 평균값: 이는 연결망 내에서 모든 연결의 강도를 합산한 후 연결의 총 수로 나눈 값이다. 이 지표는 연결망 내에서 일반적인 연결 강도를 나타내며, 연결망의 전반적인 특성을 이해하는 데 도움이 될 수 있다. 또한, 최솟값, 최댓값, 중간값 등도 사용하여 연결 강도의 분포를 살펴볼 수 있다.

2. 강한 연결 또는 약한 연결의 수: 연결망 내에서 강한 연결 또는 약한 연결의 총 수를 계산하는 것이다. 이 지표는 연결망의 구조와 동적을 파악하는 데 중요하며, 특

히 통합, 조절, 다리 역할 등 특정 연결망 기능과 관련된 연구에서 유용하다.

3. 연결강도의 표준편차: 이는 연결망 내에서 연결 강도의 분산을 측정하는 지표다. 표준편차가 크면 연결 강도가 넓게 분포되어 있다는 것을 의미하며, 반대로 작으면 연결 강도가 비교적 일정하다는 것을 나타낸다. 이 지표는 연결망의 다양성과 안정성을 평가하는 데 도움이 될 수 있다.

이상의 지표에 대한 계산은 다음과 같이 할 수 있다.

```
# 먼저 하나의 network를 뽑아서 계산을 해보자.
g1 <- egor_g[1]
g1 <- as_igraph(g1, include.ego = F)[[1]]
# 관계의 강도를 나타내는 정보를 뽑아내기
g1_strength <- V(g1)$alter_talkfreq
# 평균 강도를 계산하기
mean(g1_strength)
```

[1] 4.2

```
# 강한 연결의 숫자를 세어보기
sum(g1_strength == 7)
```

[1] 1

```
# 표준편차 계산하기위해서 함수를 하나 만들어보자.
# R에서 제공하는 sd는 표본의 표준편차를 계산하므로
# 모집단의 표준편차를 계산하기 위해서는 다음과 같이 계산한다.
pop_sd <- function(x){
    sd(x) / (length(x) - 1) * length(x)}
pop_sd(g1_strength)
```

[1] 2.850439

```
# 위에서 이용한 lapply를 활용하여 반복한다면, 예를 들어 평균 강도계산을 할 경우에
igraph_g <- egor::as_igraph(egor_g, include.ego = FALSE)
mean_strength <- lapply(1:length(igraph_g), function(i){
    g1 <- igraph_g[[i]]
    g1_strength <- V(g1)$alter_talkfreq
    return(mean(g1_strength))
    }
 )
mean_strength <- unlist(mean_strength)
print(mean_strength)
```

```
[1] 4.200000 7.000000     NaN 6.333333
```

이러한 연결을 계산할 때, 특정한 사회 연결망의 기능과 교환 관계에 따라서 구분해서 계산을 하는 것도 가능하다. 우선, 연결망의 기능은 개인(자아)이나 다른 사람(타자)이 연결망 내에서 수행하는 역할을 의미한다. 예를 들어, 지원은 타자가 자아에게 제공하는 도움이나 서비스를 나타낼 수 있고, 규제는 타자가 자아의 행동을 제한하거나 지시하는 역할을 의미할 수 있다. 이러한 기능은 연결망 내에서의 관계 및 상호작용의 성격을 나타내며, 개인이나 집단의 사회적 행동과 결정에 중요한 영향을 미칠 수 있다. 둘째, 교환과 공동 활동은 자아와 타자 간에 주고받는 것, 교환하는 것, 함께 하는 것을 나타낸다. 성관계, 약물 사용, 정치적 토론 등은 이런 교환이나 공동 활동의 예다. 이들은 두 사람이나 집단 간의 관계를 더욱 강화하거나 변화시킬 수 있으며, 특정 활동이나 행동에 대한 사회적 반응이나 태도를 나타낼 수 있다.

이러한 기능과 교환 관계는 다양한 지표를 사용하여 측정할 수 있다. 연결망 내 빈도는 특정 기능이나 교환 활동이 얼마나 자주 발생하는지를 측정하는 것이며, 중심 경향은 연결망 내에서 특정 기능이나 교환 활동이 얼마나 일반적인지를 나타내는 것이다. 표준 편차는 기능이나 교환 활동의 다양성을 보여주는 것으로, 이는 연결망의 복잡성과 다양성을 반영한다. 또한, 이러한 요소들은 연결 강도와 같은 다른 연결망 특성과 상호작용하여 보다 복잡한 패턴을 형성할 수 있으며, 이를 토대로 특정한 집단에 얼마나 강한 관계를 맺는지, 또는 특정 기능을 얼마나 더 많이 활용하는지 등을 연결망 특성과 연결 강도의 곱(상호작용, interaction)으로 나타낼 수 있다.

10.4.2 타자들의 속성 기반 지표

타자의 속성에 기반한 지표는 자아 중심 연결망 내의 타자들의 분포를 파악하거나, 자아와 타자 사이의 관계를 속성에 기반하여 요약하는 방식으로 나뉜다. 이러한 지표들은 자아와 타자 사이의 유사성을 설명하며, 이러한 유사성은 크게 다음과 같은 세 가지 메커니즘을 통해 발생한다(McPherson et al., 2001). 먼저 선호(preference)의 메커니즘은 개인이 자신과 비슷한 다른 사람들과 사회적으로 교류하는 경향을 나타낸다. 이를 선택적 동질성이라고 부르며, 이는 자신과 비슷한 사람들과의 의사소통이 더 용이하기 때문일 수도 있고, 원시적 생존 본능에서 비롯된 것일 수 있다. 또한, 이는 개인이 자신이 속한 집단을 선호하는 경향성에서 비롯될 수 있다. 이런 유사성은 자신과 비슷한 사람들과 더 잘 어울릴 수 있다는 인식을 강화할 수 있다. 둘째, 구조적 기회(structural opportunity) 메커니즘은 개인이 자신이 접촉할 수 있는 사람들과 사회적으로 교류하는 경향을 나타낸다. 이를 유도된 동질성이라고 부르며, 사회적, 지리적, 경제적 요인 등에 의해 개인이 접촉할 수 있는 사람들의 범위가 제한될 수 있다. 예를 들어, 인종적 주거 분리나 직업에서의 성별 분리와 같은 현상은 개인이 주로 자신과 비슷한 사람들과 접촉할 가능성을 높일 수 있다. 셋째, 사회적 영향(social influence)의 메커니즘은 개인이 시간이 지남에 따라 상호작용을 통해 서로 더 유사해질 수 있는 경향을 나타낸다. 이는 주로 습득된 특성(예, 교육 수준, 직업, 종교 등), 즉 개인의 가치나 행동과 관련된 특성에서 두드러진다. 예를 들어, 개인이 같은 연결망 내의 다른 사람들과 상호작용을 통해 특정 행동을 배우거나, 특정 가치나 태도를 채택하는 경향이 있다. 그러나 이러한 영향 메커니즘은 개인의 인종이나 성별과 같이 처음부터 주어진 상태에는 적용되지 않는다. 이 세 가지 메커니즘은 자아와 타자 간의 유사성을 생성하며, 이는 연결망 구조와 동적에 중요한 영향을 미칠 수 있다. 이러한 유사성을 이해하는 것은 연결망의 복잡성과 다양성을 이해하는 데 있어 중요하다.

이러한 세 가지 메커니즘을 분리해서 연구하는 것은 매우 중요한 과제이지만 단순하지 않다. 선택(selection)과 영향(influence)을 구분하는 과제는 최근에 인과적 추론(causal inference)에서의 주요한 방법론적 쟁점으로 많이 논의되고 있으며(Manski, 1993; Lee and Lee, 2020), 선택 과정에 있어서 선호(preference)와 구조적 기회(structural opportunity)를 구분하는 과제는 전통적으로는 혼합 패턴(mixing pattern)에 대한 로그 선형(log-linear) 분석을 통해서 이루어져 왔다(Laumann and Youm, 1999; Brashears, 2008). 최근에 들어서는 ego-ERGM 방법이 개발되어 다양하게 활용되고 있다(Smith, 2012; Krivitsky and Morris, 2015).

10.4.2.1 자아와 타자의 유사성 지표

먼저 자아와 타자가 연결망 내에서 얼마나 유사한지를 측정하는 지표들을 간단히 소개한다. 이러한 지표는 크게 범주형 속성과 연속형 속성에 대한 측정으로 나뉜다.

1. 범주형 속성에 대한 측정:

- 자아와 같은 비율(Proportion same as ego): 예를 들어, 만약 자아가 여성이고, 4명의 타자 중 3명이 여성이라면, 동일성 비율은 0.75가 된다.

- Krackhardt와 Stern(Krackhardt and Stern, 1988)의 E-I 지수: E-I 지수는 외부 연결 수와 내부 연결 수의 차이를 총 연결 수로 나눈 것으로, -1은 완전한 동질성을, 1은 완전한 이질성을 나타낸다. 예를 들어, 자아가 여성이고, 타자 중 3명이 여성이라면, E-I 지수는 $(1 - 3)/4 = -0.5$가 된다.

2. 연속형 속성에 대한 측정:

- 평균 유클리드 거리(Average Euclidean Distance): 자아와 타자의 속성 차이값을 제곱하는 과정을 타자별로 반복한 뒤, 해당 값들의 평균을 구하고, 여기에 다시 제곱근을 취한 값으로 계산된다. 이는 표준편차와 유사하지만, 평균 대신 자아 주변의 편차를 측정한다.

이러한 지표들은 자아와 타자 간의 유사성을 정량적으로 표현하는데 사용할 수 있으며, 이는 연결망 분석에서 중요한 요소이다. 하지만, 몇 명의 타자를 연결망에서 고려할 수 있는지에 따라 달라지기 때문에, 이를 고려한 지표가 필요하다. 먼저 우리는 넓은 커뮤니티 내의 분포를 동질성이 없는 영모형(null model)의 기댓값과 비교하여 얼마나 유사한지를 파이(Φ)라고 하는 표준화된 카이제곱 값을 이용하여 측정할 수 있다.

$$\Phi = \sqrt{\frac{\chi^2}{N}}, \text{ where } \chi^2 = \sum_k \left(\frac{O_k - E_k}{E_k}\right)^2$$

여기에서 O_k 는 관찰된 k 집단과의 연결의 숫자, E_k 는 기대되는 k 집단과 연결의 숫자를 의미한다. 예를 들어, 만약 연결의 수가 12이고 커뮤니티의 75%가 백인이라면, 백인 타자 9명과 다른 인종 타자 3명을 기대할 수 있다. 만약 자아가 백인 친구 10명을 가지고 있다면, 카이제곱 값은 $(10-9)^2/9 + (2-3)^2/3 = 0.11 + 0.33 = 0.44$가 되고, Φ 값은 $\sqrt{0.44/12} = 0.19$가 된다.

또 다른 방법으로는 시뮬레이션(simulation)을 통해 무작위 혼합을 하여 널 분포(null distribution)을 만들어내는 것이다(예: 스미스 등(Smith et al., 2014)의 사례 대조 로지스틱 회귀 모형, ERGM(Exponential Random Graph Models)(Robins et al., 2007)). 이러한 방법들은 커뮤니티 내의 동질성을 측정하고, 그 결과를 기존에 알려진 연결망 구조와 비교함으로써 연결망 내에서 동질성이 어떤 역할을 하는지를 분석하는 데 도움이 된다.

```
# 이러한 계산은 egoR 패키지를 활용하여 계산을 하면 더 편하다.
# 자아와 같은 비율에 대한 계산
# 같은 성별(race)의 비율을 계산하기 위해서 먼저 각 개인마다 alter의 비율을 계산
sex_comp <- composition (object = egor_g, alt.attr = 'alter_sex')
sex_comp <-
    merge(sex_comp, dt_ego[,c('ego_id','sex')],
    by.x = '.egoID', by.y = 'ego_id')
sex_comp[sex_comp$sex == 'female', 'p_samesex'] <-
    sex_comp[sex_comp$sex == 'female', 'female']
sex_comp[sex_comp$sex == 'male', 'p_samesex'] <-
    sex_comp[sex_comp$sex == 'female', 'male']
# Krackhardt와 Stern의 E-I 지수에 대한 계산
```

```
comp_ei(egor_g, 'alter_sex', 'sex')
```

```
# A tibble: 4 x 2
  .egoID    ei
   <dbl> <dbl>
1      1   0.2
2      2    -1
3      3   NaN
4      4     1
```

```
# 평균 유클리드 거리(Average Euclidean Distance)
# 먼저 하나의 network를 뽑아서 계산을 해보자.
g1 <- egor_g[1]
g1 <- egor::as_igraph(g1, include.ego = F)[[1]]
# ego의 속성 찾기: age
g1_ego <- subset(dt_ego, ego_id == g1$.egoID)
g1_ego_age <- g1_ego$age
g1_alter_age = V(g1)$alter_age
# 유클리드 거리 계산하기위 해 함수를 만들어봄
dist_ed <- function(y, x){
    sqrt( sum((y - x)^2) / x)
}
dist_ed(y = g1_alter_age, x = g1_ego_age)
```

```
[1] 9.438949
```

10.4.2.2 타자 간의 유사성 지표

타자들 간의 속성 분포를 보는 것은 자아 중심 연결망 내의 다양성과 복잡성을 이해하는 데 중요하다. 예를 들어, 우리는 연결망 내의 연령 분포나 성별 분포, 인종의 다양성 등을 살펴볼 수 있다. 이러한 '연결망 구성(network composition)'은 연결망 내의 개체들이 어떤 종류의 속성을 가지고 있는지 나타낸다. 자아 중심 연결망 내에서 특정 유형 (예를 들어, 특정 직업을 가진 사람들이나 특정 인종)의 비율을 계산할 수 있다. 또한, 연령이나 교육연수(교육받은 기간을 연수로 나타낸 값) 같은 연속형 속성의 경우, 연결망 내의 평균 또는 중앙값을 계산할 수 있다. 이런 방식으로 우리는 연결망 내의 속성 분포를 설명하고 이해할 수 있다. 또한, 연결망의 다양성을 측정하는 것도 중요하다. 이는 연결망 내의 개체들이 얼마나 다양한 속성을 가지고 있는지, 그리고 이들 속성이 얼마나 고르게 분포해 있는지를 측정한다. 이를 위해 블라우의 지수(Blau's Index)와 아그레스티의 질적 변화 지수(Agresti's Index of Qualitative Variation, IQV)와 같은 지표들을 사용할 수 있다(Agresti and Agresti, 1978).

블라우의 지수는 연결망 내에 얼마나 많은 다른 유형의 개체들이 존재하는지와 이들이 얼마나 고르게 분포되어 있는지를 나타낸다. 블라우의 지수는 다음의 공식을 사용하여 계산된다(단, 여기서 p_k는 k 번째 범주에 속한 타자의 비율을 나타낸다. 이 지수는 0에서 1 사이의 값을 가지며, 1에 가까울수록 더 많은 다양성을 나타낸다]:

$$H = 1 - \sum_k p_k{}^2$$

아그레스티의 질적 변화 지수(IQV)는 블라우의 지수를 정규화한 것으로, 다음의 공식을 사용하여 계산한다(단, 여기서 k는 카테고리의 개수를 나타낸다. 이 지수는 0에서 1 사이의 값을 가지며, 1에 가까울수록 모든 카테고리가 고르게 분포해 있음을 나타낸다):

$$IQV = \frac{H}{1 - \frac{1}{k}}$$

이상의 지표들을 통해 자아 중심 연결망의 다양성과 복잡성을 이해하고, 이를 통해 연결망의 구성과 변화를 보다 깊이 있게 파악할 수 있다. 이러한 지표를 보다 구체적으로 계산하는 과정에 대해서 예를 들어서 설명해보도록 하겠다. 다음과 같이, 자아(ego)가 총 7명의 타자(alter)와 관계를 맺고 있으며, 자아는 한국인이고, 타자들의 경우에 한국인이 4명, 백인이 2명, 흑인이 1명이라고 하자. 먼저 블라우의 지수를 계산해보자. 이를 계산하기 위해서는 k 번째 카테고리에 속한 타자의 비율 p_k를 먼저 계산해야 한다. 이

경우에는 세 가지 카테고리(한국인, 백인, 흑인)가 있으므로 각각의 비율을 계산하면 다음과 같다:

- 한국인: $4/7 \approx 0.57$
- 백인: $2/7 \approx 0.29$
- 흑인: $1/7 \approx 0.14$

이를 이용하여 블라우의 지수를 계산하면 다음과 같다:

$$H = 1 - [(0.57)^2 + (0.29)^2 + (0.14)^2] = 1 - [0.3249 + 0.0841 + 0.0196] = 1 - 0.4286 \approx 0.5714$$

이제 블라우의 지수를 이용하여 아그레스티의 질적 변화 지수(IQV)를 계산하자.

$$IQV \approx \frac{0.5714}{1-\frac{1}{3}} = \frac{0.5714}{0.6667} \approx 0.8571$$

따라서 이 자아 중심 연결망의 블라우의 지수는 약 0.5714이고, 아그레스티의 질적 변화 지수는 약 0.8571이다. 이 값들은 연결망 내의 개체들이 얼마나 다양한 속성을 가지고 있는지, 그리고 이들 속성이 얼마나 고르게 분포해 있는지를 나타낸다.

반면에, 연속형 속성을 가진 타자들의 분포를 나타내기 위해 표준편차(standard deviation)와 변동계수(coefficient of variation, CV)를 사용할 수 있다. 먼저 표준편차는 분포의 변동성을 나타내며, 타자들의 값이 얼마나 퍼져있는지를 보여준다. 더 큰 표준편차는 타자들의 값이 평균에서 더 멀리 떨어져 있음을 나타내고, 더 작은 표준편차는 타자들의 값이 평균에 더 가깝다는 것을 나타낸다. 그러나 표준편차는 분포의 평균에 따라 변동할 수 있기 때문에, 평균에 대한 표준편차의 상대적인 크기를 나타내는 변동계수를 사용할 수 있다. 변동계수는 표준편차를 평균으로 나눈 값으로 계산된다. 이는 평균-표준편차의 관계를 고려하는 방법이다.

예를 들어, 두 연속형 속성 X와 Y가 있고, 각각의 값이 다음과 같다고 하자:

- X : 1, 2, 3, 4, 5
- Y : 1, 2, 3, 4, 5, 6, 7

이 경우, 각 속성의 표준편차와 변동계수는 다음과 같이 계산된다:

- X : SD = 1.58, CV = 1.58 / 3 = 0.53
- Y : SD = 2.16, CV = 2.16 / 4 = 0.54

따라서 이 경우, 두 속성 X와 Y는 서로 다른 평균과 표준편차를 가지지만, 변동계수는 비슷하다. 이는 두 속성이 비슷한 변동성을 가지고 있음을 나타낸다. 아래는 위에서 설명한 지표들을 *R*에서 계산하는 예시이다.

```
# 그래프를 끄집어내기
g1 <- egor_g[1]
# igraph로 변환하기
g1 <- egor::as_igraph(g1, include.ego = F)[[1]]
# ego의 속성 찾기: educ
g1_alter_educ = V(g1)$alter_educ
#blau 지수 계산하기
blau_index = function(x, attr){
    pk <- rep(0, length(attr))
    names(pk) <- attr
    pk[names(pk) %in% names(table(x))] <- table(x)
    pk <- pk / sum(pk)
    H <- 1 - sum(pk^2)
    return(H) }
blau_index(g1_alter_educ, attr = c('no educ', 'hs','some_college','college'))
```

```
[1] 0.56
```

```
# 아그레스티의 질적 변화 지수(Agresti's Index of Qualitative Variation, IQV) 계산하기
blau <- blau_index(g1_alter_educ, attr = c('no educ', 'hs','some_college','college'))
# 이 예시에, k = 4가 되지만, length 함수로 계산하는 것이 더 효율적이다.
k <- length(c('no educ', 'hs','some_college','college'))
iqv <- blau / (1 - 1 / k)
# 표준편차와 변동계수 계산하기
```

```
# 먼저 age 속성을 뽑아보자
g1_alter_age = V(g1)$alter_age
# 표준편차 계산
sd(g1_alter_age)
```

[1] 18.28387

```
# 변동계수 계산
sd(g1_alter_age) / mean(g1_alter_age)
```

[1] 0.3701189

10.4.3 타자들의 관계 기반 지표

이상의 지표들은 주로 자아와 타자의 관계를 중심으로, 또는 타자의 속성을 중심으로 자아 중심 연결망의 특성을 나타내준다. 하지만 이러한 지표들은 양자관계에 대한 측정에 그치며, 사회 연결망 접근의 묘미가 3자 관계(triadic sturcture) 이상의 역동성을 보여준다는 점을 고려하면, 한계를 지닌다. 따라서, 여기서부터는 우리가 어떻게 타자들 간에 관계를 활용하여 자아 중심 연결망을 묘사할 수 있을지에 대해서 알아본다.

자아 중심 연결망 분석에서는 자아와 타자 간의 관계뿐만 아니라 타자들 간의 관계도 중요하다. 이를 통해 연결망의 복잡한 구조를 파악하고, 관계의 역동성을 이해할 수 있다. 타자들 간의 관계는 이분 관계(binary, 있다/없다) 일 수도 있고 또는 가중치를 가질 수 있지만, 가장 중요한 건 설문을 통하여 타자들 간의 관계에 대해서 질문을 해야 한다는 것이다. 자아 중심 연결망의 크기에 따라서 물어봐야 하는 관계들의 숫자가 기하급수적으로 증가한다는 점을 조심해야 한다.

두 가지 일반적인 이론적 시각으로는 버트(Burt)의 구조적 공백(structural holes)과 콜만(Coleman)의 응집성(cohesion)이 있다. 버트의 구조적 공백 이론은 개인이 브로커 역할을 하는 '구조적 공백'을 통해 다양한 정보와 자원에 접근할 수 있다는 것을 주장한다(Burt, 1992). 이러한 구조적 공백은 가교 자본(bridging capital)이나 중개자 역할로 이해할 수 있다. 이는 연결망 내에서 서로 다른 집단 혹은 개인들 사이에 정보나 자원을 전달하는 중요한 역할을 한다. 콜만의 응집성 이론은 타자들 간의 밀접한 연결, 즉 응집성이 공동체 내에서 신뢰와 협력을 증진시키는 "결속 자본(bonding capital)"을 제공한다는 것을 주장한다(Coleman, 1988). 이는 연결망 내에서 밀접한 관계와 높은 수준의 상호작용이 이루어지는 영역을 의미한다. 이러한 두 가지 이론적 시각은 그라노베터(Granovetter)의 약한 연결과 강한 연결 개념과는 다르다(Granovetter, 1973). 연결의 강도는 개인과 개인 간의 직접적인 관계를 측정하는 반면, 구조적 공백과 응집성은 이자관계를 넘어선 삼자관계, 특히 타자들 간의 관계를 고려한다. 이 두 가지 접근법 사이에는 상관관계가 있을 수 있지만, 연결의 강도와 불필요한 또는 중복되는 연결(redundant tie) 사이의 관계는 항상 일치하지 않는다.

10.4.3.1 밀도(network desnity)

구조적 관점에서 볼 때, 연결망 밀도는 중요한 지표로 손꼽힌다. 콜만(Coleman)의 응집성 이론에서는 이 밀도가 공동체 내에서 신뢰와 협력을 촉진하는 결속력을 제공한다고 주장한다. 이런 접근법은 "배태성(embeddedness)" 개념과 밀접한 관련이 있다. 이는 연결망 내에서 개체가 얼마나 잘 연결되어 있는지, 즉 얼마나 '배태'(embedded)되어 있는지를 보여주는 개념이다. 연결망 밀도는 가능한 모든 관계 중에서 실제로 존재하는 관계의 비율로 정의되며 연결망의 구조적 밀집도, 즉 연결망 내 개체들끼리 얼마나 촘촘히 연결되어 있는지를 나타낸다. 이는 연결망의 정보 전달, 자원 분배, 영향력 확산 등에 중요한 역할을 한다. 자아 중심 연결망에서는 연결망 밀도를 계산할 때, 자아를 제외한 타자들 간의 관계에 주로 집중한다. 이는 자아와 타자 간의 관계보다는 타자들 간의 관계가 연결망의 전체적인 구조와 패턴을 이해하는 데 더 중요하기 때문이다.

*R*을 활용하여, 자아중심연결망에서 연결망 밀도를 계산하는 방법은 다음과 같다.

```
# 연결망 밀도
g1 <- egor_g[1]
g1 <- egor::as_igraph(g1, include.ego = F)[[1]]
```

```
edge_density(g1)
```

```
[1] 0.4
```

```
# egor 함수를 이용할 경우
ego_density(egor_g)
```

```
# A tibble: 4 x 2
  .egoID density
   <dbl>  <dbl>
1      1  0.4
2      2  1
3      3 NaN
4      4  0.667
```

10.4.3.2 구조적 공백(structural holes)

연결망에서 차지하는 구조적 위치를 측정하는 개념 중 구조적 공백(structural hole)만큼 자주 활용되는 개념은 드물다(Burt, 1992, 2004; Buskens and Van de Rijt, 2008; Portes, 1998). 이 개념은 개인이 속한 연결망에서 어떤 구조적 위치에 자리잡아야 하고, 또 효과적으로 연결망을 관리할 수 있는지에 대한 설명틀을 제공한다. 여기서, 구조적 공백이란 연결망에서 구조적으로 연결이 상대적으로 드문 곳을 이야기한다. 쉽게 이야기하자면 기업에서 관계를 조사하면 부서 내의 관계가 더욱 긴밀할 것이고, 서로 다른 부서에 속한 이들끼리의 관계는 상대적으로 빈번하지 않을 것이다. 이처럼 기업 내 비공식 연결망에서 구조적으로 서로 연결이 드문, 다른 부서에 속한 행위자들 사이의 이음새 역할을 하는 이들이 구조적 공백을 차지하고 있다고 이야기할 수 있다.

조직 내 연결망에서 구조적 공백을 차지할수록 승진에 유리하고, 생산성이 높으며, 양질의 정보를 획득하며, 기업 간 연결망에서는 기업 이윤이 높게 나타난다는 연구 결과가 많이 보고되었다(Burt, 1992, 2004). 이렇듯 좋은 성과와 관련되어 있는 구조적 공백은 어떻게 연결망을 유지/관리해야 하는지를 알려주는 중요한 개념이다. 연결망의 중앙에

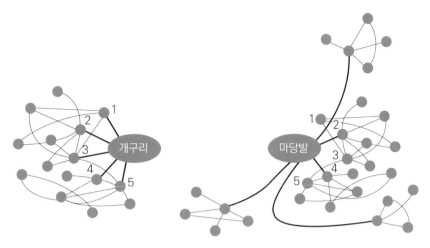

그림 10.6: 개구리 vs 마당발

진입하는 것은 투자비용이 많이 드는 어려운 일이다. 하지만 구조적 공백을 메우는 방법을 이용하면 연결망을 효율적으로 관리할 수 있다. 예를 들어서 내가 시간적 물적 제약 때문에 5개의 연결만 관리할 수 있다면, 이 5개를 비중복적인(non-redundant) 관계에 투자하는 것이 더 효율적일 것이다. 가령 사업가 5명만을 만날 것이 아니라, 사업가 1명을 포함하여 정치인, 언론인, 학계, 체육인 등 여러 분야의 사람들과 만나면 비중복적인 관계를 맺는 것이다.

예를 들어 그림 10.6에서 개구리 씨와 마당발 씨는 모두 5개의 연결을 유지/관리하고 있지만, 마당발 씨가 훨씬 더 효율적인 연결망을 갖고 있다. 서로 똘똘 뭉친 연결망에 속한 개구리 씨보다는 여러 영역을 망라하는 약한 연결망을 관리하지만, 마당발 씨의 위치는 정보의 흐름을 중간에서 통제하거나 여러 영역의 정보에 접근하는 데 훨씬 유리하다. 구체적인 예로서, 버트는 이러한 연결망의 소유자가 더 빨리 승진하고, 상사로부터 좋은 평가를 받으며, 더 좋은 보상을 받는다는 점을 밝혔다(Burt, 1992).

연결망에서의 유리한 위치를 버트는 비중복성과 낮은 제약성(constraint)이라는 두 가지 지표로 측정하려고 했다. 다시 말해, 구조적 공백은 개념이지 연결망 지표로 존재하지는 않는다. 제약성이 낮으려면 중복된 관계가 적어야 한다. 예를 들어 그림 10.6에서 버트가 제안한 제약성을 계산하면 개구리 씨는 56이고 마당발 씨의 제약성은 20이 된다. 구조적 공백 위치에 있으면 제약성이 낮다. 이에 대해 자세히 논의해 보자.

내게 세 명의 친구가 있는데, 내 절친 j도 똑같은 세 친구와 친하다면 나와 내 친구 j는 중복된 관계(혹은 같은 친구를 놓고 경쟁 관계)에 놓여 있다고 말할 수 있을 것이다. 반대로 j는 내가 만나는 사람과는 전혀 다른 사람들하고만 만난다면 나와 j는 중복된 관계가 없다고 할 수 있다. 한편 이 세 명 중에서 내가 가장 많은 시간과 공을 들여서 만나는 친구에게 j도 마찬가지로 공을 들인다면, 중복성은 더욱 커진다. 만일 이 관계가 거래 관계라면, 내가 공급하는 거래처 모두에게 공급하는 사람과 나는 서로 제약이 많은 경쟁 관계에 놓여 있을 것이다. 즉, 중복된 관계와 제약성과는 밀접한 관계가 있다.

연결망에서 나(i)와 j사이의 중복성(redundancy)은 $\sum_{q=1}^{n} p_{iq}m_{jq}$로 정의된다. 여기에서 p_{iq}는 내가 만나는 사람 중에서 q에게 얼마나 많은 시간과 정열을 쏟는지를 나타낸다. 좀 더 정확하게 말하자면 이 비율은 나와 q가 서로에게 투자하는 시간과 에너지의 총량을 나(i)와 j가 다른 사람들에게 투자하는 시간과 에너지의 총량으로 나눈 값이다(다른 사람들이 나에게 투자하는 시간과 에너지도 이 총량에 포함된다).

$$p_{iq} = \frac{(z_{iq} + z_{qi})}{\sum_{j=1}^{n} z_{ij} + z_{ji}}, i \neq j$$

한편 m_{jq}는 j가 q에 대해서 투자하는 비율을 나타낸다. 좀 더 정확하게 표현하자면, 이 비율은 j와 q의 서로에 대한 투자량을 어느 한 사람에 대한 j의 가장 큰 투자량으로 나눈 값이다.

$$m_{jq} = \frac{(z_{jq} + z_{qj})}{max(z_{jk} + z_{kj})}, j \neq k$$

내가 투자를 많이 하는 곳에 j도 투자를 따라서 많이 하면 p와 m을 곱한 값이 커지며 따라서 중복성도 커진다. 버트는 효과적인 연결망의 크기(비중복성)를(1-중복성)의 합, 즉 $\sum_{j=1}^{n}(1 - \sum_{q=1}^{n} p_{iq}m_{jq})$로 정의한다.

제약성은 $c_{ij} = (p_{ij} + \sum_{q=1}^{n} p_{iq}p_{qj})^2$, $q \neq i, j$로 정의되는데, 제약성이 커지는 이유는 크게 두 가지로 분리할 수 있다. 첫째, 직접적인 관계에서 발생하는 부분(내가 j에게 투자하

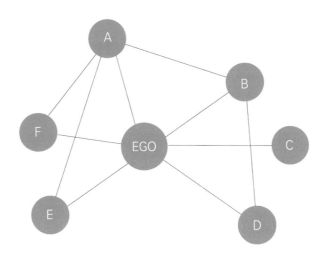

그림 10.7: 자아 중심 연결망 예시

는 정도), 둘째, 제3자 q에서 오는 부분이다. 내가 제3자 q에게 투자를 많이 하는 데, 이들 제3자가 j에게 투자를 많이 할수록 (i, j) 사이의 제약성은 커진다. 내가 공을 많이 들이는 이성 친구들 모두가 j에게 눈독을 들이고, 나 스스로도 j를 친구로서 사귀고 있는 상황을 상상해 보면 나와 j사이의 제약성을 쉽게 이해할 수 있다.

위에서 언급한 중복성과 제약성의 개념적 차이는 관점의 차이로서, 전자의 경우는 내가 투자하는 제3자에 j가 어느 정도나 투자하는가에, 후자의 경우는 내가 투자하는 제3자 q가 j에게 얼마나 투자하는가에 달려 있다. 쉽게 이야기하면 내가 관심을 기울이고 있는 이성에 다른 친구가 관심을 기울이고 있으면 중복성이 높은 것이고, 그 이성이 다른 친구에게만 관심을 두면 제약성이 높은 것이다. 그림 10.7에서 예시된 자료를 분석하면서 제약성의 개념을 자세히 설명하도록 하자.

자아(Ego)가 A에 대해 갖는 제약성은 자아가 A에 투자한 비율(1/6)과 (자아가 제3자에 투자한 비율 × 자아가 투자한 제3자가 A에 투자한 비율)을 더한 값의 제곱이다. 단, 자아와 A 사이의 제약성을 계산할 경우 A와 관계를 맺고 있는 모든 사람들이 제3자가 된다.

제3자가 − E인 경우: $1/6 \times 1/2$ (E는 2개의 관계를 맺으므로 각 관계에 1/2을 투자한다) − F인 경우: $1/6 \times 1/2$ − B인 경우: $1/6 \times 1/3$ 이므로

C_{Ego}, A = [1/6 + (1/6 × 1/2) + (1/6 × 1/2) + (1/6 × 1/3)]2 = 0.1512 혹은 논리적으로 가능한 최대 제약성인 1의 15.12%가 된다. 물론 A가 자아에 대해서 갖는 제약성은 비대칭적이므로 다른 값을 갖는다.

마지막으로 버트가 제안한 구조적 공백 의 중요 개념은 위계성(hierarchy)이다. 이는 종속성으로 번역할 수도 있을 것이다. 군대의 예를 들어 설명을 해보자. 군대와 같이 위계가 있고 집단이 명확하게 구분되는 곳에서는, 내가 업무상 관계를 맺는 이들과 나의 직속상관이 업무상 관계를 맺는 이들이 크게 중복될 것이고, 나의 업무상 관계의 상당 비율은 직속상관과 이루어질 것이다. 위계성은 이렇게 제약성이 특정 노드에 집중되는 경우를 탐색하고자 고안된 지표이다. 위계성은 다음과 같이 정의된다.

$$위계성, H = \frac{\sum_j (\frac{c_{ij}}{C/N}) ln(\frac{c_{ij}}{C/N})}{N ln(N)}$$

가장 기본이 되는 요소인 $\frac{c_{ij}}{C/N}$ 을 생각해보자. 개별 노드가 갖고 있는 제약성(C)을 N으로 나누면, 노드가 연결되어 있는 타자(alter)에 대한 평균적인 제약성이 된다(C/N). 따라서 $\frac{c_{ij}}{C/N}$ 은 평균에 비하여 특정 노드 j에 대한 제약성이 얼마나 강한지를 측정할 수 있게 된다. 이를 집계하고 표준화한 것이 위계성 지표이다. 이러한 지표 계산을 위해 *egor*, *igraph*, *migraph* 패키지를 활용하는 방법을 살펴보자.

```
library(migraph)
# Burt 의 구조적 공백 지표
# egor package를 이용할 경우
ego_constraint(egor_g)
```

```
# A tibble: 4 x 2
  .egoID constraint
   <dbl>     <dbl>
1      1     0.491
2      2      1.12
3      3       NaN
```

```
    4      4     0.840
```

```
# igraph package 를 이용할 경우
g1 <- egor_g[1]
g1 <- egor::as_igraph(g1, include.ego = T)[[1]]
constraint(g1)['ego']
```

```
      ego
0.4908333
```

```
# migraph package를 이용할 경우
migraph::node_redundancy(g1)
```

```
    `1`   `2`   `3`   `4`   `5`   ego
1     4   2.5     4     6     8   1.6
```

```
migraph::node_effsize(g1)
```

```
    `1`   `2`   `3`   `4`   `5`   ego
1    -1   1.5    -1    -4    -7   3.4
```

```
migraph::node_constraint(g1)
```

```
    `1`     `2`     `3`     `4`   `5`    ego
1 0.773   0.677   0.773   0.751     1  0.491
```

10.4.3.3 중재자 역할(brokerage)

연결망에서의 중재는 서로 직접적인 관계가 없는 행위자나 집단을 연결해주는 역할을 하고 있는 행위자나 집단을 찾음으로써 발견할 수 있다. 사람 혹은 조직 간의 관계에서는 중재하는 역할이 중요한데 정보의 흐름과 통제는 긴밀한 관계 속에서 이루어지는 경우가 많기 때문이다. 굴드와 페르난데즈는 이러한 중재자 역할을 그림 10.8과 같이 5가지로 유형화하였다(Gould and Fernandez, 1989). 이 그림에서 A, B, C는 행위자이고, 원 또는 타원은 집단을 나타낸다.

첫 번째 유형은 조정자(coordinator)이다. 같은 집단 내에서 서로 다른 의견을 가지고 있는 경우에 직접적으로 의사소통이 이루어지기 어려운 경우가 있다. 이 경우 내부 조정자를 거치면 일이 더 원활하게 돌아갈 수 있다. 다른 예로는 투명성을 위해 예산의 집행이 필요한 경우 예산을 기획하는 부서와, 이를 승인하는 부서, 이를 운용하는 부서가 분리되어 있을 수 있다. 이런 경우와 같이 하나의 집단 내에서 서로 다른 행위자를 조정하며 매개해주는 역할을 조정자라고 일컬을 수 있다.

두 번째 유형은 대변인(representative) 유형이다. 대변인은 집단 내의 의견을 모아서 다른 집단에 있는 사람에게 전달하는 역할을 한다. 정당의 대변인을 생각하면 이해하기 쉽다. 정당 내부에서는 다양한 행위자들의 여러 목소리가 존재할 수 있지만, 언론이나 국민들에게 하나의 당론을 대변하는 역할을 하는 사람이 필요하다. 그 역할을 하는 사람이다. 소통 경로를 단일화함으로써 의사소통에서 해석의 다양성과 모호성을 해소할 수 있다.

세 번째 유형의 중재자는 게이트키퍼(gatekeeper)이다. 언론사의 편집 데스크를 떠올리

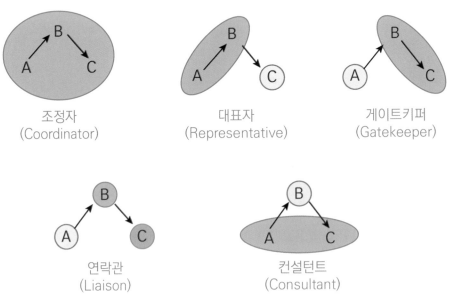

조정자
(Coordinator)

대표자
(Representative)

게이트키퍼
(Gatekeeper)

연락관
(Liaison)

컨설턴트
(Consultant)

그림 10.8: 중재자 역할의 5가지 유형(Gould and Fernandez 1989, p. 93)

면 이해하기 쉽다. 내·외부 취재원이 수집한 다양한 정보는 편집 데스크로 모인다. 편집 데스크에서는 회의를 통해서 어떠한 내용을 기사화할지를 결정한다. 이러한 과정에서 중요한 역할을 하는 행위자가 게이트키퍼이다.

네 번째 유형은 연락관(liaison)이다. 군대에서 연락장교를 영어로 liaison officer 라고 한다. 연락장교는 서로 다른 부대와 부대 사이의 소식을 전달하는 연결 중개 역할을 한다. 이는 통신 등 자원을 효율적으로 활용하고, 빠른 속도로 새로운 소식들을 접하고 전달해야 하는 목적으로 만들어진 것이다.

마지막 유형은 외부 중재자(itinerant broker)이다. 기업 전략 컨설턴트 혹은 선거에서 참패한 정당이 외부 전문가 집단을 고용하여 선거 패배 요인을 분석하는 것이 대표적인 사례이다. 컨설턴트는 집단 내의 다양한 의견을 청취하여 집단의 모든 구성원 혹은 의사결정권자에게 보고하는 역할을 한다.

다음은 위에 예시에서 서로 다른 교육 수준을 지난 타자들을 얼마나 자아가 매개하는지를 *R* 코드를 통해서 계산하는 방법을 보여준다.

```r
# igraph package에는 중개자 역할을 계산하는 함수가 없으므로 sna package를 활용
library(intergraph)
library(sna)
g1 <- egor_g[1]
g1 <- egor::as_igraph(g1, include.ego = TRUE)[[1]]
# 이때 igraph 포맷을 sna object 포맷으로 바꿔줘야 한다
net <- asNetwork(g1)
# 중개자 역할 계산
brole <- sna::brokerage(net,
            cl = network::get.vertex.attribute(net, 'alter_educ'))$raw.nli
brole[rownames(brole) %in% 'ego',]
```

```
 w_I  w_O b_IO b_OI  b_O    t
   0    4    0    0    8   12
```

sna::brokerage 실행을 하면 다음과 같이 5개의 중재자 지표 결과와 총합계(t)가 산출된다.

- w_I: 조정자(coordinator) 횟수

- w_O: 외부 중재자(itinerant broker) 횟수

- b_IO: 게이트키퍼(gatekeeper) 횟수

- b_OI: 대변인(representative) 횟수

- b_O: 연락관(liaison) 횟수

- t: 중재자 역할 합계

지금까지 우리는 자아 중심 연결망 분석을 통해 각 개인의 연결망 특성을 측정하는 다양한 지표를 살펴보았다. 이렇게 지표를 계산한 뒤에, 각 개인들의 다른 속성들과 어떻게 연관되는지 회귀 분석 등의 통계 모형을 활용하여 연구하는 것이 일반적이다. 이를테면, 연결망이 클수록 외로움을 덜 타는가, 연결망이 클수록 행복감이 높은가, 연결망이 클수록 정치적 참여가 높은가 등의 질문을 연구자가 가지고 있다면, 자아 중심 연결망 분석을 통해 각 개인의 연결망 특성을 측정한 뒤에, 이를 종속변수 또는 독립변수로 설정하여 회귀 분석을 하기도 한다.

10.5   자아 중심 연결망 분석을 통한 사회 중심 연결망 패턴 추론

한편 지금까지의 개인 중심적인 접근과 다르게, 자아 중심 연결망 분석을 토대로 거시 수준에서 집단 간의 연결망 패턴을 추론할 수도 있다. 이번 절에서는 자아 중심 연결망 분석을 통하여 추론할 수 있는 사회 중심 연결망 패턴에 대해 살펴보도록 한다.

우리나라 전체 사람들을 대상으로 친구 관계 연결망을 조사하는 것은 사실상 불가능하다. 물론 전화 통화나 문자, 소셜미디어로 구축된 연결망을 생각해볼 수 있지만(예: Park et al. (2018)), 이는 엄밀히 말해서 사회학적으로 친구 관계를 나타내지는 않는다. 연결망 자체가 모집단인 경우 연결 자체를 무작위로 추출하는 것이 가장 이상적이지만, 이는 불가능하다. 이때, 자아 중심 연결망은 개인들을 무작위로 추출하는 것이 가능하다는 면에서, 개인의 연결망 속성을 바탕으로 전체 연결망의 속성을 추정하기에 용이하다(Smith, 2012).

남편 학력	아내 학력							
	무학	초등학교	중학교	고등학교	전문대학	대학교	대학원	계
무학	20	18	2	0	0	1	0	41
초등학교	30	152	41	18	0	1	0	242
중학교	14	97	206	76	3	1	0	397
고등학교	1	52	174	889	21	28	1	1,166
전문대학	1	1	4	83	35	15	0	139
대학교	1	3	7	140	42	237	7	437
대학원	0	0	2	12	5	18	8	45
계	67	323	436	1,218	106	301	16	2,467

표 10.1: 한국인의 학력 간 결혼 연결망의 구조(자료: 연세대 사회발전연구소)

이를 위해서 각 응답자가 제공한 정보로부터 연결망 자료를 합치고 확장함으로써 연령대별, 학력별 인종 간 관계의 정도를 추정해볼 수 있다. 다음의 표는 혼합 행렬(mixing matrix)의 일종으로, 전국을 대상으로 한 사회조사에서 조사한 응답자와 배우자의 학력으로부터 한국인의 학력 간 결혼 연결망 행렬을 추출한 것이다. 이 행렬의 대각선 부근에 큰 숫자가 배열되어 있다는 사실은 학력이 비슷한 사람끼리 결혼하는 동질혼(homogamy)의 구조가 있다는 것을 보여준다. 이러한 행렬의 구조를 나라별로 비교한다면 동질혼에 대한 국가별 구조적 압력의 크기가 어떻게 얼마나 다른지를 확인할 수 있다.

이러한 혼합 행렬 자료를 구축하려면 어떻게 해야 할까? 실제1985년도 미국 종합 사회조사(General Social Survey) 자료를 활용하여, 인종 간 관계 행렬 자료를 만들어 보도록 하겠다. 다음의 gssnet.csv 라는 파일은 실제 2004 년도 GSS 자료로부터 자아 중심 연결망과 관련된 문항들만을 뽑아서 재구성한 것이다.

```
# 이 자료에서 id는 ego의 id를 의미하고,

# alter_id는 각 ego의 alter들의 ID를 의미한다.

# ego_로 시작되는 변수들은 ego의 속성을 나타내며,

# alter_로 시작되는 변수들은 alter의 속성을 나타낸다.

gss_ego <- fread('files/gssnet_ego.csv')

gss_dyad <- fread('files/gssnet_dyad.csv')

gss_aaties <- fread('files/gssnet_aaties.csv')

# 자료 살펴보기

gss_ego[id %in% c(1:5),]
```

```
   id year wtssall sampcode n_size age educ relig sex race
1:  1 2004  0.9184      501       0  52    9     2   2    3
2:  2 2004  0.9184      501       0  43   14     2   2    3
3:  3 2004  0.4592      501       4  52   14     1   1    2
4:  5 2004  0.9184      501       4  34   17     2   2    3
```

```
# ego-alter tie 살펴보기

# 자료를 ID 와 alter ID 순서로 정렬

setorder(gss_dyad, id, alterid)

gss_dyad[id %in% c(3),]
```

```
   id year alterid age educ sex relig race a_talkto a_sibling a_parent a_spouse
1:  3 2004       1  56    6   2     1    2        4         2        2        2
2:  3 2004       2  40    3   2     1    2        1         2        2        2
3:  3 2004       3  58    7   1     1    2        2         2        2        2
4:  3 2004       4  59    6   1     1    2        2         1        2        2

   a_child a_othfam a_cowork a_friend a_neighbr a_advisor a_memgrp a_other
1:       2        2        2        1         2         2        2       2
2:       2        2        2        1         2         2        2       2
3:       2        2        2        1         2         2        2       2
4:       2        2        2        2         2         2        2       2
```

```
      n_nonmiss
1:          17
2:          17
3:          17
4:          17
```

```r
# alter-alter tie 살펴보기
# 자료를 ID 와 alter ID, source ID, target ID 순서로 정렬
setorder(gss_aaties, id, source_id, target_id)
gss_aaties[id %in% c(3),]
```

```
   id year source_id target_id close
1: 3 2004         1         2     2
2: 3 2004         1         3     1
3: 3 2004         1         4     3
4: 3 2004         2         3     1
5: 3 2004         2         4     1
6: 3 2004         3         4     2
```

```r
# egoR 자료로 변환하기.
gss_egor_g <- egor(
    alters = gss_dyad,
    egos = gss_ego,
    # here we exclude the TOTAL STRANGER relationship (=3)
    aaties = subset(gss_aaties, close %in% c(1,2)),
    ID.vars = list(
        ego = 'id', alter = 'alterid',
        source = 'source_id', target = 'target_id'
        )
    )
```

이렇게 자료가 구축된 경우에 우리는 간단하게 *ergm.ego* 패키지의 mixingmatrix 함수를 활용하여 혼합 행렬을 만들어낼 수 있다.

```
library(ergm.ego)
mixingmatrix(gss_egor_g, 'race')
```

	1	2	3	4	5
1	24	30	108	2208	45
2	1	237	6	33	7
3	41	6	44	37	11
4	0	0	0	0	0
5	0	0	0	0	0

```
# 여기서 ego의 race의 경우 1 = 백인, 2 = 흑인, 3 = 기타 인종
# 타자의 1race의 경우 1 = 아시아인, 2 = 흑인, 3 = 히스패닉, 4 = 백인, 5 = 기타 인종
# 단 여기서 중요한 것은 ego와 alter의 attribute이 같아야 한다는 점이다.
# ego의 인종을 기준으로 맞춘다면 ...
# 여기서는 factor 함수를 활용하여 변환을 할 수 있다.
gss_egor_g$ego$race <- factor(gss_egor_g$ego$race,
    level = c(1, 2, 3),
    labels = c('백인', '흑인', '기타'))
gss_egor_g$alter$race <- factor(gss_egor_g$alter$race,
    level = c(1, 2, 3, 4, 5),
    labels = c('기타', '흑인','기타','백인','기타'))
# 혼합행렬의 계산
mixingmatrix(gss_egor_g, 'race')
```

	기타	백인	흑인
기타	96	37	6
백인	177	2208	30
흑인	14	33	237

위의 혼합 행렬에서 가장 두드러지게 살펴볼 수 있는 특징은, 사람들이 중요한 문제를 터놓고 상의하는 상대가 인종에 의해서 일정 부분 구조화되어 있다는 것이다. 먼저 대각선에 위치한 값, 즉 본인의 인종과 중요한 일을 논의한 상대방의 인종이 같은 경우에 상의가 많이 이루어진 것을 알 수 있다. 이를 좀 더 해석하기 쉽도록 행을 기준으로 비율을 구하면 다음과 같다.

```
mixing_race <- mixingmatrix(gss_egor_g, 'race')
mixing_race / rowSums(mixing_race)
```

```
            기타         백인         흑인
기타  0.69064748  0.26618705  0.04316547
백인  0.07329193  0.91428571  0.01242236
흑인  0.04929577  0.11619718  0.83450704
Note:  Marginal totals can be misleading for undirected mixing matrices.
```

위 결과를 살펴보면, 백인은 같은 백인과 이야기할 확률이 91%나 되고, 흑인도 마찬가지로 83%, 그리고 기타 인종 간에는 약 70%가 같은 기타 인종과 이야기하는 걸 확인할 수 있다. 이처럼 같은 속성의 사람들끼리 이야기하는 경향을 우리는 유유상종(homophily)이라고 한다. 또한, 이를 통해서 인종간의 사회적 거리(social distance)도 가늠할 수 있다. 백인은 흑인과 이야기하는 비율이 약 1.2%인 데 비해, 흑인은 백인과 이야기할 확률이 11%나 되는 걸 확인할 수 있다. 이렇게 차이가 크게 나는 까닭은 실제로 흑인 집단과 백인 집단의 크기가 다르기 때문이다(Rytina and Morgan, 1982). 쉽게 말해, 100명 중에 백인이 80명이 있고 흑인이 15명, 그리고 기타 인종이 5명이 존재한다고 한다면, 임의로 관계를 형성한다고 하였을 때 백인과 관계를 형성할 가능성이 높다는 것을 알 수 있다. 따라서, 실제로 이러한 유유상종이 어느 정도 선택(choice)을 반영하고, 어느 정도가 구조적 기회(structural opportunity)를 반영하는지에 대해서는 추가적인 연구가 필요하다(McPherson et al., 2006; Smith et al., 2014; Lee et al., 2023).

10.6 소결

이 장에서는 먼저 설문을 통해 자아 중심 연결망 자료를 어떻게 구축할 수 있을지 살펴보고, 그러한 설문 조사 정보를 어떠한 형태로 입력하여 연결망 자료로 변환할 수 있을지에 대해서 구체적으로 예시를 들어서 살펴보았다. 그리고 그 이후에 이렇게 구축된 연결망 자료를 어떻게 *R*을 이용하여서 분석할 수 있을지 대표적인 지표들을 계산하는 방식에 대해서 배웠다. 우리는 자아와 타자 간 관계의 양자 간의 관계를 바탕으로 지표를 측정하는 것과, 타자들의 속성과 분포를 고려한 자아중심연결망의 다양성에 대한 지표, 마지막으로 타자들의 속성뿐만 아니라 타자들 사이의 관계까지 고려하여, 자아 중심 연결망의 구조적 속성에 대한 지표들을 측정하는 법에 대해서 배웠다. 특히, 자아중심연결망에서 광범위하게 다뤄지는 버트의 구조적 공백과 개인의 속성과 타자 간의 속성을 동시에 고려한 굴드의 다섯 가지 중개자 유형의 측정에 대해서 보다 자세하게 배웠다.

최근에는 자아 중심 연결망 자료로를 활용하여, 전체 사회의 연결망 구조를 추론하는 연구가 활발하게 진행되고 있다(Smith, 2012). 이때 주로 활용하는 방식은 ERGM은 가능한 모든 연결망 구성 요소의 조합을 고려하여 특정 연결망 구조가 발생할 확률을 계산하는 통계 모형이다. 단순히 전체 사회 연결망 구조를 추론하는 것을 넘어서서, 자아 중심 연결망 자료를 토대로 모의실험(simulation)을 하여 완전 연결망 모형을 만들고, 이를 바탕으로 실제 성병 등 전염병이 어떻게 확산되는지 추론하는 연구도 활발히 진행되고 있다. 이를 위해서 EpiModel이라는 도구를 이용한 접근 방식이 개발되었다. EpiModel[4]은 자아 중심 연결망의 추정 확률 모형인 ERGM(Exponential Random Graph Models)을 자아중심 연결망의 관점에 적용한 ergm.ego[5]와 확산 시뮬레이션을 결합하여, 개체들 간의 복잡한 상호작용을 모델링하고 분석하는 분석 모형이다(Jenness et al., 2018). 이를 통해, 우리는 연결망 내에서 발생하는 다양한 패턴과 구조를 이해하 더 나아가, 연결망 내에서 정보나 질병과 같은 것들이 어떻게 확산되는지를 시뮬레이션하는 기능을 제공한다. 앞서 이야기한 바와 같이 자아 중심 연결망은 네트워크 경계의 문제를

---

[4]http://epimodel.org 참조

[5]https://statnet.org/workshop-ergm-ego/ergm.ego_tutorial.html

극복하는 대안으로 발전하고 있으며, 이를 통해 우리는 개체의 행동 변화, 연결망의 동적 변화 등을 고려하여 복잡한 확산 과정을 더 정확하게 모델링하고 예측할 수 있기에, 많은 사회 연결망 학자들이 egoERGM과 시뮬레이션에 대한 연구에 관심을 갖고 있다.

전술한 바와 같이, 자아중심연결망은 완전연결망에서 추출할 수 있기에, 이곳에서 배운 방법론을 전체 연결망에서 추출된 자아중심연결망에 활용하는 것도 가능하다. 또한 많은 연구에서 이처럼 자아중심연결망을 통해 만들어낸 지표와 각 자아들의 건강, 사회적 지위, 소득 등 다양한 개인의 속성과의 관계를 밝혀내고 있다는 면에서, 연구자들이 손쉽게 설문조사에 자아중심 연결망 자료를 포함시켜서 연결망적 관점에서 사회과학 연구를 하기에 매우 유용한 툴이라고 할 수 있다.

11 맺음말

이상으로 우리는 사회 연결망 자료 수집부터 시작하여, 어떠한 방식으로 연결망 분석을 할 수 있을지에 대해서 알아보았다. 이 장에서는 사회 연결망 분석을 실제 연구에 적용할 때 고려해야 할 여러 가지 요소에 대해 논의하고, 이를 연구 설계, 연구 윤리, 최근 연구 흐름 등으로 나누어 살펴보고자 한다.

11.1 사회 연결망 분석의 실제 연구 적용

이 책에서는 고전적으로 많은 연결망 학자들이 사용하는 분석 방법을 중심적으로 논의하고 배웠다. 하지만 연결망 분석의 경우 각각의 분석 방법에 있어서 다양한 분석 도구가 존재하기 때문에, 많은 연구자들이 실제 사회 연결망 분석을 본인의 연구에 적용하는 데 있어서 연구자들은 혼란을 느끼게 된다. 가장 큰 고충 중의 하나는, 연구의 자유도가 다른 분석 방법론에 비해서 높다는 데 있다. 이 문제에 있어서, 저자들이 내리는 조언은, 연구에 앞서 연결망 분석을 통해 밝혀내고 싶어하는 것이 무엇인지에 대한 연구 목표를 분명하게 세워야 한다는 것이다. 또한 어떻게 연결망 자료를 구축할지 그리고 어떤 분석을 실시할 것인가에 대한 방법론적 고민과 어떤 이론적 관점에서 어떠한 메커니즘을 밝혀낼 것인가에 대한 이론적 고민을 "끊임없이" 주고받는 것이 중요하다. 다시 말해서, 이러한 고민들을 어떻게 해결할 것인가 연결망 연구자로서 역량의 하나라고도 할 수 있다.

이와 같이 방법론적 고민과 이론적 고민을 주고받는 과정은, 실제 연구하는 내내 계속

되는 경우가 많다. 이를테면 특정한 유형의 연결망 중앙성 지표, 예를 들어 사이중앙성을 활용하여 어떤 행위자가 중심적 위치에 있는지를 확인하였더니 실제 사람들이 인지하고 있는 순위와 맞지 않는 경우가 있을 수 있다. 이러한 경우에 한편으로는 연구자가 사회 연결망 분석을 통해서 기존에 알려지지 않은 특정한 패턴을 밝혀냈다고 생각될 수도 있지만, 다른 한편으로는 연구자가 선택한 특정한 분석 방법이 적합하지 않았을 수도 있다. 전자의 경우를 확신하기 위해서는, 후자의 경우가 아니라는 것을 여러 경로로 검토하는 것이 필요하다. 이를 위해 연구자는 사용한 중앙성 지표가 어떠한 사회적 메커니즘을 가정하고 있는지를 다시 한 번 살펴보고, 과연 그러한 가정이 실제 연구 맥락에 타당한지에 대해서 다시 한 번 살펴보고, 그게 타당하지 않다고 판단되었을 경우에는 다른 중앙성 지표를 고민해볼 수 있다. 이때 중요한 것은 연구자가 원하는 결과가 나올 때까지 특정한 지표를 취사선택을 하는 것이 아니라, 왜 특정한 중앙성 지표는 실제적인 현상을 반영하지 않는지에 대한 충분한 고민을 해야 한다는 것이다. 특정 중앙성 지표가 다른 지표에 대해서 더욱더 현실을 잘 반영한다고 했을 때 그게 이론적으로 함의하는 바가 무엇인지에 대해서 고민을 해야 하고, 그러한 과정을 논문에 적절히 기술하는 것이 필요하다.

물론 일반적인 통계 방법론들도 끊임없이 개선되고 더 나은 분석 방법들이 등장하지만, 그 종류와 발전의 양상에 있어서 사회 연결망 분석에 비할 바는 아니다. 특히, 사회 연결망 분석은 사회과학뿐만이 아니라 통계물리학, 전산학, 정보과학, 복잡계 과학 등 다양한 학문 분야에서 이용되고 개발되기 때문에, 실제로 특정한 분석을 할 때 어떠한 방법을 선택할 것인지는 고민이 필요하다. 먼저 방법론에서 가정하고 있는 메커니즘이 충족되고, 연구자가 원하는 연구의 방향이 일치한다면, 기존에 전통적으로 활용되는 방법을 활용하는 것이 좋다. 이는 다른 연구들과의 비교가 용이하다는 장점과 함께, 점진적으로 새로운 것을 밝혀나가는 과학의 원리를 충족하기 때문이다. 하지만 기존의 방법론이 맺고 있는 가정이 충족되지 않는다면, 새로운 방법론을 찾아야 한다. 이를 찾는 과정에서 하나의 팁은, 그 방법론에 대해서 가장 최근에 리뷰를 한 논문이 있는지를 살펴보고 리뷰를 바탕으로 방법을 선택하는 것이다. 하지만 리뷰 논문이 없다면, 새로운 방법을 검토해야 하고 때로는 그 방법론을 적용하기 위해서 스스로 코드를 짜야 하는 경우도 있을 것이다. 많은 경우에 새로운 방법을 제안하는 논문이 *R* 또는 파이썬(Python)에서 구현/개발한 패키지를 제공하는 경우가 많고, 그렇지 않을 경우에는 논문의 저자에게 직접 연락하여 재현이 가능한 코드를 부탁하는 것도 하나의 방법이다. 그리고 이렇게 새로운 형태의 방법론을 이용할 경우에는 항상, 기존에 전통적으로 쓰였던 방법론과 비교를 하여 어떤 면이 다르게 분석되는지를 간단한 장난감 예제(toy example)를 만들어서 확인해보는 습관을 들이는 것이 좋다.

11.2 연결망 분석 도구와 소프트웨어의 활용

이 책에서는 *R*을 중심으로 연결망 분석의 과정을 살펴보았다. 하지만 *R* 이외에도 다양한 소프트웨어로 연결망 분석을 할 수 있다. 연결망 분석 소프트웨어는 크게 코드를 활용한 개발자용 소프트웨어와 GUI(Graphic User Interface)에서 클릭 기반으로 분석을 할수 있는 소프트웨어로 구분할 수 있다. *R* 외에 코드를 직접 입력하여 분석하는 대표적인도구는 파이썬(python)이다. 이 책에서 주로 다뤘던 *igraph* 패키지도 파이썬용 코드를제공한다. 파이썬 기반 패키지로는 *networkX* 가 가장 대중적이다. 다양한 연결망 분석 기능을 제공하고, 그래프 시각화에 있어 더 낫다는 평가를 받는다. 대규모 연결망을 분석할 경우에는 *igraph* 보다 느리다는 평이 있으니, 노드가 수백만 건이 넘는 대규모 연결망분석 시에는 다른 선택지들과 비교가 필요하다. *NetworKit* 와 *graphtool* 도 파이썬 기반의모듈이다. 대규모 연산에 유리하고, 특히 추론적 커뮤니티 탐색 방법에 강점이 있는 프로그램이다. 최근 소셜 네트워킹 서비스들이 증가하면서 연결망 자료를 기반한 검색, 추천 등에 대한 필요와 적용도 많이 증가했다. 이로 인하여 *scikitnetwork*, *TensorFlowGraphs*, *PyG(TorchGeometric)*와 같은 머신러닝/딥러닝 패키지/프레임워크의 하위 모듈들도 연결망 분석의 일부 기능을 지원하고 있다. 또 다른 코드 기반의 분석 도구로는 스탠포드 연결망 분석 프로젝트(Stanford Network Analysis Project)에서 만든 SNAP이라는 C++ 기반의 프로그램이 있다. SNAP은 대규모 연결망 분석 시 *igraph*를 C 기반으로 분석할 때와더불어 속도나 안정성 등이 가장 높은 소프트웨어로 알려져 있다(Camacho et al., 2020).

GUI(Graphic User Interface) 기반의 프로그램으로는 전통적으로 사회 연결망 분석 분야

그림 11.1: Pajek 프로그램

에서 활용되온 UCINET, NetMiner, Gephi와 같은 프로그램들이 있다. 이 프로그램들은 메뉴 기반으로 되어 있어 비교적 손쉽게 배울 수 있다는 장점이 있지만, 서버 환경에서 설치하여 분석하는 것이 제한되기 때문에 대형 데이터 분석에는 제한이 있다.

UCINET은 보가티(Borgatti) 등 캘리포니아 주립대학교 어바인 캠퍼스(University of California, Irvine) 사회학과 교수들이 주축이 되어 만들어 온 전통의 연결망 분석 프로그램이다(Borgatti et al., 2002). 기본적인 사회 연결망 분석 지표의 계산은 다 지원된다. UCINET을 활용한 분석 방법은 사회 연결망 분석 제4판이나, 보가티 등의 "Analyzing social networks" 책을 통해 익힐 수 있다(Borgatti et al., 2018).

NetMiner은 한국 기업인 사이람(Cyram)에서 개발한 소프트웨어로 기본적인 연결망 분석뿐만 아니라, X(구 Twitter)와 같은 소셜 미디어 데이터를 수집하여 텍스트 분석도 할 수 있다. 또한 많은 머신러닝 알고리즘도 제공하는 등 상당히 다양한 분야의 관계형 데이터들을 분석할 수 있는 좋은 솔루션이다. NetMiner의 경우 한국에서 개발사의 워크숍에 참여하거나, 기술 지원을 받을 수 있다는 장점도 있다.

Pajek은 슬로베니아어로 거미라는 뜻으로 개인용 컴퓨터에서 비교적 쉽게 대형 연결망 분석 시 쓸 수 있는 프로그램이다. Pajek은 Pajek XXL 또는 3XL의 버전을 제공하는 데, 1억 개의 노드까지 분석이 지원된다. pajek의 경우는 엑셀 또는 스프레드시트 형태로 데

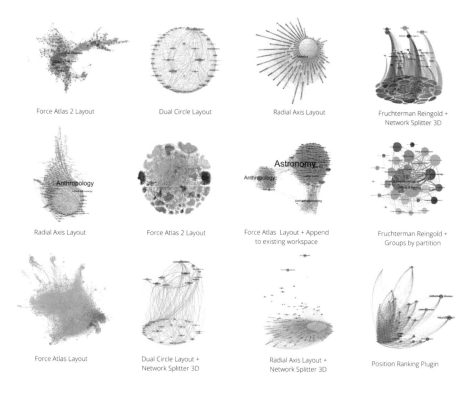

그림 11.2: Gephi 연결망 그래프 결과 예시(Espinoza, 2022)

이터를 입력하지 못하고 정해진 .net 파일 형태만 이용이 가능하다. 처음 사용하면 데이터 형식을 맞춰 입력하는 것이 어렵게 느껴질 수 있다. 대신 대규모 연결망의 고해상도 이미지를 얻을 수 있고 노드에 대한 사전 좌표를 알고 있는 경우에 이를 표현하는 것이 손쉽다. Pajek 역시 개발자가 저술한 책을 기반으로 여러 기법들을 배울 수 있다는 장점이 있다(De Nooy et al., 2018).

Gephi는 시각화에 강점이 있는 도구이다. 무료 소프트웨어여서 업데이트가 자주 되지는 않지만, 다양한 Mac, Linux 등 다양한 OS에서 구현이 되며 비교적 큰 연결망도 손쉽게 시각화할 수 있다. 그림 11.2에서 볼 수 있듯이 Gephi는 다양한 방식으로 연결망 그래프를 표현할 수 있다는 장점이 있다(Espinoza, 2022).

이외에도 NodeXL, VOSviewer, Cytoscape, kumu, GraphInsight, orange, Graphia, graphistry, SocNetV, tulip 등 다양한 연결망 분석 소프트웨어들이 존재한다. 연구자들은 분석하고자 하는 연결망의 크기나 지표, 특징을 잘 계산하고 표현할 수 있는지를 먼저 살펴본 후 소프트웨어를 결정해야 한다. 인터넷 검색 시 문제를 쉽게 해결할 수 있거나, 주변에 도움을 구할 수 있는 소프트웨어를 선택하는 것을 권장한다. 물론 이 책을 통해 R의 여러 패키지를 잘 다룰 수 있게 되었다면 직접 패키지를 만들 수도 있을 것이다.

11.3 연구 윤리

사회 연결망 분석에서는 개인과 조직에 관한 민감한 데이터를 다루기 때문에 윤리적 고려사항이 매우 중요하다. 일반 연구 윤리도 동의, 익명성 및 데이터 보안을 강조하지만, 연결망 분석은 자료 특성상 연구 윤리에 더욱 유의해야 한다.

먼저, 연구 조사 참여자들에게 구해야 하는 동의(consent) 문제가 있다. 기본적인 윤리적 고려사항 중 하나는 참가자들로부터의 동의를 얻는 것이다. 연결망 분석은 종종 개인적인 관계와 잠재적으로 민감한 정보를 분석하기 때문에, 참가자들이 연구의 범위를 완전히 이해하고 자발적으로 동의했는지 확인하는 것이 중요하다. 때때로 조사 참여자들은 연구 조사가 목표하는 바를 명확히 이해하지 못한 채로 민감한 문제들을 털어놓을 때도 있기 때문이다. 또한 연결망의 상호 연결된 특성 때문에 한 개인에 대한 정보가 연결망 내의 다른 사람들에 대한 정보를 드러낼 수 있어, 제3자 동의에 대한 우려가 있다는 점도 고려해야 한다. 예를 들어 10대 학생의 친구 연결망 연구를 하면서 직접 조사에 참여되지 않은, 즉 연구참여에 동의한 적 없는 10대 청소년들의 비행(또는 범죄)에 대해서 연구조사자가 알게 될 수 있다. 이 경우 연구자는 이를 학교나 사법 당국에 신고를 해야 하는 것인가? 이런 윤리적인 이슈는 연구조사자를 어렵게 만들 수 있다. 따라서 연구 시작 이전에 IRB(Institutional Review Board, 기관 연구윤리심의위원회)를 통해서 관련 위험을 보고하고, 조사 시 발생할 수 있는 위험 상황에 대한 조치(protocol)들을 확립해야 한다(Semaan et al., 2009).

또한 사회 연결망 분석은 종종 대규모 데이터를 다루며, 때로는 개인들의 명시적인 동의 없이 온라인 플랫폼에서 데이터를 스크래핑(scraping)하게 되어, 개인 정보와 동의에 관한 심각한 윤리적 딜레마를 일으키기도 한다(Light and McGrath, 2010). 인스타그램이나 X(구 트위터) 같은 온라인 플랫폼을 사용하고 데이터 공개 정책에 동의했다고 해서,

자신의 데이터를 연구자들이 분석할 수 있다고 생각하지 않을 수도 있기 때문이다. 따라서 건강, 종교, 정치성향, 취향 등과 관련한 민감한 주제에 대한 온라인 행동을 조사할 때에는 직접 개인들의 동의를 받아 정보에 접근하고 분석하는 것이 필요하다. 또한 연구 참여자들에게 참여 후에라도 동의 철회 시 연구에서 제외될 수 있음을 이야기하는 것이 최근 추세이다.

두 번째는 익명성과 데이터 보안 문제이다. 연결망 조사의 경우 참여자들에 대한 상세한 정보를 노출할 수 있다(Jones, 2017; Tubaro et al., 2021). 친구, 연인 관계 등 민감할 수 있는 관계의 문제, 그리고 어느 곳에 방문하는지 또 무엇을 좋아하는지 등 관심사의 문제를 포함할 수 있기 때문이다. 이러한 정보들은 일부만 노출되어도 손쉽게 개인이 식별되거나 노출될 수 있다. 따라서 데이터 수집, 가공, 분석, 공개 시 데이터의 민감성에 대해서 이해를 하고 이를 보호하기 위해서 철저한 익명화 또는 추상화를 해야 한다. 연구 관련 사례는 아니지만 코로나 19가 발생했던 초기 감염자들의 신원과 방문지가 언론과 인터넷에 노출되어 개인들과 업장 주인들에게 큰 피해가 있기도 했다. 따라서 연구자는 자신의 연구에 함께하는 참여자들과 그들의 일상 환경을 보호하기 위해 익명화와 개인 정보 보호에 큰 관심을 가져야 한다.

익명화는 단순히 이름을 숨기는 것이 아니다. 가명 처리, 코드화, 추상화 또는 비식별화 등으로 조사 참여자와 관계자들의 신원이 노출되지 않도록 하는 것이다. 추상화는 개인들이 방문한 장소나 개인을 추론할 수 있는 정보 등에 대해서 타자들이 추적하기 불가하도록 제시하는 것이다. 예를 들어 연령의 경우 37세가 아닌 30대로, 서울시가 아니라 A도시와 같이 데이터를 비식별 가공하여 분석 및 발표하는 것이다. 물론 처음부터 연구에 불필요한 정보를 수집/저장하지 않을 수 있으면 가장 좋다. 또한 조사 원자료(raw data)를 저장할 때는 데이터 보안에 유의해야 한다. 고유 식별자(ID)나 민감한 정보는 철저히 암호화하여 저장하고, 이를 복호화할 수 있는 키나 프로그램은 별도의 저장 장치에 보관해야 하며, 원자료에 접근할 수 있는 사람은 최소로 해야 한다. 또한 연구가 확립되어 데이터 품질이 확보된 상황에서 더 이상 원본 데이터의 저장이 필요가 없게 되면 이를 안전하고 철저하게 삭제하여 개인 정보가 노출되는 일이 없도록 해야 한다.

11.4 최근 연구 흐름

이 책에서는 다 다루지 못했지만, 최근 사회 연결망 연구 분석은 크게 4가지의 영역에서 큰 발전을 보이고 있다. 이 장에서는 간략하게 최근 방법론 발전의 흐름에 대해서 논의하고, 각각의 방법론에 관심이 있는 독자들에게 추가적인 공부거리를 제공한다.

11.4.1 통계적 연결망 모델링

이 책에서는 주로 연결망에 대해서 묘사하고, 연결망에 위치한 개인 또는 집단들의 특성을 살펴보는 분석 방식을 살펴보았다. 최근에는 ERGM(Exponential Random Graph Models) 등을 활용하여, 어떻게 개인의 속성이 집단적 연결망의 형태를 나타내는지 살펴보는 연구가 또 하나의 큰 흐름이다. 에르되스-레니 임의 그래프(Erdos-Renyi random graph) 모형은 가장 기초적인 연결망 형성의 모형이라고 할 수 있고, 복잡계 과학에서 척도 없는 연결망(scale-free network)을 설명하기 위하여 사용한 선호적 연결 모형(preferential attachment model) 또는 좁은 세상 연결망(small-world network)을 만드는 데 활용한 좁은 세상 연결 모형(small world model) 등은 일종의 사회 연결망이 어떻게 만들어진 것인지에 대한 모델링 접근의 일환으로 볼 수 있다(Barabási and Albert, 1999; Jeong et al., 2003; Watts and Strogatz, 1998).

사회 연결망 연구자들은 그동안 크게 3가지 다른 종류의 메커니즘으로 연결망이 형성될 수 있음을 보여왔다. 첫 번째는 개인의 속성 효과로, 사회인구학적 요인 또는 문화적 취향이나 정치적 의견 또는 신념에 따라서 사람들의 관계가 바뀐다는 것이다. 이는 다시 크게 자아의 속성에 초점을 맞춘 발신자 특성 효과(sender effect), 타자의 속성에 초점을 맞춘 수신자 특성 효과(receiver effect), 둘 모두의 속성에 초점을 맞춘 유유상종 효과(homophily effect)로 나눌 수 있다. 두 번째는 구조적 기회(structural opportunities)에 따른 효과로 볼 수 있다. 이를테면 어떠한 학급 대부분이 남학생들로 이루어진 경우에, 여학생들은 개인의 선호와 무관하게 구조적인 이유로 남학생들과 더 친구를 맺을 확률이 높아질 수 있다. 이러한 구조적 기회는 사람들의 분포뿐만 아니라 지리적이거나 공간적인 지역 특성의 영향을 받거나 다양한 활동들이 발생하는 공간의 초점(organizational foci)에 따라서 달라질 수 있다(Feld, 1981). 마지막으로 연결망은 순전히 연결망 내에 내생적인 영향(endogenous tie formation)에 의해서 크게 달라질 수 있다. 대표적인 예시가 친구의 친구는 친구가 될 가능성이 높다는 이행성의 원리, 또는 인기가 많은 사람들이 더욱 인기가 많아지는 일종의 선호적 연결 모형 등을 예시로 들 수 있다. 이러한 연결망 형성이나 패턴을 통계적 모형으로 설명하기 위하여, 초기 모형들은 연결 간의 관계가 독립적이라고 가정한 채 기존의 로지스틱 회귀 분석을 사용해 두 사람 사이의 관계가 존재하는지 여부를 예측하였다. 혹은 모의실험을 이용하여 내생적 영향을 설명하는 모형을 만드는 경우가 많았다. 이러한 접근들은 행위자 또는 노드의 속성과 연결의 속성을 동시에 체계적으로 고려하기 어렵다는 한계가 있다. 이를테면 친구의 친구는 친구가 된다고 하는 이행성(transitivity)의 원리는 실은 비슷한 사람들끼리 친구가 된다고 하는 유유상종(homophily) 효과와 중복으로 작용할 수 있고, 따라서 주어진 관계가 어느 정도 이행성의 원리에 의해서 설명이 될 수 있고 어느 정도가 유유상종 효과로 설명될 수 있는지는 경험적 연구의 질문이 된다.

최근에 이러한 연구 질문을 해결하기 위해서 ERGM(Exponential Random Graph Model)이라는 통계적 기법이 개발되어서 활발하게 활용되고 있다. 이 방법론을 활용할 경우에, 사람들 사이의 관계는 다른 사람들 사이의 관계와 의존적(tie dependence)이라는 가정을 바탕으로 개인의 속성 변수들과 2자, 3자, 그리고 연결망 수준에서의 구조적 변수들을 동시에 고려하여 연결망 형성 메커니즘을 연구할 수 있다. 최근 들어서, 이러한 통계적 연결망 분석에 있어서 방향성이 있는 연결망, 가중치가 있는 연결망(weighted network), 이원 연결망(two-mode network), 다양한 관계의 중첩 연결망(multiplex network), 시계열적 연결망(temporal ERGM), 자아 중심 연결망(ego-centric network) 등 각각 다른 종류의 다양한 연결망에 대해서 모형들이 개발되어 왔다. 이 책에서 더욱 자세한 설명을 하기에는 지면이 부족하므로, 이에 대해서 관심이 있는 경우에 루셔, 코스키넨, 로빈스가 저술한 "Exponential Random Graph Models for Social Networks: Theory, Methods, and Applications" 라는 책(Lusher et al., 2012), 또는 다음의 가이드를 참조하면 좋다[https://cran.r-project.org/web/packages/ergm/vignettes/ergm.pdf].

11.4.2 사회 연결망과 인과 추론의 문제

그동안 사회 연결망이 개인 수준에서 또는 집단 수준에서 다양한 종류의 결과와 어떠한 관계가 있는지에 대해서는 광범위하게 연구가 되어 왔다. 사회적 관계가 개인과 집단의 태도와 행동에 중요하다는 것은 이제는 자명해진 사실이지만, 다른 한편으로는 사회 연결망과 상관관계가 있는 것들에 대해서 사회 연결망의 효과가 유일한 원인인지, 아니면 우리가 미처 고려하지 못한 다른 효과들에 의해서 발생하는 허위적 관계(spurious relationship)인지에 대해서는 아직 확실하게 알 수가 없다. 그리하여 또 다른 흐름 중의 하나는 사회 연결망 효과를 인과적 추론을 하여 원인과 결과를 분리하여 살펴보는 시도이다.

사회 연결망 효과에는 크게 사회 연결망의 위치에 따른 효과, 사회 연결망 안에서 누구와 연결을 맺고 있는지에 대한 효과, 그리고 사회 연결망 자체가 집단 수준에서 미치는 효과로 크게 구분할 수 있다(An et al., 2022). 먼저 사회 연결망에서 관계적 효과(relational effects)는 크게 2가지 경우로 나뉠 수 있다. 첫 번째는 사회 자본 효과(social capital effects)에 대한 것이다(Lin, 2002; Perry and Pescosolido, 2015). 이는 사회 연결을 통해서 개인에게 유리한 사회적 자원이나 사회적 지지를 획득하는 경우에 나타나는 효과를 지칭한다. 두 번째는 사회적 전염 효과(social contagion effects)에 대한 것이다 (Christakis and Fowler, 2007; Marsden and Friedkin, 1993). 이는 사회적 연결을 통해서 어떠한 행동이나 태도 등의 속성이 전파되는 과정을 나타내는데, 대표적인 연구는 사회적 연결을 통해서 비만이 전염된다는 연구가 있다. 사회 연결망에서의 위치적 효과(positional effects)에 대한 연구는 사회 연결망 내에서 각 개인이 점유한 위치의 효과를 뜻한다. 이를테면, 학교 내 학생들 사이에서 중심적인 위치를 취한 경우에 더욱 비행을 한다는 연구(Haynie and Osgood, 2005) 또는 직장 내에서 구조적 공백의 위치를 점유할수록 더욱 승진이 빠르다는 연구(Burt et al., 2005) 등이 이러한 위치적 효과 연구의 예시이다. 마지막으로 구조적 효과에 대한 연구는 한 사회 연결망 자체의 속성, 이를테면 앞에서 살펴보았던 것과 같이 얼마나 밀도있게 연결이 되어 있는지, 또는 좁은 세상인 연결망이 그렇지 않은 연결망에 비해서 얼마나 전파가 잘 되는지 등에 대한 연구라고 볼 수 있다.

이러한 사회 연결망 효과에 있어서 흔히 선택 편향(selection bias), 역인과의 문제(reverse causation), 동시성 문제(simultaneity issue), 그리고 측정 오류(measurement error)의 네 가지 문제가 거론된다(Lee and Lee, 2020; Manski, 1993). 선택 편향(selection bias)의 문제 는 이를테면 특정한 사회적 관계를 맺고 있는 사람이 더 좋은 성과를 낸다고 하였을 때, 처음에 특정한 사회적 관계를 맺을 수 있게 만든 숨겨진 요인이 실은 그 사람이 내는 더 좋은 성과에 영향을 미칠 수 있지 않겠느냐는 것과 관련이 된다. 역인과 문제는, 위 의 상황에서 특정한 성과를 내는 사람이 특정한 형태의 사회적 관계를 맺는 것이 아니 냐는, 다시 말해서 원인과 결과의 방향이 반대로 작동할 수 있다는 것을 나타낸다. 마지 막으로 동시성 문제(simultaneity issue)는 관계를 맺고 있는 여러 사람이 서로 연결되어 있을 경우에, 서로 영향을 동시에 주고 받을 수 있기 때문에, 개인이 관계에 영향을 받 는 것과 개인이 관계를 맺는 다른 사람들에게 영향을 주는 것이 동시적이라는 것을 뜻 한다. 마지막으로 측정 오류의 경우에는, 일반적으로 회귀 분석을 비롯한 통계 모형으 로 분석했을 때, 우리는 독립변수에 측정 오류가 무작위라는 가정을 하게 되는데, 사회 연결망 분석에서 더 크게 문제가 되는 것은 이러한 측정 오류가 서로 관련(correlated) 이 있는 경우가 많다는 점이다. 이 경우에 실제로는 사회 연결망의 효과가 없지만, 측정 오류가 서로 연관되어 있다는 면에서, 통계분석을 하였을 때 실제로는 마치 인과 관계 의 효과가 있다는 것처럼 나올 수 있다.

인과 관계를 밝혀내는 데 가장 유용한 방법은 실험이지만, 사회 연결망 분석에 실험 연 구 방법을 적용하는 데에는 다양한 제약이 존재한다. 실험을 할 때에 실험 참가자들 중 처치집단(treatment group)이 받았을 때 그것이 통제집단(control group)과 서로 영향 을 주고받지 않아야 한다는 가정(noninterference assumption)이 필요한데, 사회 연결망 의 기본 전제가 행위자 간의 상호작용이라는 면에서 이 가정이 충족되지 않는다. 따라 서 행위자 단위에서의 실험 처치를 완전 무작위 표본 추출(complete randomization) 또 는 층화 무작위 추출(cluster randomization)을 하는 것은 인과관계를 분석하는 것에 큰 도움이 되지 않는다. 따라서 실험을 설계할 때에는 군집 단위로 무작위 표본 추출을 해 야 하는 데, 이때 군집은 학교 내에서 반이라든지 또는 지역 내 좀 더 소규모 단위의 마을이 될 수 있다. 이때 중요한 것은 군집 간에는 독립적이어서 서로 영향을 주고받지 않는 방식의 연구 설계를 해야 한다는 것이다(Kim et al., 2015; Airoldi and Christakis, 2024). 하지만 이러한 실험 방법은 돈과 시간도 많이들 뿐만 아니라, 실제로 윤리적 이유로 실험을 할 수도 없는 다양한 경우도 존재하기 때문에, 연구자들은 준실험 연구 설계(quasi-experimental design)를 활용하여 연구를 하기도 한다. 실제로 또래 효과(peer influnece)를 연구하는 데 있어서 기숙사 배정(roommate assignment)을 활용하는 연구들이나(Sacerdote, 2011), 아니면 지역 내에서 학생들이 각기 다른 학교로 무작위 배정되는 경우(Choi et al., 2015), 같은 학교 안에서 수업을 듣는 반이 무작위로 지정되는 경우(Legewie and DiPrete, 2012), 또는 같은 학교 내에서 서로 다른 학년(grade)에 무작위하게 학생들이 구성되는 것(Lee and Lee, 2020)을 활용하여 연구를 진행하기도 한다.

또는 사회 연결망의 형성을 설명하는 모형을 만든 다음, 예측된 연결 형성 확률을 바탕으로 헤크만 선택(heckman selection) 모형 또는 역확률 가중치 부여(inverse probability weighting) 등의 인과 추론 방법을 활용하여 선택 편향을 다루는 연구들도 있고, 공간적 분석(spatial analysis) 기법을 활용하여 사회 연결망을 바탕으로 잠재적 결과(potential outcome)가 서로 영향을 주고받을거라고 가정한 뒤에, 이를 직접적으로 모형을 수립하는 경우도 존재한다(Samii et al., 2023; An et al., 2022). 종단적(longitudinal) 자료가 존재할 경우에는 확률적 행위자 기반 모형(stochastic actor-oriented model)을 활용하여, 연결의 형성과 효과를 구분하는 접근도 있다(Snijders, 2017). 이처럼, 사회 연결망 분석의 효과에 인과성에 대한 질문은 최근 부상하고 있는 연구 분야 중의 하나이다.

11.4.3 의미 연결망 분석(Semantic Network Analysis)

의미 연결망 분석은 문헌 또는 발화의 의미를 파악하거나, 발화자와 의미 사이의 관계를 분석하는 것에 있어서 연결망 분석 방법을 활용하는 것이다. 언어학과 전산학 분야에서 연산 기반의 의미 분석은 1960년대부터 발전해왔다(Francis, 1965; Francis and Kucera, 1967). 초기에는 주로 단어 출현 빈도를 통해 문헌이나 발화자가 전달하고자 하는 중심 주제가 무엇인지를 다뤄왔다. 빈도 기반의 의미 분석은 'A', 'The', 'This', 'Of', 'I' 처럼 의미를 분별하는 데 중요하지 않은 단어들이 가장 높은 빈도로 등장하기 때문에 이들을 잘 제거하는 것이 필요하다.[1] 하지만 빈도 중심의 의미 분석은 연구자가 기대하는 문서의 의미를 드러내기 힘든 경우가 많다. 의미는 단순하게 특정 단어가 많이 쓰였을 뿐만 아니라, 어떤 맥락으로 사용되었는지에 따라 달라질 수 있기 때문이다. 빈도 분석의 한계를 극복하기 위해 어떤 단어와 단어가 한 문장 또는 문서에서 함께 등장했는지를 분석하는 동시 출현(co-occurence) 관계 분석이 등장했다(Berry-Rogghe, 1973). 단어의 동시 출현은 단어 사이의 서로 연결되어 있음을 의미한다.

동시 출현 연결망 분석은 여러 갈래로 발전을 하였다. 하나의 갈래는 문장에서의 위치 또는 품사에 따라 분석을 하는 것이다. 또는 소설이나 연극/영화 시나리오를 분석 시 등장인물과 장소 등 연구자가 원하는 요소들만 추출하여 등장인물 간의 관계를 분석하거나, 장면(scene) 또는 단락(plot)의 특성 또는 극의 특성을 분석할 수 있다(Moretti, 2011; DeBuse and Warnick, 2021). 또한 문장 내의 주어와 목적어 서술어의 관계를 파악하여 특정 단어 간의 관계를 입체적으로 드러낸다. 그림 11.3에서 보는 것과 같이 미국 의회에서의 발언들을 분석하여 민주당과 공화당 의원들이 서로 다른 의미를 전개하는 것을 파악할 수 있다(Ash et al., 2022). 단어 간의 의미 연결망에서는 중앙성 지표로 중요한 노드 또는 링크를 식별하거나, 커뮤니티 탐색 방법을 활용하여 의미의 군집을 찾아낸다. 또한 유사한 연설의 텍스트 분석을 통해 시기적 쟁점 또는 인식의 변화를 추적하는 것도 가능하다. 룰과 그의 동료들의 연구에서는 225년 간 미국 대통령의 의회 연두 교서(State of the Union Address)를 연구하여 연도별 주제 변화, 10개의 시기로 구분한 주제별 중심 용어의 변화 등을 보여주며 동시 출현 연결망 분석이 문서들의 의미와 그 변화를 직접적으로 잘 드러냄을 보여줬다(Rule et al., 2015).

또 다른 의미 연결망 분석 방법은 앞서 공부한 이원 연결망 분석 방법을 적용하는 것이다. 단어와 단어 간의 관계가 아니라, 단어 또는 주제(의미 군집)와 발화자, 또는 단어 등장 패턴과 시점과의 관계 등을 분석 대상으로 삼을 수 있다. 예를 들어 "온라인 SNS에 게시되는 수많은 글 중에서 어떤 글이 인기가 좋을까?"라는 연구 질문에 대해서 온라인 게시물에 출현한 각 단어마다 어근을 추출한 후, 발화 주체(시민 단체)들이 사용

---

[1]언어 분석에서 이런 단어들은 분석에는 사용되지 않는다고 하여 '불용어(stopword)'라고 한다. 언어 분석기들에서는 기본적인 불용어 사전 및 연구자가 추가로 이를 관리할 수 있는 기능도 제공한다.

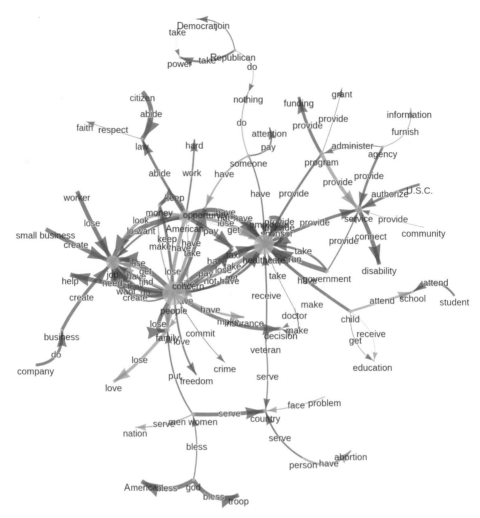

그림 11.3: 정당에 따른 미국 의회 발언 분석

한 어휘들의 상대적 빈도를 바탕으로 이원(two-mode) 의미망을 도출하고, 발화 주체의 사이중앙성(betweeness centrality)이 높은 노드가 문화적 가교 역할을 한다는 것을 발견하였다(Bail, 2016). 이와 같이, 사회 연결망 분석은 이 책의 각 장에서 다뤘던 주제나 방법론들에 제한되는 것이 아니라 다양한 주제로 확장되어 연구가 가능하다는 점을 명심할 필요가 있다.

11.5 소결

그동안 이 책에서는 연결망 분석 연구의 기획부터 자료 수집, 수집된 자료의 기술적 분석과 다양한 모형 기반 접근, 완전 연결망뿐만 아니라 다른 형태의 연결망 분석 등 어떠한 형태로 자료를 입력하고 분석된 결과를 해석하는지까지 살펴보았다. 전술한 바와 같이, 사회 연결망 분석은 그 발전의 속도가 다른 방법론에 비해서 굉장히 빠르고 발전 방향도 광범위하여 모든 것들을 다루지는 못하였지만, 이 책을 통해서 다진 기본기를 바탕으로 앞으로 새로운 연결망 분석 방법을 습득하는 데 도움이 되기를 바란다.

사회 연결망 분석은 단순히 사회과학 연구 도구로 쓰이는 것이 아니라 굉장히 광범위한 형태로 활용되고 있다. 이를테면 구글 검색 순위의 상단을 나타내는 알고리즘은 기존 사회 연결망 분석에서 중앙성을 계산하는 알고리즘의 영향을 많이 받았으며, 연결망 분석에서의 군집 분석 등의 방법들은 온라인상에서 비슷한 고객들을 묶는 등의 용도에 활용될 수 있다. 따라서, 사회 연결망 분석 도구에 대한 깊은 이해는 단순히 연결망 분석뿐만 아니라 최근 데이터 과학(data science)의 중요한 한 방법으로서 현실 세계에 존재하는 다양한 형태의 자료를 분석하는 데 있어서 무궁무진한 가능성을 보인다. 이 책을 통해 독자들이 사회 연결망 분석 연구를 설계하고 수행할 때 필요한 기본적인 지침과 통찰을 얻을 수 있기를 바라는 마음으로 이 책을 마무리한다.

참고문헌

Abel, G. J. (2018). Estimates of Global Bilateral Migration Flows by Gender between 1960 and 2015. *International Migration Review 52*(3), 809–852.

Agresti, A. and B. F. Agresti (1978). Statistical analysis of qualitative variation. *Sociological methodology 9*, 204–237.

Ahn, Y.-Y., J. P. Bagrow, and S. Lehmann (2010). Link communities reveal multiscale complexity in networks. *Nature 466*(7307), 761–764.

Ahuja, G. (2000). Collaboration networks, structural holes, and innovation: A longitudinal study. *Administrative Science Quarterly 45*(3), 425–455.

Airoldi, E. M. and N. A. Christakis (2024). Induction of social contagion for diverse outcomes in structured experiments in isolated villages. *Science 384*(6695), eadi5147.

Alba, R. D. (1973). A graph–theoretic definition of a sociometric clique. *Journal of Mathematical Sociology 3*(1), 113–126.

Amaral, L. A. N., A. Scala, M. Barthelemy, and H. E. Stanley (2000). Classes of small–world networks. *Proceedings of the national academy of sciences 97*(21), 11149–11152.

An, W., R. Beauvile, and B. Rosche (2022). Causal network analysis. *Annual Review of Sociology 48*(1), annurev–soc–030320–102100.

Ash, E., G. Gauthier, and P. Widmer (2022). Text semantics capture political and economic narratives. In *Text Semantics Capture Political and Economic Narratives: Ash, Elliott| uGauthier, Germain| uWidmer, Philine.* [Sl]: SSRN.

Bail, C. A. (2016). Combining natural language processing and network analysis to examine how advocacy organizations stimulate conversation on social media. *Proceedings of the National Academy of Sciences 113*(42), 11823—11828.

Balasundaram, B., S. Butenko, and I. V. Hicks (2011). Clique relaxations in social network analysis: The maximum k-plex problem. *Operations Research 59*(1), 133—142.

Baldassarri, D. (2015). Cooperative networks: Altruism, group solidarity, reciprocity, and sanctioning in ugandan producer organizations. *American journal of sociology 121*(2), 355—395.

Baldassarri, D. and M. Abascal (2020). Diversity and prosocial behavior. *Science 369*(6508), 1183—1187.

Baldassarri, D. and A. Goldberg (2014). Neither ideologues nor agnostics: Alternative voters' belief system in an age of partisan politics. *American Journal of Sociology 120*(1), 45—95.

Banerjee, A., A. G. Chandrasekhar, E. Duflo, and M. O. Jackson (2013). The diffusion of microfinance. *Science 341*(6144), 1236498.

Barabási, A.-L. (2016). Network science. cambridge university press, cambridge.

Barabási, A.-L. and R. Albert (1999). Emergence of scaling in random networks. *science 286*(5439), 509—512.

Barber, M. J. (2007). Modularity and community detection in bipartite networks. *Physical Review E 76*(6), 066102.

Batagelj, V. and A. Mrvar (1998). Pajek-program for large network analysis. *Connections 21*(2), 47—57.

Batagelj, V. and A. Mrvar (2004). Pajek—analysis and visualization of large networks. In *Graph Drawing Software.* Springer.

Bavelas, A. (1950). Communication patterns in task-oriented groups. *The journal of the acoustical society of America 22*(6), 725−730.

Bayardo, R. J., Y. Ma, and R. Srikant (2007). Scaling up all pairs similarity search. In *Proceedings of the 16th international conference on World Wide Web*, pp. 131−140.

Bearman, P. (1997). Generalized exchange. *American Journal of Sociology 102*(5), 1383−1415.

Bearman, P. and P. Parigi (2004). Cloning headless frogs and other important matters: Conversation topics and network structure. *Social Forces 83*(2), 535−557.

Beckett, S. J. (2016). Improved community detection in weighted bipartite networks. *Royal Society open science 3*(1), 140536.

Berry-Rogghe, G. (1973). The computation of collocations and their relevance in lexical studies. *The computer and literary studies*, 103−112.

Berthelot, B. and A. Rascouet (2022). Cristiano ronaldo hits 500 million instagram followers after louis vuitton ad.

Blau, P. M. (2017). *Exchange and power in social life*. Routledge.

Blondel, V. D., A. Decuyper, and G. Krings (2015). A survey of results on mobile phone datasets analysis. *EPJ data science 4*, 1−55.

Blondel, V. D., J.-L. Guillaume, R. Lambiotte, and E. Lefebvre (2008). Fast unfolding of communities in large networks. *Journal of statistical mechanics: theory and experiment 2008*(10), P10008.

Bock, R. D. and S. Z. Husain (1952). Factors of the tele: a preliminary report. *Sociometry 15*(3/4), 206−219. ISBN: 0038-0431 Publisher: JSTOR.

Bojanowski, M. (2021). *Measures of Network Segregation and Homophily*. R package version 1.0-1.

Bojanowski, M. and R. Corten (2014). Measuring segregation in social networks. *Social networks 39*, 14−32.

Bonacich, P. (1987). Power and centrality: A family of measures. *American journal of sociology 92*(5), 1170–1182.

Bonacich, P. (2007). Some unique properties of eigenvector centrality. *Social networks 29*(4), 555–564.

Borgatti, S. P. (2005). Centrality and network flow. *Social networks 27*(1), 55–71.

Borgatti, S. P. and M. G. Everett (1992). Notions of position in social network analysis. *Sociological methodology*, 1–35.

Borgatti, S. P. and M. G. Everett (1997). Network analysis of 2–mode data. *Social networks 19*(3), 243–269.

Borgatti, S. P. and M. G. Everett (2000). Models of core/periphery structures. *Social networks 21*(4), 375–395.

Borgatti, S. P., M. G. Everett, and L. C. Freeman (2002). Ucinet for windows: Software for social network analysis. *Harvard, MA: analytic technologies 6*, 12–15.

Borgatti, S. P., M. G. Everett, and J. C. Johnson (2018). *Analyzing social networks*. Sage.

Borgatti, S. P., A. Mehra, D. J. Brass, and G. Labianca (2009). Network analysis in the social sciences. *science 323*(5916), 892–895.

Bostock, M. (2012). Les Misérables Co–occurrence.

Brashears, M. E. (2008). Gender and homophily: Differences in male and female association in blau space. *Social Science Research 37*(2), 400–415.

Brashears, M. E. (2011). Small networks and high isolation? a reexamination of american discussion networks. *Social Networks 33*(4), 331–341.

Breiger, R. L. (1974). The duality of persons and groups. *Social forces 53*(2), 181–190.

Breiger, R. L., S. A. Boorman, and P. Arabie (1975). An algorithm for clustering relational data with applications to social network analysis and comparison with multidimensional scaling. *Journal of mathematical psychology 12*(3), 328–383.

Broido, A. D. and A. Clauset (2018). Scale–free networks are rare. *arXiv:1801.03400 [physics, q–bio, stat]*.

Burt, R. S. (1976). Positions in networks. *Social forces 55*(1), 93–122.

Burt, R. S. (1978). Cohesion versus structural equivalence as a basis for network subgroups. *Sociological Methods & Research 7*(2), 189–212.

Burt, R. S. (1980). Models of network structure. *Annual review of sociology*, 79–141.

Burt, R. S. (1982). *Toward a structural theory of action*. Academic Press.

Burt, R. S. (1987). Social contagion and innovation: Cohesion versus structural equivalence. *American journal of Sociology 92*(6), 1287–1335.

Burt, R. S. (1990). Detecting role equivalence. *Social networks 12*(1), 83–97.

Burt, R. S. (1992). *Structural holes: The social structure of competition*. Harvard university press.

Burt, R. S. (1997). A note on social capital and network content. *Social Networks 19*(4), 355–373.

Burt, R. S. (2000). The network structure of social capital. *Research in Organizational Behavior 22*, 345–423.

Burt, R. S. (2004). Structural holes and good ideas. *American journal of sociology 110*(2), 349–399.

Burt, R. S. et al. (2005). *Brokerage and closure: An introduction to social capital*. Oxford university press.

Buskens, V. and A. Van de Rijt (2008). Dynamics of networks if everyone strives for structural holes. *American Journal of Sociology 114*(2), 371–407.

Butler, P. (2010). Visualizing friendships.

Camacho, D., A. Panizo-LLedot, G. Bello-Orgaz, A. Gonzalez-Pardo, and E. Cambria

(2020). The four dimensions of social network analysis: An overview of research methods, applications, and software tools. *Information Fusion 63*, 88–120.

Centola, D. and M. Macy (2007). Complex contagions and the weakness of long ties. *American Journal of Sociology 113*(3), 702–734.

Chakrabarti, S., M. Van den Berg, and B. Dom (1999). Focused crawling: a new approach to topic-specific web resource discovery. *Computer networks 31*(11–16), 1623–1640.

Chase, I. D. (1980). Social process and hierarchy formation in small groups: A comparative perspective. *American Sociological Review 45*(6), 905–924.

Choi, J., H. Park, and J. R. Behrman (2015). Separating boys and girls and increasing weight? assessing the impacts of single-sex schools through random assignment in seoul. *Social Science & Medicine 134*, 1–11.

Christakis, N. A. and J. H. Fowler (2007). The spread of obesity in a large social network over 32 years. *New England journal of medicine 357*(4), 370–379. ISBN: 0028–4793 Publisher: Mass Medical Soc.

Chu, J. S. G. and G. F. Davis (2016). Who killed the inner circle? the decline of the american corporate interlock network. *American Journal of Sociology 122*(3), 714–754.

Clauset, A., M. E. Newman, and C. Moore (2004). Finding community structure in very large networks. *Physical review E 70*(6), 066111.

Cohen-Cole, E. and J. M. Fletcher (2008). Detecting implausible social network effects in acne, height, and headaches: Longitudinal analysis. *BMJ 337*(dec04 2), a2533–a2533.

Coleman, J. (1958). Relational analysis: The study of social organizations with survey methods. *Human organization 17*(4), 28–36.

Coleman, J., E. Katz, and H. Menzel (1957). The diffusion of an innovation among physicians. *Sociometry 20*(4), 253–270.

Coleman, J. S. (1988). Social capital in the creation of human capital. *American journal of sociology 94*, S95–S120.

Collet, F. and P. Hedström (2013). Old friends and new acquaintances: Tie formation mechanisms in an interorganizational network generated by employee mobility. *Social Networks 35*(3), 288–299.

Cornwell, B. (2014). Social disadvantage and network turnover. *The Journals of Gerontology Series B: Psychological Sciences and Social Sciences*, gbu078.

Cornwell, B., L. P. Schumm, E. O. Laumann, J. Kim, and Y.-J. Kim (2014). Assessment of social network change in a national longitudinal survey. *Journals of Gerontology Series B: Psychological Sciences and Social Sciences 69*(Suppl_2), S75–S82.

Csardi, G. and T. Nepusz (2006). The igraph software package for complex network research. *InterJournal, complex systems 1695*(5), 1–9.

Csárdi, G., T. Nepusz, V. Traag, S. Horvát, F. Zanini, D. Noom, and K. Müller (2024). *igraph: Network Analysis and Visualization in R*. R package version 2.0.3.9019.

Danielsson, P.-E. (1980). Euclidean distance mapping. *Computer Graphics and image processing 14*(3), 227–248.

Davis, A., B. B. Gardner, and M. R. Gardner (2009). *Deep South: A social anthropological study of caste and class*. Univ of South Carolina Press.

Davis, A., B. B. Gardner, M. R. Gardner, and W. L. Warner (1941). *Deep South: A sociological anthropological study of caste and class*. University of Chicago Press.

De Nooy, W., A. Mrvar, and V. Batagelj (2018). *Exploratory social network analysis with Pajek: Revised and expanded edition for updated software*, Volume 46. Cambridge university press.

DeBuse, M. A. and S. Warnick (2021). Plot extraction and the visualization of narrative flow. *Natural Language Engineering*, 1–45.

Diani, M. and D. McAdam (2003). *Social movements and networks: Relational approaches to collective action*. Oxford University Press.

Ding, Y., X. Li, and M. E. Orlowska (2006). Recency-based collaborative filtering. In *Proceedings of the 17th Australasian Database Conference-Volume 49*, pp. 99–107.

Doreian, P. (1988). Equivalence in a social network. *Journal of mathematical sociology 13*(3), 243–281.

Dormann, C. F. and R. Strauss (2014). A method for detecting modules in quantitative bipartite networks. *Methods in Ecology and Evolution 5*(1), 90–98.

Dunbar, R. I., V. Arnaboldi, M. Conti, and A. Passarella (2015). The structure of online social networks mirrors those in the offline world. *Social networks 43*, 39–47.

Dwyer, T., Y. Koren, and K. Marriott (2009). Constrained graph layout by stress majorization and gradient projection. *Discrete Mathematics 309*(7), 1895–1908. ISBN: 0012–365X Publisher: Elsevier.

Eades, P. (1984). A heuristic for graph drawing. *Congressus numerantium 42*, 149–160.

Eagle, N., M. Macy, and R. Claxton (2010). Network diversity and economic development. *Science 328*(5981), 1029–1031.

Eagle, N., A. S. Pentland, and D. Lazer (2009). Inferring friendship network structure by using mobile phone data. *Proceedings of the National Academy of Sciences 106*(36), 15274–15278.

Ejima, K., K. Aihara, and H. Nishiura (2013). Modeling the obesity epidemic: social contagion and its implications for control. *Theoretical Biology and Medical Modelling 10*(1), 1–13.

Emirbayer, M. (1997). Manifesto for a relational sociology. *American Journal of Sociology 103*(2), 281–317.

Emirbayer, M. and J. Goodwin (1994). Network analysis, culture, and the problem of agency. *American journal of sociology 99*(6), 1411–1454.

Erikson, E. (2013). Formalist and relationalist theory in social network analysis. *Sociological Theory 31*(3), 219−242.

Erikson, E. and P. Bearman (2006). Malfeasance and the foundations for global trade: The structure of english trade in the east indies, 1601−1833. *American Journal of Sociology 112*(1), 195−230.

Espinoza, V. (2022). What is gephi? meet this useful network analysis tool.

Even, S. and R. E. Tarjan (1975). Network flow and testing graph connectivity. *SIAM journal on computing 4*(4), 507−518.

Everett, M. G. (1985). Role similarity and complexity in social networks. *Social Networks 7*(4), 353−359.

Faber, A. D. and S. Wasserman (2002). Social support and social networks: Synthesis and review. *Social networks and health*, 29−72.

Feld, S. L. (1981). The focused organization of social ties. *American Journal of Sociology 86*(5), 1015−1035.

Fienberg, S. E., M. M. Meyer, and S. S. Wasserman (1985). Statistical analysis of multiple sociometric relations. *Journal of the american Statistical association 80*(389), 51−67.

Fischer, C. S. (1982). *To Dwell Among Friend: Personal Networks in Town and City*. University of Chicago Press.

Fischer, C. S. (2009). The 2004 gss finding of shrunken social networks: An artifact? *American sociological review 74*(4), 657−669.

Fischer, C. S. and S. Offer (2020). Who is dropped and why? methodological and substantive accounts for network loss. *Social Networks 61*, 78−86.

Fleming, L., S. Mingo, and D. Chen (2007). Collaborative brokerage, generative creativity, and creative success. *Administrative science quarterly 52*(3), 443−475.

Fortunato, S. and D. Hric (2016). Community detection in networks: A user guide. *Physics reports 659*, 1–44.

Francis, W. N. (1965). A standard corpus of edited present–day american english. *College English 26*(4), 267–273.

Francis, W. N. and H. Kucera (1967). Computational analysis of present–day american english. *Providence, RI: Brown University Press. Kuperman, V., Estes, Z., Brysbaert, M., & Warriner, AB (2014). Emotion and language: Valence and arousal affect word recognition. Journal of Experimental Psychology: General 143*, 1065–1081.

Frank, O. (1988). Triad count statistics. In *Annals of Discrete Mathematics*, Volume 38, pp. 141–149. Elsevier.

Freeman, L. (1977). A set of measures of centrality based on betweenness. *Sociometry*, 35–41.

Freeman, L. (1978a). Centrality in social networks conceptual clarification. *Social networks 1*(3), 215–239.

Freeman, L. (1978b). Segregation in social networks. *Sociological Methods & Research 6*(4), 411–429.

Friedkin, N. E. (1984). Structural cohesion and equivalence explanations of social homogeneity. *Sociological Methods & Research 12*(3), 235–261.

Fruchterman, T. M. J. and E. M. Reingold (1991). Graph drawing by force–directed placement. *Software: Practice and Experience 21*(11), 1129–1164.

Gallagher, R. J., J.-G. Young, and B. F. Welles (2021). A clarified typology of core–periphery structure in networks. *Science Advances 7*(12), eabc9800.

Girvan, M. and M. E. Newman (2002). Community structure in social and biological networks. *Proceedings of the national academy of sciences 99*(12), 7821–7826.

Goldberg, A. (2011). Mapping shared understandings using relational class analysis: The case of the cultural omnivore reexamined. *American journal of sociology 116*(5), 1397–1436.

Goldberg, A. and S. K. Stein (2018). Beyond social contagion: Associative diffusion and the emergence of cultural variation. *American Sociological Review 83*(5), 897–932.

Goldberg, K., T. Roeder, D. Gupta, and C. Perkins (2001). Eigentaste: A constant time collaborative filtering algorithm. *information retrieval 4*(2), 133–151.

Gondal, N. (2022). Multiplexity as a lens to investigate the cultural meanings of interpersonal ties. *Social Networks 68*, 209–217.

Gould, R. (2002). The origins of status hierarchies: A formal and empirical test. *American Journal of Sociology 107*(5), 1143–1178.

Gould, R. V. and R. M. Fernandez (1989). Structures of mediation: A formal approach to brokerage in transaction networks. *Sociological methodology*, 89–126.

Grandjean, M. (2015). GEPHI – introduction to network analysis and visualization.

Granovetter, M. (1973). The strength of weak ties. *American Journal of Sociology 78*.

Gregory, S. (2010). Finding overlapping communities in networks by label propagation. *New journal of Physics 12*(10), 103018.

Gulati, R. and J. D. Westphal (1999). Cooperative or controlling? the effects of ceo-board relations and the content of interlocks on the formation of joint ventures. *Administrative science quarterly 44*(3), 473–506.

Hampton, K. N. (2022). A restricted multiple generator approach to enumerate personal support networks: An alternative to global important matters and satisficing in web surveys. *Social Networks 68*, 48–59.

Hanneman, R. A. and M. Riddle (2011). A brief introduction to analyzing social network data. *The Sage handbook of social network analysis*, 331–339.

Harary, F. (1969). Graph theory. addison wesley publishing company. *Reading, Massachusetts.*

Haynie, D. L. and D. W. Osgood (2005). Reconsidering peers and delinquency: How do peers matter? *Social forces 84*(2), 1109–1130.

Hoffman, M. A., J.-P. Cointet, P. Brandt, N. Key, and P. Bearman (2018). The (protestant) bible, the (printed) sermon, and the word(s): The semantic structure of the conformist and dissenting bible, 1660–1780. *Poetics 68*, 89–103.

Holland, P. W. and S. Leinhardt (1971). Transitivity in structural models of small groups. *Comparative group studies 2*(2), 107–124.

Hristakeva, M., D. Kershaw, M. Rossetti, P. Knoth, B. Pettit, S. Vargas, and K. Jack (2017). Building recommender systems for scholarly information. In *Proceedings of the 1st workshop on scholarly web mining*, pp. 25–32.

Ibarra, H. (1993). Network centrality, power, and innovation involvement: Determinants of technical and administrative roles. *Academy of Management journal 36*(3), 471–501.

Ingram, P. and M. W. Morris (2007). Do people mix at mixers? structure, homophily, and the "life of the party". *Administrative Science Quarterly 52*(4), 558–585.

Jackson, D. A., K. M. Somers, and H. H. Harvey (1989). Similarity coefficients: measures of co-occurrence and association or simply measures of occurrence? *The American Naturalist 133*(3), 436–453.

Jenness, S. M., S. M. Goodreau, and M. Morris (2018). Epimodel: An r package for mathematical modeling of infectious disease over networks. *Journal of Statistical Software 84*(1), 1–47.

Jeong, H., Z. Néda, and A.-L. Barabási (2003). Measuring preferential attachment in evolving networks. *Europhysics letters 61*(4), 567.

Jolliffe, I. (2005). Principal component analysis. *Encyclopedia of statistics in behavioral science.* Publisher: Wiley Online Library.

Jones, S. (2017). Doing social network ethics: a critical, interdisciplinary approach. *Information Technology & People 30*(4), 910–926.

Kadushin, C. (2005). Who benefits from network analysis: Ethics of social network research. *Social Networks 27*(2), 139–153.

Kadushin, C. (2012). *Understanding social networks: Theories, concepts, and findings.* Oxford university press.

Kamada, T. and S. Kawai (1989). An algorithm for drawing general undirected graphs. *Information processing letters 31*(1), 7–15.

Kilduff, M. and W. Tsai (2003). *Social networks and organizations.* Sage.

Kim, D. A., A. R. Hwong, D. Stafford, D. A. Hughes, A. J. O'Malley, J. H. Fowler, and N. A. Christakis (2015). Social network targeting to maximise population behaviour change: A cluster randomised controlled trial. *The Lancet 386*(9989), 145–153.

Kitsak, M., L. K. Gallos, S. Havlin, F. Liljeros, L. Muchnik, H. E. Stanley, and H. A. Makse (2010). Identification of influential spreaders in complex networks. *Nature physics 6*(11), 888–893.

Kitts, J. A. and D. F. Leal (2021). What is(n't) a friend? dimensions of the friendship concept among adolescents. *Social Networks 66*, 161–170.

Kleinberg, J. M. (1999). Authoritative sources in a hyperlinked environment. *Journal of the ACM (JACM) 46*(5), 604–632.

Kobourov, S. G. (2012). Spring Embedders and Force Directed Graph Drawing Algorithms. *arXiv:1201.3011 [cs].* arXiv: 1201.3011.

Kolaczyk, E. D. and G. Csárdi (2014). *Statistical analysis of network data with R*, Volume 65. Springer.

Krackhardt, D. and R. N. Stern (1988). Informal networks and organizational crises: An experimental simulation. *Social psychology quarterly*, 123–140.

Krebs, V. (1999). The social life of books.

Krivitsky, P. N. and M. Morris (2015). Inference for social network models from egocentrically-sampled data, with application to understanding persistent racial disparities in hiv prevalence in the us.

Kruskal, J. B. (1964).   Nonmetric multidimensional scaling: a numerical method. *Psychometrika 29*(2), 115–129. ISBN: 1860–0980 Publisher: Springer–Verlag.

Kumar, R., J. Novak, and A. Tomkins (2010). Structure and evolution of online social networks link mining: models, algorithms, and applications (pp. 337–357).

Kwak, H., C. Lee, H. Park, and S. Moon (2010). What is twitter, a social network or a news media? In *Proceedings of the 19th international conference on World wide web*, pp. 591–600.

Laumann, E., P. Marsden, and D. Prensky (1983). The boundary specification problem in network analysis. . In R. Burt and M. Minor (Eds.), *Applied Network Analysis*, pp. 18–34. Sage Publications. 00002.

Laumann, E. O. (1979). Network analysis in large social systems: Some theoretical and methodological problems. In *Perspectives on social network research*, pp. 379–402. Elsevier.

Laumann, E. O., D. Knoke, and Y.-H. Kim (1985). An organizational approach to state policy formation: a comparative study of energy and health domains. *American sociological review*, 1–19.

Laumann, E. O., P. V. Marsden, and J. Galaskiewicz (1977). Community–elite influence structures: Extension of a network approach. *American Journal of Sociology 83*(3), 594–631.

Laumann, E. O., P. V. Marsden, and D. Prensky (1989). The boundary specification problem in network analysis. *Research methods in social network analysis 61*(8).

Laumann, E. O. and F. U. Pappi (2013). *Networks of collective action: A perspective on community influence systems*. Elsevier.

Laumann, E. O. and Y. Youm (1999). Racial/ethnic group differences in the prevalence of sexually transmitted diseases in the united states: A network explanation. *Sexually transmitted diseases 26*(5), 250–261.

Lazer, D. and J. Radford (2017). Data ex machina: introduction to big data. *Annual Review of Sociology 43*, 19–39.

Lee, B. (2021). Close relationships in close elections. *Social Forces 100*(1), 400–425.

Lee, B. and P. Bearman (2017). Important matters in political context. *Sociological Science 4*, 1–30.

Lee, B. and P. Bearman (2020). Political isolation in america. *Network Science 8*(3), 333–355.

Lee, B., K. Lee, and B. Hartmann (2023). Transformation of social relationships in covid-19 america: Remote communication may amplify political echo chambers. *Science Advances 9*(51), eadi1540.

Lee, D. and B. Lee (2020). The role of multilayered peer groups in adolescent depression: A distributional approach. *American Journal of Sociology 125*(6), 1513–1558.

Leenders, R. T. (2002). Modeling social influence through network autocorrelation: Constructing the weight matrix. *Social Networks 24*(1), 21–47.

Legewie, J. and T. A. DiPrete (2012). School context and the gender gap in educational achievement. *American Sociological Review 77*(3), 463–485.

Li, W. and D. Schuurmans (2011). Modular community detection in networks. In *IJCAI Proceedings–International Joint Conference on Artificial Intelligence*, Volume 22, pp. 1366.

Light, B. and K. McGrath (2010). Ethics and social networking sites: a disclosive analysis of facebook. *Information Technology & People 23*(4), 290–311.

Lim, C., Y. Na, H. Park, and D.-K. Im (2024). Not all friends are created equal: Friendship ties across different social contexts in south korea. *Social Networks 78*, 212–225.

Lin, N. (2002). *Social capital: A theory of social structure and action*, Volume 19. Cambridge university press.

Lin, N., Y.-c. Fu, and R.-M. Hsung (2001). The position generator: Measurement techniques for investigations of social capital. In *Social Capital*. Routledge.

Linden, G., B. Smith, and J. York (2003). Amazon. com recommendations: Item-to-item collaborative filtering. *IEEE Internet computing 7*(1), 76-80.

Lizardo, O. (2018). The mutual specification of genres and audiences: Reflective two-mode centralities in person-to-culture data. *Poetics 68*, 52-71.

Lorrain, F. and H. C. White (1971). Structural equivalence of individuals in social networks. *The Journal of mathematical sociology 1*(1), 49-80.

Lusher, D., J. Koskinen, and G. Robins (Eds.) (2012). *Exponential Random Graph Models for Social Networks: Theory, Methods, and Applications*. Structural Analysis in the Social Sciences. Cambridge: Cambridge University Press.

MacMahon, M. and D. Garlaschelli (2015). Community detection for correlation matrices. *Physical Review X 5*(2), 021006.

Manski, C. F. (1993). Identification problems in the social sciences. *Sociological Methodology*, 1-56.

Marineau, J. E., G. J. Labianca, D. J. Brass, S. P. Borgatti, and P. Vecchi (2018). Individuals' power and their social network accuracy: A situated cognition perspective. *Social Networks 54*, 145-161.

Marsden, P. V. (1987). Core discussion networks of americans. *American sociological review*, 122-131.

Marsden, P. V. (1990). Network data and measurement. *Annual review of sociology*, 435-463.

Marsden, P. V. (2005). Recent developments in network measurement. *Models and methods in social network analysis 8*, 30.

Marsden, P. V. and N. E. Friedkin (1993). Network studies of social influence. *Sociological Methods & Research 22*(1), 127–151.

Martí, J., M. Bolíbar, and C. Lozares (2017). Network cohesion and social support. *Social Networks 48*, 192–201.

Martin, C. L., O. Kornienko, D. R. Schaefer, L. D. Hanish, R. A. Fabes, and P. Goble (2013). The role of sex of peers and gender-typed activities in young children's peer affiliative networks: A longitudinal analysis of selection and influence. *Child development 84*(3), 921–937.

Martin, J. L. and J. P. Murphy (2020). Networks, status, and inequality. *The Oxford Handbook of Social Networks*, 98.

McFarland, D. A., J. Moody, D. Diehl, J. A. Smith, and R. J. Thomas (2014). Network ecology and adolescent social structure. *American sociological review 79*(6), 1088–1121.

McPherson, M., L. Smith-Lovin, and M. E. Brashears (2006). Social isolation in america: Changes in core discussion networks over two decades. *American sociological review 71*(3), 353–375.

McPherson, M., L. Smith-Lovin, and J. M. Cook (2001). Birds of a feather: Homophily in social networks. *Annual review of sociology*, 415–444.

Merton, R. K. (1968). The matthew effect in science: The reward and communication systems of science are considered. *Science 159*(3810), 56–63.

Mitchell, J. C. (1969). *Social networks in urban situations: analyses of personal relationships in Central African towns.* Manchester University Press.

Moody, J. (2001). Race, school integration, and friendship segregation in america. *American journal of Sociology 107*(3), 679–716.

Moody, J. (2004). The structure of a social science collaboration network: Disciplinary cohesion from 1963 to 1999. *American sociological review 69*(2), 213–238.

Moody, J. and D. R. White (2003). Structural cohesion and embeddedness: A hierarchical concept of social groups. *American sociological review*, 103–127.

Mora-Cantallops, M., M.-Á. Sicilia, E. García-Barriocanal, and S. Sánchez-Alonso (2020). Evolution and prospects of the comprehensive r archive network (cran) package ecosystem. *Journal of Software: Evolution and Process 32*(11), e2270.

Moreno, J. L. (1934). *Who shall survive? A new approach to the problem of human interrelations*. Nervous and Mental Disease Publishing.

Moreno, J. L., E. S. Whitin, and H. H. Jennings (1932). Application of the group method to classification: National Committee on Prisons and Prison Labor. *Psychology Abstracts 6*, 2872.

Moretti, F. (2011). *Network theory, plot analysis*. Deutsche Nationalbibliothek.

Murphy, P. and B. Knapp (2018a). Bipartite/two-mode networks in igraph.

Murphy, P. and B. Knapp (2018b). Practicum 8 – structural equavelence.

Neal, Z. P. (2022). backbone: An r package to extract network backbones. *PloS one 17*(5), e0269137.

Newman, M. E. (2006). Modularity and community structure in networks. *Proceedings of the national academy of sciences 103*(23), 8577–8582.

Newman, M. E. (2013). Spectral methods for community detection and graph partitioning. *Physical Review E 88*(4), 042822.

Newman, M. E. and M. Girvan (2004). Finding and evaluating community structure in networks. *Physical review E 69*(2), 026113.

Newman, M. E., D. J. Watts, and S. H. Strogatz (2002). Random graph models of social networks. *Proceedings of the national academy of sciences 99*(suppl_1), 2566–2572.

Newman, M. E. J. (2005). A measure of betweenness centrality based on random walks. *Social Networks 27*(1), 39–54.

Nishi, A., G. Dewey, A. Endo, S. Neman, S. K. Iwamoto, M. Y. Ni, Y. Tsugawa, G. Iosifidis, J. D. Smith, and S. D. Young (2020). Network interventions for managing the covid–19 pandemic and sustaining economy. *Proceedings of the National Academy of Sciences 117*(48), 30285–30294.

Ognyanova, K. (2023). Static and dynamic network visualization with r.

O'keefe, B. (2020). Mapping a contagion: How the coronavirus may spread around the world.

Onnela, J.-P., J. Saramäki, J. Hyvönen, G. Szabó, M. A. D. Menezes, K. Kaski, A.-L. Barabási, and J. Kertész (2007). Analysis of a large–scale weighted network of one-to-one human communication. *New Journal of Physics 9*(6), 179–179.

Opsahl, T. (2013). Triadic closure in two–mode networks: Redefining the global and local clustering coefficients. *Social networks 35*(2), 159–167.

Ortiz–Arroyo, D. (2010). Discovering sets of key players in social networks. In *Computational social network analysis*, pp. 27–47. Springer.

Pacault, J. F. (1974). Computing the weak components of a directed graph. *SIAM Journal on Computing 3*(1), 56–61.

Pachucki, M. A. and R. L. Breiger (2010). Cultural holes: Beyond relationality in social networks and culture. *Annual review of sociology 36*, 205–224.

Padgett, J. F. and C. K. Ansell (1993). Robust action and the rise of the medici, 1400-1434. *American journal of sociology 98*(6), 1259–1319.

Page, L., S. Brin, R. Motwani, and T. Winograd (1999). The pagerank citation ranking: Bringing order to the web. Technical report, Stanford InfoLab.

Paik, A. and K. Sanchagrin (2013). Social isolation in america: An artifact. *American Sociological Review 78*(3), 339–360.

Park, P. S., J. E. Blumenstock, and M. W. Macy (2018). The strength of long-range ties in population-scale social networks. *Science 362*(6421), 1410–1413.

Park, P. S. and Y.-H. Kim (2017). Reciprocation under status ambiguity: How dominance motives and spread of status value shape gift exchange. *Social Networks 48*, 142–156.

Peel, L., D. B. Larremore, and A. Clauset (2017). The ground truth about metadata and community detection in networks. *Science Advances 3*(5), e1602548.

Perry, B. L. and B. A. Pescosolido (2015). Social network activation: the role of health discussion partners in recovery from mental illness. *Social science & medicine 125*, 116–128.

Perry, B. L., B. A. Pescosolido, and S. P. Borgatti (2018). *Egocentric network analysis: Foundations, methods, and models*, Volume 44. Cambridge university press.

Phan, T. Q. and E. M. Airoldi (2015). A natural experiment of social network formation and dynamics. *Proceedings of the National Academy of Sciences 112*(21), 6595–6600.

Piessen, M. (2019). How i visualised my instagram network and what i learned from it.

Pitts, F. R. (1978). The medieval river trade network of Russia revisited. *Social Networks 1*(3), 285–292.

Podolny, J. M. (2001). Networks as the pipes and prisms of the market. *American Journal of Sociology 107*(1), 33–60.

Portes, A. (1998). Social capital: Its origins and applications in modern sociology. *Annual review of sociology 24*(1), 1–24.

Proctor, C. (1953). Informal social systems. *Turrialba*, 73–88.

Qiang, X., S. Kosari, X. Chen, A. A. Talebi, G. Muhiuddin, S. H. Sadati, et al. (2022). A novel description of some concepts in interval-valued intuitionistic fuzzy graph with an application. *Advances in Mathematical Physics 2022*.

Raghavan, U. N., R. Albert, and S. Kumara (2007). Near linear time algorithm to detect community structures in large-scale networks. *Physical Review E 76*(3), 036106.

Ready, E., P. Habecker, R. Abadie, C. A. Dávila-Torres, A. Rivera-Villegas, B. Khan, and K. Dombrowski (2020). Comparing social network structures generated through sociometric and ethnographic methods. *Field Methods.*

Reich, S. M., K. Subrahmanyam, and G. Espinoza (2012). Friending, iming, and hanging out face-to-face: Overlap in adolescents' online and offline social networks. *Developmental Psychology 48*(2), 356–368.

Reichardt, J. and S. Bornholdt (2006). Statistical mechanics of community detection. *Physical review E 74*(1), 016110.

Robins, G. and M. Alexander (2004). Small worlds among interlocking directors: Network structure and distance in bipartite graphs. *Computational & Mathematical Organization Theory 10*, 69–94.

Robins, G., P. Pattison, Y. Kalish, and D. Lusher (2007). An introduction to exponential random graph (p*) models for social networks. *Social Networks 29*(2), 173–191.

Rosetea, A. and A. Ochoab (1970). Genetic graph drawing. *WIT Transactions on Information and Communication Technologies 20*. ISBN: 1853125962 Publisher: WIT Press.

Rosvall, M. and C. T. Bergstrom (2008). Maps of random walks on complex networks reveal community structure. *Proceedings of the national academy of sciences 105*(4), 1118–1123.

Ruhnau, B. (2000). Eigenvector-centrality—a node-centrality? *Social networks 22*(4), 357–365.

Rule, A., J.-P. Cointet, and P. S. Bearman (2015). Lexical shifts, substantive changes, and continuity in state of the union discourse, 1790–2014. *Proceedings of the National Academy of Sciences 112*(35), 10837–10844.

Russell, P. F. and T. R. Rao (1940). On habitat and association of species of anopheline larvae in south-eastern madras. *Journal of the Malaria Institute of India 3*(1).

Rytina, S. and D. L. Morgan (1982). The arithmetic of social relations: The interplay of category and network. *American Journal of Sociology 88*(1), 88–113.

Sacerdote, B. (2011). Peer effects in education: How might they work, how big are they and how much do we know thus far? In *Handbook of the Economics of Education*, Volume 3, pp. 249–277. Elsevier.

Sadri, A. M., S. Hasan, S. V. Ukkusuri, and J. E. Suarez Lopez (2018). Analysis of social interaction network properties and growth on twitter. *Social Network Analysis and Mining 8*(1), 1–13.

Sailer, L. D. (1978). Structural equivalence: Meaning and definition, computation and application. *Social networks 1*(1), 73–90.

Samii, C., Y. Wang, J. Sullivan, and P. M. Aronow (2023). Inference in spatial experiments with interference using the spatialeffect package. *Journal of Agricultural, Biological and Environmental Statistics 28*(1), 138–156.

Sanchez, G. (2013). Arc Diagrams in R: Les Miserables.

Sanderson, S. P. (2023). Exploring relationships with correlation heatmaps in r.

Sarwar, B., G. Karypis, J. Konstan, and J. Riedl (2001). Item–based collaborative filtering recommendation algorithms. In *Proceedings of the 10th international conference on World Wide Web*, pp. 285–295.

Scott, B. A. and T. A. Judge (2009). The popularity contest at work: Who wins, why, and what do they receive? *Journal of applied psychology 94*(1).

Scott, J. (2017). *Social network analysis*. SAGE.

Seidman, S. B. and B. L. Foster (1978). A graph–theoretic generalization of the clique concept. *Journal of Mathematical sociology 6*(1), 139–154.

Semaan, S., S. Santibanez, R. S. Garfein, D. D. Heckathorn, and D. C. Des Jarlais (2009).

Ethical and regulatory considerations in hiv prevention studies employing respondent-driven sampling. *International Journal of Drug Policy 20*(1), 14–27.

Serrano, M. Á., M. Boguná, and A. Vespignani (2009). Extracting the multiscale backbone of complex weighted networks. *Proceedings of the national academy of sciences 106*(16), 6483–6488.

Shepard, R. N. (1980). Multidimensional scaling, tree-fitting, and clustering. *Science 210*(4468), 390–398. ISBN: 0036-8075 Publisher: American Association for the Advancement of Science.

Singh, J. (2005). Collaborative networks as determinants of knowledge diffusion patterns. *Management science 51*(5), 756–770.

Singh-Blom, U. M., N. Natarajan, A. Tewari, J. O. Woods, I. S. Dhillon, and E. M. Marcotte (2013). Prediction and validation of gene-disease associations using methods inspired by social network analyses. *PloS one 8*(5), e58977.

Sjoberg, D. (2020). ggstream. original-date: 2020-05-22T15:23:02Z.

Smith, D. A. and D. R. White (1992). Structure and dynamics of the global economy: network analysis of international trade 1965–1980. *Social forces 70*(4), 857–893.

Smith, J. A. (2012). Macrostructure from microstructure generating whole systems from ego networks. *Sociological Methodology 42*(1), 155–205.

Smith, J. A., M. McPherson, and L. Smith-Lovin (2014). Social distance in the united states: Sex, race, religion, age, and education homophily among confidants, 1985 to 2004. *American Sociological Review 79*(3), 432–456.

Snijders, T. A. B. (2017). Stochastic actor-oriented models for network dynamics. *Annual Review of Statistics and Its Application 4*(Volume 4, 2017), 343–363.

Snijders, T. A. B. and F. N. Stokman (1986). *Extensions of triad counts to networks with different subsets of points and testing the underlying random graph distributions.* Rijksuniversiteit Groningen.

Snyder, D. and E. L. Kick (1979a). Structural position in the world system and economic growth, 1955-1970: A multiple-network analysis of transnational interactions. *American journal of Sociology 84*(5), 1096-1126. ISBN: 0002-9602 Publisher: University of Chicago Press.

Snyder, D. and E. L. Kick (1979b). Structural position in the world system and economic growth, 1955-1970: A multiple-network analysis of transnational interactions. *American Journal of Sociology 84*(5), 1096-1126.

Stein, J., M. Keuschnigg, and A. van de Rijt (2023). Network segregation and the propagation of misinformation. *Scientific Reports 13*(1), 917.

Stone, L. and G. J. Coles (1970). Correlation similarity: the basis for a new revised method of similarity analysis. *Studia Psychologica 12*(4), 258.

Su, H.-N. and P.-C. Lee (2010). Mapping knowledge structure by keyword co-occurrence: A first look at journal papers in technology foresight. *scientometrics 85*(1), 65-79.

TED (2010). Nicholas Christakis: The hidden influence of social networks.

Thompson, B. (1984). *Canonical correlation analysis: Uses and interpretation*. Number 47. Sage.

Traag, V. A., L. Waltman, and N. J. Van Eck (2019). From louvain to leiden: guaranteeing well-connected communities. *Scientific reports 9*(1), 1-12.

Travers, J. and S. Milgram (1969). An experimental study of the small world problem. *Sociometry 32*(4), 425-443.

Tubaro, P., L. Ryan, A. A. Casilli, and A. D'angelo (2021). Social network analysis: New ethical approaches through collective reflexivity. introduction to the special issue of social networks. *Social Networks 67*, 1-8.

Uzzi, B. (1997). Social structure and competition in interfirm networks: The paradox of embeddedness. *Administrative Science Quarterly 42*(1), 35-67.

Uzzi, B. and J. Spiro (2005). Collaboration and creativity: The small world problem. *American Journal of Sociology 111*(2), 447–504.

Valente, T. W. and R. K. Foreman (1998). Integration and radiality: Measuring the extent of an individual's connectedness and reachability in a network. *Social networks 20*(1), 89–105.

Vehovar, V., K. L. Manfreda, G. Koren, and V. Hlebec (2008). Measuring ego-centered social networks on the web: Questionnaire design issues. *Social networks 30*(3), 213–222.

Wallerstein, I. (1974). *The Modern World-System I Capitalist Agriculture and the Origins of the European World-Economy in the Sixteenth Century, With a New Prologue.* Academic Press Inc.

Wang, J.-C., C.-h. Chiang, and S.-W. Lin (2010). Network structure of innovation: can brokerage or closure predict patent quality? *Scientometrics 84*(3), 735–748.

Wasserman, S. and K. Faust (1994). *Social network analysis: Methods and applications.* Cambridge university press.

Watts, D. J. and S. H. Strogatz (1998). Collective dynamics of 'small-world'networks. *nature 393*(6684), 440–442.

Wegner, P. (1960). A technique for counting ones in a binary computer. *Communications of the ACM 3*(5), 322.

White, H., S. A. Boorman, and R. L. Breiger (1976). Social structure from multiple networks. i. blockmodels of roles and positions. *American journal of sociology 81*(4), 730–780.

Wimmer, A. and K. Lewis (2010). Beyond and below racial homophily: Erg models of a friendship network documented on facebook. *American Journal of Sociology 116*(2), 583–642.

Yee, J. (2000). The social networks of koreans. *Korea Journal 40*(1), 325–352.

Yook, S.-H., H. Jeong, and A.-L. Barabási (2002). Modeling the internet's large-scale topology. *Proceedings of the National Academy of Sciences 99*(21), 13382–13386.

Youm, Y., B. Lee, and J. Kim (2021). A measure of centrality in cyclic diffusion processes: Walk-betweenness. *PloS one 16*(1), e0245476.

김용학 (2010). *사회 연결망 이론.* 박영사.

김용학·김영진·김영석 (2008). 한국 언론학 분야 지식 생산과 확산의 구조. *한국언론학보 52*(1), 117-140.

은수미 (2005). 노동운동 거듭나기: 위기 속의 정치세력화, 그후? 경제와사회, 137-170.

이병규·염유식 (2012). 중개 위치 점유의 증가와 감소에 관한 연구: 제17대 대한민국 국회의 대표 발의 연결망을 바탕으로. 한국사회학 46(4), 137-175.

장덕진·김기훈 (2011). 한국인 트위터 네트워크의 구조와 동학. 언론정보연구 48(1), 59-86.

조성철·장요한·장은교·김석윤 (2020). 지역산업 클러스터의 경쟁력 진단과 발전방안 연구. 국토연구원, 1-171.

한국철도공사 (2023). 수도권 광역전철노선도.

한신갑 (2013). *막힌 길 돌아서 가기: 남북관계의 네트워크 분석.* 서울대학교출판문화원.

찾아보기

공저자 약력

김용학

미국 시카고대에서 사회학 박사학위를 받았으며, 연세대학교 제18대 총장을 역임했다. 현재 연세대학교 사회학과 명예교수, SK텔레콤 이사회 의장과 삼성생명 공익재단 이사로 재임 중이다. 사회 연결망 분석과 사회 연결망 이론을 연구했다. 대통령 자문 정책기획위원회, 교육부 대학설립위원회, 교육부 BK기획위원회 등에서 활동하였다. 주요 저서로는 《사회 연결망 분석》을 비롯하여 《경계 넘어 네트워킹하기》(2022), 《사회연결망 이론》(2010, 문화체육관광부 우수도서), 《네트워크 사회의 빛과 그늘》(2009), 《비교사회학》(2000) 등이 있다. American Journal of Sociology 부편집장과, Sage에서 출간하는 Rationality and Society 국제편집위원을 역임했다.

김영진

2015년 연세대학교에서 사회학 박사학위를 받았다. 학위 후 SK텔레콤과 SK수펙스추구협의회를 거쳐 현재 SK mySUNI에서 Data Scientist로 재직 중이다. 연결망 분석과 관계론적 시각을 바탕으로 현실의 데이터를 분석하고 인사이트를 발굴하는 업무들을 해오고 있다. 또한 mySUNI 플랫폼 내 생성형 AI 활용 전략 및 서비스 기획 업무 등을 하며 새로운 기술의 쓰임새를 고민하고 현장에 적용하고 있다.

이병규

2018년에 미국 컬럼비아대에서 사회학 박사학위를 받았다. 학위 후, 미국 인디애나 주립대 사회학과 조교수를 거쳐 현재 뉴욕대학교 사회학과 조교수로 재직 중이다. 그동안 대학원생을 대상으로 사회 연결망 분석 수업을 가르쳐왔으며, 사회 연결망 분석과 이론을 바탕으로 건강과 의료 불평등의 문제, 정치 양극화의 문제, 그리고 사회적 갈등과 통합의 문제를 연구해 왔다. 최근에는 생성형 AI를 설문조사 등의 사회과학방법론에 활용하는 방안에 대해 관심을 갖고 연구를 하고 있다.

제 5 판
사회 연결망 분석

초판발행   2003년 7월 20일
개정판 발행   2007년 8월 25일
제 3 판 발행   2011년 9월 10일
제 4 판 발행   2016년 8월 30일
제 5 판 발행   2024년 8월 5일

지은이   김용학·김영진·이병규
펴낸이   안종만·안상준

편 집   전채린
기획/마케팅   장규식
표지디자인   Ben Story
제 작   고철민·김원표

펴낸곳   (주) **박영사**
               서울특별시 금천구 가산디지털2로 53, 210호(가산동, 한라시그마밸리)
               등록 1959. 3. 11. 제300-1959-1호(倫)
전 화   02)733-6771
f a x   02)736-4818
e-mail   pys@pybook.co.kr
homepage   www.pybook.co.kr
ISBN   979-11-303-2072-4   93330

정 가   30,000원